方李邦琴北京大学人文学科文库出版基金赞助

| 北京大学 | 北大外国哲学 |
| 人文学科文库 | 研究丛书 |

文明互鉴
——古代中西印哲学比较研究

Dialogue of Civilizations: A Comparative Study of
Ancient Chinese, Western and Indian Philosophy

姚卫群 著

图书在版编目(CIP)数据

文明互鉴：古代中西印哲学比较研究 / 姚卫群著. 北京：北京大学出版社，2024.9. ——（北京大学人文学科文库）. —— ISBN 978-7-301-35457-5

Ⅰ.B0

中国国家版本馆 CIP 数据核字第 2024FA4260 号

书　　　名	文明互鉴：古代中西印哲学比较研究 WENMINGHUJIAN: GUDAI ZHONG-XI-YIN ZHEXUE BIJIAO YANJIU
著作责任者	姚卫群　著
责 任 编 辑	田　炜　张晋旗
标 准 书 号	ISBN 978-7-301-35457-5
出 版 发 行	北京大学出版社
地　　　址	北京市海淀区成府路 205 号　100871
网　　　址	http://www.pku.cn　　新浪微博 @北京大学出版社
电 子 邮 箱	编辑部 wsz@pup.cn　总编室 zpup@pup.cn
电　　　话	邮购部 010-62752015　发行部 010-62750672 编辑部 010-62707742
印 刷 者	北京中科印刷有限公司
经 销 者	新华书店
	965 毫米×1300 毫米　16 开本　20.75 印张　320 千字 2024 年 9 月第 1 版　2024 年 9 月第 1 次印刷
定　　　价	89.00 元

未经许可，不得以任何方式复制或抄袭本书之部分或全部内容。
版权所有，侵权必究
举报电话：010-62752024　电子邮箱：fd@pup.cn
图书如有印装质量问题，请与出版部联系，电话：010-62756370

总 序

袁行霈

人文学科是北京大学的传统优势学科。早在京师大学堂建立之初，就设立了经学科、文学科，预科学生必须在5种外语中选修一种。京师大学堂于1912年改为现名，1917年，蔡元培先生出任北京大学校长，他"循思想自由原则，取兼容并包主义"，促进了思想解放和学术繁荣。1921年北大成立了四个全校性的研究所，下设自然科学、社会科学、国学和外国文学四门，人文学科仍然居于重要地位，广受社会的关注。这个传统一直沿袭下来，中华人民共和国成立后，1952年北京大学与清华大学、燕京大学三校的文、理科合并为现在的北京大学，大师云集，人文荟萃，成果斐然。改革开放后，北京大学的历史翻开了新的一页。

近十几年来，人文学科在学科建设、人才培养、师资队伍建设、教学科研等各方面改善了条件，取得了显著成绩。北大的人文学科门类齐全，在国内整体上居于优势地位，在世界上也占有引人瞩目的地位，相继出版了《中华文明史》《世界文明史》《世界现代化历程》《中国儒学史》《中国美学通史》《欧洲文学史》等高水平的著作，并主持了许多重大的考古项目，这些成果发挥着引领学术前进的作用。目前北大还承担着《儒藏》《中华文明探源》《北京大学藏西汉竹书》的整理与研究工作，以及《新编新注十三经》等重要项目。

与此同时，我们也清醒地看到，北大人文学科整体的绝对优势正在减弱，有的学科只具备相对优势了；有的成果规模优势明显，高度优势还有待提升。北大出了许多成果，但还要出思想，要产生影响人类命运和前途的思想理论。我们距离理想的目标还有相当长的距离，需要人文学科的老师和同学们加倍努力。

我曾经说过：与自然科学或社会科学相比，人文学科的成果，难以直接转化为生产力，给社会带来财富，人们或以为无用。其实，人文学科力求揭示人生的意义和价值、塑造理想的人格，指点人生趋向完美的境地。它能丰富人的精神，美化人的心灵，提升人的品德，协调人和自然的关系以及人和人的关系，促使人把自己掌握的知识和技术用到造福于人类的正道上来，这是人文无用之大用！试想，如果我们的心灵中没有诗意，我们的记忆中没有历史，我们的思考中没有哲理，我们的生活将成为什么样子？国家的强盛与否，将来不仅要看经济实力、国防实力，也要看国民的精神世界是否丰富，活得充实不充实，愉快不愉快，自在不自在，美不美。

一个民族，如果从根本上丧失了对人文学科的热情，丧失了对人文精神的追求和坚守，这个民族就丧失了进步的精神源泉。文化是一个民族的标志，是一个民族的根，在经济全球化的大趋势中，拥有几千年文化传统的中华民族，必须自觉维护自己的根，并以开放的态度吸取世界上其他民族的优秀文化，以跟上世界的潮流。站在这样的高度看待人文学科，我们深感责任之重大与紧迫。

北大人文学科的老师们蕴藏着巨大的潜力和创造性。我相信，只要使老师们的潜力充分发挥出来，北大人文学科便能克服种种障碍，在国内外开辟出一片新天地。

人文学科的研究主要是著书立说，以个体撰写著作为一大特点。除了需要协同研究的集体大项目外，我们还希望为教师独立探索，撰写、出版专著搭建平台，形成既具个体思想，又汇聚集体智慧的系列研究成果。为此，北京大学人文学部决定编辑出版"北京大学人文学科文库"，旨在汇集新时代北大人文学科的优秀成果，弘扬北大人文学科的学术传统，展示北大人文学科的整体实力和研究特色，为推动北大世界一流大学建设、促进人文学术发展做出贡献。

我们需要努力营造宽松的学术环境、浓厚的研究气氛。既要提倡教师根据国家的需要选择研究课题,集中人力物力进行研究,也鼓励教师按照自己的兴趣自由地选择课题。鼓励自由选题是"北京大学人文学科文库"的一个特点。

我们不可满足于泛泛的议论,也不可追求热闹,而应沉潜下来,认真钻研,将切实的成果贡献给社会。学术质量是"北京大学人文学科文库"的一大追求。文库的撰稿者会力求通过自己潜心研究、多年积累而成的优秀成果,来展示自己的学术水平。

我们要保持优良的学风,进一步突出北大的个性与特色。北大人要有大志气、大眼光、大手笔、大格局、大气象,做一些符合北大地位的事,做一些开风气之先的事。北大不能随波逐流,不能甘于平庸,不能跟在别人后面小打小闹。北大的学者要有与北大相称的气质、气节、气派、气势、气宇、气度、气韵和气象。北大的学者要致力于弘扬民族精神和时代精神,以提升国民的人文素质为己任。而承担这样的使命,首先要有谦逊的态度,向人民群众学习,向兄弟院校学习。切不可妄自尊大,目空一切。这也是"北京大学人文学科文库"力求展现的北大的人文素质。

这个文库目前有以下17套丛书:

"北大中国文学研究丛书"
"北大中国语言学研究丛书"
"北大比较文学与世界文学研究丛书"
"北大中国史研究丛书"
"北大世界史研究丛书"
"北大考古学研究丛书"
"北大马克思主义哲学研究丛书"
"北大中国哲学研究丛书"
"北大外国哲学研究丛书"
"北大东方文学研究丛书"
"北大欧美文学研究丛书"

"北大外国语言学研究丛书"
"北大艺术学研究丛书"
"北大对外汉语研究丛书"
"北大古典学研究丛书"
"北大古今融通研究丛书"
"北大人文跨学科研究丛书"[1]

这17套丛书仅收入学术新作,涵盖了北大人文学科的多个领域,它们的推出有利于读者整体了解当下北大人文学者的科研动态、学术实力和研究特色。这一文库将持续编辑出版,我们相信通过老中青学者的不断努力,其影响会越来越大,并将对北大人文学科的建设和北大创建世界一流大学起到积极作用,进而引起国际学术界的瞩目。

---

[1] 本文库中获得国家社科基金后期资助或入选国家社科基金成果文库的专著,因出版设计另有要求,因此加星号注标,在文库中存目。

"北大外国哲学研究丛书"序言

韩水法

北京大学是中国最早系统开设外国哲学课程,从事外国哲学研究的教育和学术机构。而在近代最早向中国引进和介绍外国哲学的先辈中,北大学者乃属中坚力量。自北大开校以来一百二十多年的历史中,名家辈出,成绩斐然,不仅有功于神州的外国哲学及其他思想的研究,而且也有助于中国现代社会的变迁。自20世纪80年代以降,北大外国哲学研究进入了一个新时期,学术领域不断拓展,学术视野日趋开阔,不同观点百家争鸣,学术风气趋向自由。巨大的转变,以及身处这个时代的学者的探索与努力带来了相应的成果。一大批学术论文、著作和译著陆续面世,开创了新局面,形成了新趋势。

本世纪初,在上述历史成就的背景之下,有鉴于北大外国哲学研究新作迭出,新人推浪,成果丰富,水平愈高,我们决定出版"北大外国哲学研究丛书",计划陆续推出北大外国哲学研究领域有价值、有影响和有意义的著作,既展现学者辛勤劳作的成果,亦使读者方便获得,并有利于与国内外同行交流。

中国的外国哲学研究是一项巨大的学术事业,国内许多大学和科学院的哲学机构都大力支持和促进这项事业的发展,使之在纵深和高度上同时并进。而在今天,中国的外国哲学研究亦越来越国际化,许多一流的国际学者被请至国内各大学开设课程,做讲演,参加各种会议和工作坊。因此，研究人才的水平迅速提高，研究成果的质量日益升华。在这样一个局面之下，北京大学的外国哲学研究虽然依然保持领先地位，但要维持这个地位并且更上层楼，就要从各个方面加倍努力，本套丛书正是努力的一个体现。

"北大外国哲学研究丛书"第一辑在商务印书馆出版，发行之后，颇得学界肯定。第二辑移至北京大学出版社出版，亦得到学界好评。此套丛书只是展现了北大外国哲学研究的一个侧面，因为它所收录的只是北大外国哲学研究者的部分著作，许多著作因为各种原因未能收入其中。当时的计划是通过持续的努力，将更多的研究著作汇入丛书，以成大观。

北京大学人文学部于 2016 年启动了"北京大学人文学科文库"，"北大外国哲学研究丛书"被纳入了这个文库之中，进入了它第三辑的周期。与前二辑不同，按照"北京大学人文学科文库"的准则，本辑只收录著作，而不包括论文集。我们希望，通过这个文库，有更多的外国哲学研究的优秀著作在这个丛书中出版，并在各个方面都更上层楼，而为北京大学的外国哲学研究踵事增华。

2019 年 6 月 1 日

前　言

世界上存在着各种文明形态。从大类上说，有物质文明和精神文明。物质文明和精神文明又可以有更小的分类。在精神文明中，按照形态的不同，有具体的种类划分。在各类精神文明中，哲学思想占有显要地位，它对各种具体的精神文明形态起着主导和引领的作用。

不同区域内形成的人类精神文明形态有不少相同处，也有不少差别点，因其在历史上的作用不同，对后世的影响力也不同。人类的哲学思想是精神文明中的核心。东西方哲学，是东西方文明的基本组成部分，是表明世界文明形态的特色性成分，是不同区域精神文明的主要代表。

人类文明的历史长河所孕育出的哲学思想极为丰富，但具体到各种文明中所含的成分，则有所差别。不同种类的哲学，在某一区域和整个世界中的影响力迥然不同，在历史上的地位也千差万别。

在古代世界的各种哲学形态中，以欧洲哲学为主要代表的古代西方哲学和古代中国哲学、古代印度哲学，共同构成了世界三大传统哲学。这三大传统哲学具有不同于世界其他国家和地区哲学的特殊地位。中西印传统哲学的理论相对而言，其系统性、思辨性和入世性十分突出，在世界哲学中影响巨大。这三大传统哲学是根干性的体系，对世界上很多国家和地区哲学的形成和发展产生了重大影响。或者说，中西印古代哲学体系在人类文明的发展中辐射的范围大，影响的领域宽，作用持续的时间长。这是一般国家和地区的哲学形态难以比拟的。

近现代世界各地的哲学形态,在不同程度上皆受到了这三大传统哲学的影响。例如,以古希腊哲学为重要开端的古代西方哲学,是现代许多国家哲学的源头,古代欧洲许多国家的哲学,一般都可溯源于古希腊哲学。甚至不少欧洲以外的国家和地区的哲学,其思想源头也能追溯到古希腊哲学。

古代印度哲学也是根干性的传统哲学。如古代南亚地区的主要国家,其哲学的源头都与古印度哲学紧密相关。古代中国哲学、东南亚哲学、东亚(中国以外的)哲学也与古代印度哲学有密切的关联。

古代中国哲学在东方许多国家也有着极大的影响,古代东亚和东南亚许多国家的哲学,主要是在中国古代传统哲学的影响下形成的,如古代朝鲜半岛的哲学、古代日本哲学、古代东南亚国家的哲学,都受到中国哲学的很大影响,这些国家和地区的一些具体哲学理论或思想体系是在中国哲学传入后形成的,其中许多内容是中国哲学在当地发展传播后的产物,中国古代传统哲学是其根干或源头。特别是中国的儒家思想,它是朝鲜半岛和日本儒学的源头。

中西印古代哲学的理论体系中有许多基本的概念或思想范畴,它们是构成相关学说的基础。古代哲学家对这些概念或范畴的解释往往不尽相同,中西印古代哲学家在这方面的理论各有特色。了解这方面的内容对于理解中西印哲学的异同极有价值,对于认识世界东西方哲学的基本形态有重要意义。

对古代东西方哲学的比较研究是认识人类不同文明的重要途径。对比不同的文明形态,分析其中作为文明核心成分的哲学观念的异同,是学术研究的一项基础性工作。文明互鉴对于明了和辨析人类思想发展的历史和认识人类文化发展的规律有很大价值,对于后世人们了解古代文化,吸收、借鉴和传承人类优秀文化遗产,促进文化和科学的发展极有意义,也是我们建设美好中国现代化社会的重要推动力。

文明的互鉴或哲学的比较可以是宏观的,也可以是微观的,二者都有价值。但宏观的比较想要有说服力就要以微观的比较为基础。因为宏观比较所提出的一些看法立足于对具体事物及相应概念的观察和研究之上。本书选择了一些在中西印哲学发展中哲人们普遍关注的问题或基本概念作为主要探讨内容，努力找出三地重要或有代表性的古代哲学家在这些问题上的主要异同，借以彰显世界三大传统哲学体系的特色。这些特色实际也体现了世界主要文明体系之间的一些重要关联，体现了世界主要文明体系中核心成分的基本特征。

本书共分二十章，对中西印中的两个或三个地区的重要思想或哲学家的观点进行梳理和比较。

第一章属于一种宏观比较或总体概述，侧重讨论了中西印古代三大传统哲学在发展方式、主要关注问题以及资料文献保存情况方面的同异差别。

第二至第八章主要是比较分析古印度和古希腊哲人在一些重要思想观念或理论范畴上的主张，具体比较了本原、辩证思维、原子论与极微论、句义论与范畴论、一多观念、灵魂观念、善恶观念。

接下来三章主要讨论了古印度和欧洲在平等观念、神与无神问题上的基本主张。

最后九章论述了古代中西印三大哲学体系在一系列问题上的观点和理论异同，具体包括中道、中庸和适中、万物生成、人与自然现象、真理、有无、出世与入世、心识、欲望等。

人类的文明璀璨多彩，哲学博大精深。中西印三大哲学传统充满了智慧，对这方面的比较研究实际上难度极大，专门的研究者也不多。本书作者是想在这方面做一点尝试，至少能引起学界的关注，以期起到抛砖引玉的效果。书中的不当之处或谬误在所难免，望方家指教。

北京大学外国哲学研究所研究员　姚卫群
2024 年 5 月 6 日

目 录

第一章 中西印三大哲学传统发展的差别与特色 1
  一、发展方式的显著差别 1
  二、哲学关注的重点不同 6
  三、资料文献的保存状况 10

第二章 古印度和古希腊哲学的本原论 014
  一、古印度的本原理论 014
  二、古希腊的本原理论 021
  三、比较分析 026

第三章 古印度与古希腊的辩证思维 029
  一、古印度的辩证思维 029
  二、古希腊的辩证思维 035
  三、比较分析 040

第四章 古印度的极微论与古希腊的原子论 043
  一、古印度的极微论 043
  二、古希腊的原子论 048
  三、比较分析 054

第五章　古印度的句义论与古希腊的范畴论 ············ 056
　　一、古印度的句义论 ······························· 056
　　二、古希腊的范畴论 ······························· 061
　　三、比较分析 ····································· 065

第六章　古印度和古希腊的"一多"观念 ············· 069
　　一、古印度的"一多"观念 ························· 069
　　二、古希腊的"一多"观念 ························· 076
　　三、比较分析 ····································· 080

第七章　古印度和古希腊的灵魂观念 ················· 083
　　一、古印度的灵魂观念 ····························· 083
　　二、古希腊的灵魂观念 ····························· 091
　　三、比较分析 ····································· 097

第八章　古印度和古希腊的善恶观念 ················· 099
　　一、古印度的善恶观念 ····························· 099
　　二、古希腊的善恶观念 ····························· 106
　　三、比较分析 ····································· 110

第九章　古代印度与欧洲的平等观念 ················· 112
　　一、古代印度的平等观念 ··························· 112
　　二、欧洲经典的平等观念 ··························· 119
　　三、比较分析 ····································· 125

第十章　古代印度和欧洲关于神的观念 ··············· 128
　　一、古印度关于神的观念 ··························· 128
　　二、欧洲古代关于神的观念 ························· 134
　　三、比较分析 ····································· 140

第十一章 古代印度和欧洲的无神思想 ············ 143
一、古代印度的无神思想 ············ 143
二、欧洲经典的无神思想 ············ 150
三、比较分析 ············ 156

第十二章 三大文明古国的"中道""中庸"和"适中"思想 ······ 158
一、古代印度的"中道"思想 ············ 158
二、古代中国的"中庸"思想 ············ 163
三、古代希腊的"适中"思想 ············ 167
四、比较分析 ············ 171

第十三章 三大文明古国的万物生成理论 ············ 173
一、古代印度的万物生成理论 ············ 173
二、古代中国的万物生成理论 ············ 178
三、古代希腊的万物生成理论 ············ 184
四、比较分析 ············ 187

第十四章 三大文明古国对人与自然现象分析的异同 ············ 189
一、古代印度对人与自然现象的分析 ············ 189
二、古代中国对人与自然现象的分析 ············ 194
三、古代希腊对人与自然现象的分析 ············ 197
四、比较分析 ············ 201

第十五章 古代中西印哲学的真理观念 ············ 204
一、古代印度的真理观念 ············ 204
二、古代中国的真理观念 ············ 210
三、古代欧洲的真理观念 ············ 217
四、比较分析 ············ 221

第十六章　古代中西印哲学的"有""无"观念 …… 224
一、古代希腊的"有""无"观念 …… 224
二、古代中国的"有""无"观念 …… 229
三、古代印度的"有""无"观念 …… 234
四、比较分析 …… 239

第十七章　中西印哲学的"出世"与"入世"观念 …… 241
一、古代印度的出入世观念 …… 241
二、古代中国的出入世观念 …… 246
三、欧洲的出入世观念 …… 251
四、比较分析 …… 255

第十八章　中西印哲学的"心识"观念 …… 258
一、古代印度的"心识"观念 …… 258
二、古代中国的"心识"观念 …… 264
三、欧洲的"心识"观念 …… 270
四、比较分析 …… 276

第十九章　中西印哲学的"欲望"观念 …… 278
一、古代印度的"欲望"观念 …… 278
二、古代中国的"欲望"观念 …… 284
三、欧洲的"欲望"观念 …… 288
四、比较分析 …… 294

第二十章　中西印哲学的"直觉"思维方式 …… 296
一、古代印度的"直觉"思维方式 …… 296
二、古代中国的"直觉"思维方式 …… 301
三、欧洲的"直觉"思维方式 …… 305
四、比较分析 …… 309

主要参考书目 …… 311

第一章　中西印三大哲学传统发展的差别与特色

中国哲学、西方（欧洲）哲学、印度哲学是世界三大哲学传统。这些地区的哲学产生时间久远，影响广泛，辐射的范围涉及国家众多，是大的源头性哲学体系。三地的哲学发展既有作为人类思维发展共性的部分，也有由于产生地区和历史背景不同而表现出的特色和差别。本章简要地对这些共性和差别进行比较分析，以期找出三地哲学的基本发展线索和一些重要特色。

一、发展方式的显著差别

三大哲学传统在发展方式上有一些重要的差别，从总体上说，印度哲学持一种横向及相对静态的发展；欧洲哲学基本上持一种纵向及动态的发展；中国哲学的发展方式则居于二者之间。

印度哲学的主要派别在历史上产生的时间都很早。大致来说，多数主要派别在公元前就已产生。这些派别中有着巨大影响的主要有九个，即数论派、瑜伽派、胜论派、正理派、弥曼差派、吠檀多派、佛教、耆那教、顺世论。

印度哲学的这九大派别的理论的起源时间非常久远，有的派别的先驱思想在公元前一千多年就已萌发，多数派别在公元前已创作了独立的根本性经典。这些派别经历了长达千年以上的发展，在历史上产生了持久的影响，甚至在世界近现代前夕有些派别依然有重要影响。

数论派的许多思想直接渊源于"奥义书"。如《迦塔奥义书》等中就有数论派的一些基本概念。这一奥义书大致在公元前500—前200年产生。史诗《摩诃婆罗多》中亦大量记述了数论派的学说。此外，印度古代医书《恰拉格本集》中也记载有早期数论的观点。此派的主要创立者相传是公元前4世纪左右的迦毗罗。

瑜伽派与数论派关系较近，它的思想渊源在印度最早的印度河文明时期就出现了。印度河文明时期的一些"印章"上的神像就展示了瑜伽修行的坐姿。瑜伽派作为一个独立的宗教派别则是由公元前2世纪左右的钵颠阇利创立的。

胜论派的创立者相传是约公元前2世纪的迦那陀。他的某些思想与公元前产生的其他一些流派——如耆那教、弥曼差派等——在理论上有一定关系。胜论派的主要思想大致形成于公元2世纪。

正理派的创立者相传为乔答摩，约公元1世纪人，其主要思想是逻辑理论与辩论规则，成熟的理论大致形成于公元4世纪。

弥曼差派的创始人相传为阇弥尼，约公元前2世纪人。其思想渊源可追溯至公元前一千多年的梵书时期。弥曼差派的主要思想大致形成于公元1世纪。

吠檀多派的创立者相传为跋达罗衍那，约公元1世纪人。此派的思想直接源于"奥义书"，其渊源可追溯至公元前800年左右。但作为一个独立派别的吠檀多派的思想则大致形成于公元1世纪。

佛教由公元前6世纪左右的释迦牟尼创立，后来传出古印度，成为世界性的大宗教。

耆那教也是公元前6世纪左右在古印度产生，创立者是筏驮摩那。此教在印度国内影响不小，虽然也传出古印度，但在世界上的影响不及佛教。

顺世论的思想渊源至少可追溯到公元前一千多年的吠陀时期，一些学者甚至认为顺世论与印度最早的印度河文明及印度远古的民间信仰有联系。此派的一个重要代表人物是公元前6世纪左右的阿耆多·翅舍钦婆罗。

印度哲学的发展主要体现在这些派别的演变过程中。这些派别的发展有一个共同的特点，即各派都有一个（或一些）根本的经典。这些经典一般被认为由最早的代表人物所创作，它们往往有一个基本的思想体系或理论模式，后来各派的追随者往往对这些经典进行解释或增补。尽管这些追随者在后世实际也提出了不少新的见解或观念，但他们一般都宣称自己只是陈述了古代祖师的基本思想，并且他们的各种新观念往往也是围绕最早经典中的理论模式或思想框架展开。这种情况往往能持续上千年，甚至到了近代有些派别还在维持这种状态。

古印度的这类思想流派出现的时间都很早，一般在公元前就已出现，然后在很长一段时间内，各派长期共存，并行发展，后代哲学家很少在形式上提出明显有别于古代创立者思想的理论框架。这种相对静态或横向的发展模式是古印度哲学发展的一个最显著特征。

欧洲哲学的发展模式与印度哲学的有根本不同。欧洲哲学的主要发展时期从古希腊开始，经历了层次分明的发展阶段，即古希腊罗马哲学阶段、欧洲中世纪哲学阶段、文艺复兴时期哲学阶段、西欧英法荷意哲学阶段、法国哲学阶段、德国哲学阶段。

古希腊罗马哲学阶段的时间大致在公元前7—公元4世纪。其中的重要哲学家有泰勒斯、毕达哥拉斯、赫拉克利特、芝诺、阿那克萨戈拉、德谟克利特、苏格拉底、柏拉图、亚里士多德、伊壁鸠鲁、卢克莱修、普罗提诺、奥古斯丁等。

欧洲中世纪哲学阶段的时间大致在公元5—14世纪。主要的代表人物有波爱修、安瑟尔谟、高尼罗、阿伯拉尔、托马斯·阿奎那、邓斯·司各脱、罗吉尔·培根、奥康的威廉等。

文艺复兴时期哲学阶段的时间大致在公元15—16世纪。主要代表人物有库萨的尼古拉、达·芬奇、伊拉斯谟、布鲁诺等。

西欧英法意荷哲学阶段的时间大致在公元 16—18 世纪。主要的哲学家有弗兰西斯·培根、笛卡尔、霍布斯、斯宾诺莎、洛克、莱布尼茨、贝克莱、休谟等。

法国哲学阶段的时间在公元 18 世纪。主要的哲学家有贝尔、梅利叶、孟德斯鸠、伏尔泰、卢梭、孔狄亚克、拉美特利、狄德罗、爱尔维修、霍尔巴赫等。

德国哲学阶段的主要时间在公元 18—19 世纪。著名的哲学家有康德、费希特、谢林、黑格尔、费尔巴哈等。

欧洲哲学的发展基本上属于一种纵向的动态发展。各主要哲学派别的发展一般限于某一时期或某一阶段,各阶段的哲学家与前代的哲学家在理论上虽有一定关联,但在哲学体系上一般并不全盘接受前代的思想体系或理论模式。各个阶段主要哲学家的理论往往与前代哲学家有很大不同,一个时期的哲人的关注重点往往与前代哲人的有很大不同,也就是说,欧洲哲学的发展明显是一个动态发展的过程。一个时期的哲学思想往往不延续前代的某种思想体系或理论模式,各主要阶段的哲学对前代的哲学常常是一种扬弃性的发展,后代哲学家往往构建全新的理论体系,提出全新的哲学观点,这种理论发展模式是一种纵向的发展。这些是欧洲哲学不同于印度哲学发展模式的明显特征。

中国哲学的发展情况介于印度哲学和欧洲哲学的发展模式之间。中国哲学发展的阶段主要按照中国历史上不同朝代来划分。中国古代的哲学家有继承前代哲学家的传统,但并不像印度哲学中对古代先哲那样崇拜与紧密追随。中国的哲学家虽然在不同阶段有自己的创新,但也较少达到如欧洲哲学家在各发展阶段中所做出的明显不同于前代哲学家的创新。

中国哲学的发展始于商周时期,大致经历了春秋时期、战国时期、两汉时期、魏晋南北朝时期、隋唐时期、宋元明清时期。

商周春秋时期的哲学大致在公元前 17—前 5 世纪。主要思想家有孔子、孙武、墨子等。

战国时期的哲学在公元前 403—前 221 年。主要的思想家有告子、孟子、老子、庄子、公孙龙子、墨子、荀子、韩非子等。

两汉时期的哲学在公元前206—公元220年。主要的思想家有陆贾、贾谊、董仲舒、扬雄、桓谭、王充等。

魏晋南北朝时期的哲学在公元220—581年。主要的思想家有王弼、裴颁、欧阳建、郭象、慧远、僧肇、范缜等。

隋唐五代时期的哲学在公元581—960年。主要的思想家有玄奘、法藏、慧能、韩愈、李翱、柳宗元、刘禹锡等。

宋元明清时期的哲学在公元960—1911年。主要的思想家有王安石、张载、周敦颐、程颢、程颐、朱熹、陆九渊、陈亮、叶适、王守仁、罗钦顺、王廷相、方以智、黄宗羲、王夫之、颜元、戴震等。

中国哲学从商周春秋时期开始,在每次改朝换代后,一般都有新的哲学家或思想家产生。这些人物对先前的哲学思想有一定的继承和发展,而非全盘接受,因为前代哲学家大多并没有留下特定的思想体系或理论模式。当然,中国也有一些思想具有相当长的发展历程,如孔孟的学说就有着长久的发展史,宋明理学家就继承了不少孔孟的思想。但是宋明理学家在继承时实际也增加了很多自己的新观念,这种新观念的创新性比古印度哲学家继承传统的情况还是更为突出一些。

中国哲学的发展,与欧洲哲学及印度哲学相比,具有一种纵横发展而交织在一起的样态。具体来说,在中国哲学整个发展历程中,有一些主要的思想流派,如儒家、道家、佛教,此三派在中国历史上长期共存,并行发展,这可以说是中国哲学发展中所具有的横向发展的表现。但这些派别提出的概念和思想在历史上往往有很大变化,儒家、道家、佛教三家在不同历史时期的哲学家,往往提出许多不同于前代思想家的理论。例如儒家思想在宋明时期,就特别强调其中的"理"和"心",这与先秦儒家有一定差别;佛教最初传入中国时,古印度的小乘思想和大乘思想在中国都有流传,但在隋唐之后,中国佛教中最为流行的佛教宗派是属大乘的禅宗,而禅宗特别强调"佛法在世间"[1]的入世思想,此宗后来在中国影

---

[1] 高楠顺次郎编纂:《大正新修大藏经》(以下简称《大正藏》)第48册,大正一切经刊行会,1930年,第351页。

响越来越大,是后代中国佛教中的主流,这与汉末及隋唐前的中国佛教有很大不同;中国的道家在后来产生出道教,而后来的道教和道家与中国先秦时期的道家已有很大不同。这是儒释道三家在中国哲学的发展历程中所呈现出的一种纵向发展的表现。因此,可以说,中国哲学的发展历程总体上具有一种纵横交错的发展特征。

二、哲学关注的重点不同

中西印哲学的差别不仅表现在发展模式上,还表现在三地哲人重点关注的问题上。

中国哲学自商周春秋时期开始,其关注的重点就是人伦或道德伦理方面的内容,如孔子和孟子所关注的就明显是这方面的问题。孔子强调"君君,臣臣,父父,子子"[1],就是要确立人在社会生活中的相对固定的关系,有了这种固定的关系,社会才能稳定。他大力倡导"仁"的理念,认为"一日克己复礼,天下归仁焉"[2],在他看来,关键在于克制自己的欲望,使自己的行为合乎体现封建社会基本行为准则的"礼",那样整个社会就能达到一种"仁"的状态,而这种社会是一种有着优良道德伦理的社会。

孟子也极为关注人伦与社会行为准则问题。他提出"四心"或"四端"的观念,认为人有恻隐之心、羞恶之心、辞让之心、是非之心,[3] 并将这"四心"作为人之为人的开端。因而,孟子也视社会伦理为人的最重要事情。

老子实际上也关注人的行为准则问题。《道德经》第十九章说:"见素抱朴,少私寡欲。"[4] 这也是一种生活态度,要求人对欲望持一种抑制的

---

[1] 北京大学哲学系中国哲学史教研室选注:《中国哲学史教学资料选辑》上册,中华书局,1981年,第26页。
[2] 同上书,第25页。
[3] 同上书,第94页。
[4] 同上书,第72页。

态度。《道德经》第五十七章说:"我无欲而民自朴。"[1] 老子在这里将"无欲"视为使民风淳朴的重要因素。

汉代董仲舒在《春秋繁露·王道通三》中说:"人之受命于天也,取仁于天而仁也。是故人之受命天之尊,父兄子弟之亲,有忠信慈惠之心,有礼义廉耻之行,有是非逆顺之治,文理灿然而厚,知广大而有博。"[2] 他也将伦理道德问题放在十分重要的位置上。

宋明理学关注的主要问题依然是人的行为准则。二程和朱熹的学说都是围绕这方面的问题展开的,陆九渊和王阳明"心学"的核心问题也是人伦和行为准则问题。可以说,中国哲学主要关注的就是社会道德伦理和人的行为准则问题。

欧洲哲学从古希腊时期开始,其关注的重点是自然现象或宇宙的本质问题,其中也包含人的本质和一些伦理问题。如苏格拉底就较关注伦理问题,赫拉克利特关注人的幸福问题,德谟克利特也论及人应怎样活着的问题,柏拉图倡导智慧、勇敢、有节制、公道,[3] 亚里士多德则认为美德就在于适中,[4] 这些都是人的行为准则等方面的观念。在此后的欧洲哲学史上还能找到许多有关伦理道德方面的论述。

尽管有不少道德伦理方面的叙述,但十分明显的是,从古希腊开始的欧洲哲学所关注的重点不在这方面,而是在涉及自然或宇宙本质问题的本体论上,在欧洲哲学看来哲学探讨的根本问题是关于"是"或"存在"的问题。希腊哲学注重探讨一切现象在本质上是什么的问题,探讨事物的本原问题。较早的希腊哲人认为一些元素是事物的根本,如泰勒斯认为是水,阿那克西美尼认为是气,赫拉克利特认为是火,德谟克利特等认为是原子。[5] 还有一些人认为事物的根本是某些抽象的概念,如毕达哥拉斯认

---

[1]《中国哲学史教学资料选辑》上册,第82页。
[2] 同上书,第298页。
[3] 北京大学哲学系外国哲学史教研室编译:《西方哲学原著选读》上卷,商务印书馆,1981年,第108页。
[4] 同上书,第154页。
[5] 同上书,第15—52页。

为是数，柏拉图认为是理念，[1] 等等。

古希腊的关于事物本原的理论为后来不少欧洲哲学家所继承和发展，如霍布斯的物体说、洛克的物质性质理论、梅利叶的物质是万物始因理论、霍尔巴赫的人是自然产物的理论等都或多或少受到了古希腊物质本原理论的影响。古希腊哲学中的理念论或非物质本原论的传统也对后世的欧洲哲学有影响，如笛卡尔的心灵理论、贝克莱的观念理论、康德的纯粹理性概念、黑格尔的绝对理念或绝对精神概念都或多或少受到了希腊哲学中的非物质本原理论的影响。

欧洲哲学中这些关于事物本原的思想构成了西方哲学中的基础性理论，在这一地区的哲学发展中占有重要的地位。与中国哲学相比，欧洲哲学中的本原理论在其整个哲学发展中明显受到较多重视，而在对伦理道德的探索方面，欧洲哲学探讨的力度相对要小些。中国哲学中有关伦理道德的论述所涉范围广，产生的影响也大，是中国哲学中的骨干部分，而这却非欧洲哲学的叙述主体。这些是中国哲学与欧洲哲学在探讨重点上的明显差别。

印度哲学的宗教色彩较浓厚。印度古代最早的圣典"吠陀"中相当多的内容是印度先民在生活中流露出来的一些宗教观念。印度古代最初形成的有较多哲学理论的"奥义书"，其主流思想是婆罗门教的观念。印度历史上形成的主要哲学流派除了顺世论一派之外，其他派别都是宗教体系中的哲学派别，如古印度有重要影响的正统六派哲学（数论派、瑜伽派、胜论派、正理派、弥曼差派、吠檀多派）就是婆罗门教中的哲学派别。佛教和耆那教中的哲学思想非常丰富，但这些哲学理论从根本上说也是宗教体系中的哲学。

哲学与宗教思想交织在一起是印度古代哲学的重要特点。在古印度的这些哲学派别中，都有本体论的思想、认识论的观念、社会伦理学说。但这些思想理论基本上都与宗教观念混合在一起。

例如，古印度的"梵"的观念既是一个哲学上的最高实体，也常常被

---

[1]《西方哲学原著选读》上卷，第18、72—82页。

视为一个最高神，在许多印度宗教哲学文献中都可以看到对梵的这两种描述。印度佛教虽然是一个宗教派别，但它教义中的哲学思想极为丰富，如佛教讲的"十二因缘"就既是一种哲学上的因果理论，也是一种宗教上的轮回理论，这二者是融合在一起的。

再如，耆那教是一个宗教派别，但它的教义体系中有大量哲学思想。耆那教提出了实体的观念、极微的思想、时空观念、运动与静止原因的思想等，[1] 此教也提出了轮回解脱的理论、业报的观念、万物有灵的思想。这一教派中哲学的观念和宗教的思想紧密联系在一起。

还有，婆罗门教六派哲学中，有丰富的本体论观念（如梵一元论思想、自性和神我观念），也有认识论思想（量论）、逻辑理论（因明学）等；而在宗教上则有轮回解脱观念、自在天造世观念、灵魂转世思想、祭祀禅定思想等。这些派别中的哲学和宗教两种成分是交织在一起的。

由此可见，印度哲学关注的问题是多方面的，但与中国哲学及欧洲哲学相比，它的宗教色彩十分突出。中国古代也有丰富的宗教思想，但和印度古代相比，其影响要小得多。中国虽然有道教和自印度传来的佛教，但在社会中占主导地位的还是儒家的思想，而且，古代中国哲学与宗教融合的情况虽有，但融合的程度远不如印度，宗教在中国社会中的影响也不如宗教在印度社会中的影响那样普遍。

欧洲古代哲学早期关注的是哲学的问题，宗教的影响不大；在中世纪之后，宗教在欧洲的影响突显出来；但在文艺复兴和资产阶级革命后，宗教在社会中的影响也不如印度宗教在其社会中的影响那么大。欧洲思想史在总体上说，人们关注哲学问题甚于关注宗教问题，而且，欧洲思想家在论述哲学问题时虽然有时也涉及宗教问题，但各自单独叙述的场合更多。欧洲哲学与宗教紧密联系或交织在一起的情况并不普遍，至少达不到印度哲学与宗教紧密联系的那种程度。因此，可以说，印度思想史上人们关注的哲学问题很大程度上都与宗教相关，而中国哲学和欧洲哲学在这方面与

---

[1] Sarvepalli Radhakrishnan and Charles A. Moore(eds.), *A Source Book in Indian Philosophy*, Princeton University Press, 1957, pp.252-260.

印度有很大不同。这也是三地在哲学思想方面的一个重要差别。

三、资料文献的保存状况

中西印哲学史上都留下了大量的资料文献,这些资料文献是研究三地哲学思想的基本依据,但三地的这些资料文献的保存情况不尽相同。

中国古代的哲学资料在三地中保存最好。中国哲学的历史资料一个很重要的特点是人物、事件及重要哲学思想的年代多有详细可信的记述,春秋战国之后的资料大多如此。中国古代各朝代多有后人专门修史,后代文人编写前代历史是一个传统,而大量历史文献也保存了下来。哲学史是历史的一部分,中国哲学资料基本也具有一般中国历史资料所具有的这一特点。中国古代主要朝代的起始年代很清楚,一个王朝的情况有详细记载,相应地,具体的中国哲学家属于哪个朝代,其生卒年代等多数信息也是清楚的,并且一些重要思想家的主要著作大多流传了下来。尽管也有一些思想家的年代不清楚,或者他们的著作没有流传下来,但这种情况相对来说是少数,而且有些哲人的著作虽然没有流传下来,却有其他一些材料转述或论及了相关的内容,这也给后代的研究者提供了方便。研究中国哲学,关于人物和著作的年代一般没有太大的问题,至少在基本的朝代上很少需要考证,年代大多可以确定,这种资料的记述情况对于撰写有关哲人思想产生的历史背景及有关思想的历史影响来说要便利很多。

古代印度的文献资料与古代中国的文献资料保存及记述情况完全不同。印度人和中国人相比明显缺乏记述历史和保存前代文献的习惯,印度后世的文人很少撰写详细的前代历史和人物传记,即便有,传说的成分也占很大比重。印度本国史学家记述的历史资料很难将本国完整历史朝代的情况描绘清楚,一些重要的朝代及有关帝王的生卒年代经常不清楚,更不要说有关时期政治活动的详细情况了,经常是没有留下任何有价值的文字资料。根据印度本国保存的资料记载,古印度历史发展的脉络的细节难以呈现其完整面貌,许多重要的历史朝代和重要历史人物要依赖到过印度的国外旅行者或求法高僧的记述才能明了。如中国古代的法显、义净、玄奘等佛教求法高僧以及一些西方古代到印度的旅行者等的记述，对于构建完整的印度历史有着不可或缺的价值。离开了这些国外的旅行者或求法者的著述，许多印度历史的情况现在就无法讲清楚，一些印度古代的朝代或君王的情况，印度本国的历史资料完全没有记载。依靠外来的旅行者或求法者的记述，印度古代的历史才能连贯起来，一些历史时期的重要事件和人物的重要活动才能为后人所知。

在印度保存的为数不多的历史资料中，有不少文献也不能作为完全可以信赖的材料。印度人所叙述的历史中，所依赖资料的相当成分是一些传说和神话。他们叙述历史时，常常以一种讲故事的形式呈现出来，许多资料在讲一些古代人物的出现或其活动年代时，常常把他们视为数万年前或十万年前的人，这类材料实在无法作为可信的历史资料来使用。许多印度历史以及人物的年代往往要借助印度之外的一些材料才能推测出一个大致的年代。在这之中，中国古代的材料十分重要，因为古代中国有大量佛教的求法者去过印度，这些人回国后翻译了不少印度当时新出现的文献，有些人撰写了访印游记，这为后人了解古代印度提供了宝贵的资料。例如，印度本国资料没有记载的哲学和宗教中的主要人物或文献，或未讲明相关年代，但中国关于这类文献的汉译本之成书年代是十分清楚的，因而可以借助这译本的译出时间大致推出有关印度文献的年代；特别如玄奘等西行求法高僧的游记，常常对有关印度王朝和人物的年代表述得很清楚，我们能够直接用来作可靠的印度历史资料。

印度哲学的资料文献是印度整个历史资料文献的一部分，也存在资料残缺和年代不清的问题。在这种情况下，对这方面的问题大致可以这样处理：

一是确定派别基本思想萌芽时期。在这一时期，独立的哲学或思想流派还没有完全形成，但一些重要的思想已经萌芽，出现了不少与此派后来基本理论体系有关的先驱观念。这些先驱观念可以在一些远古圣典中发现，如古印度的"吠陀"和"奥义书"中就经常可以筛选出此类先驱思想。这需要将后代成型的哲学派别的思想与有关远古圣典的记述加以比对,找出有关的成分。

二是确定根本原典最初部分的形成时期。在这一时期,一些古印度哲学或思想派别的根本经典的最初部分已经产生,这些经典通常也被归于有关派别的创立者。但我们现在看到的各派的根本经典已经经历了后人的加工处理,有了删改增补的内容,我们要在现存的文献中找出哪些是最开始就有的内容,哪些是后出的内容。做这样的工作很不容易,需要分析现存文献中思想出现的先后顺序,有些是根据文献中不同时代的文字或语言特点来确定,有些是根据有关思想在其他文献中的出现情况来确定,有些是根据这一文献中不同内容之间的逻辑关系来确定,依据这样一些综合的研究方法来推测出各派根本经典的最初部分及其产生年代。

三是确定现存根本原典的定型时间,也就是我们现在看到的根本原典的形成时间。这些原典的最初部分出现后,此派在后世的追随者或信众对有关根本原典做了修订增删,最后确立了这种根本原典的形态。现存根本原典多数经历了数百年的修订增删,最后定型并流传至今。这一文献的定型时间往往也就是有关派别的成熟时间。

欧洲哲学资料文献的记述和流传情况要好于印度,但近代之前的欧洲哲学文献资料保存情况则不如古代中国。古希腊罗马许多哲学家的生平情况常常是不清楚的,一些重要哲学家的著作没有流传下来,或没有全部流传下来,不少哲人的著作只留下残篇,有些重要哲学家的思想观点或理论学说是靠其他文献转述而得知的。这方面的事例也不少。

例如,古希腊重要的辩证法思想家赫拉克利特基本没有留下完整的著作,而只有残篇。著名的原子论者德谟克利特的著作《论自然》等也没有完整流传到后世,仅存残篇。

再如,毕达哥拉斯是古希腊著名的哲人,他提出了数是万物本原的重要思想,但他并无著作流传下来。他的思想在亚里士多德的《形而上学》中有记载。

还有,第欧根尼·拉尔修的《著名哲学家的生平和学说》中就记述了不少古希腊哲学家的思想或著作内容,如其记载了留基波的宇宙论思想，还记述了著名原子论者伊壁鸠鲁的思想。[1] 拉尔修的著作或许并非哲人的原话，但却保存了不少重要资料，由于部分相关哲人的著作没有流传下来，这些转述的著作实际也就成了第一手的研究资料。

欧洲哲学史中的不少古代文献虽然能够确定作者，但有些文献的确切年代却不是很清楚，只知道大致的年代。关于古希腊不少著名思想家的存世时间，人们也只是了解大致的年代，只能给出这些哲学家鼎盛期的时间。如泰勒斯的鼎盛年约在公元前585年；阿那克西曼德的鼎盛年约在公元前570年；毕达哥拉斯的鼎盛年约在公元前532年；赫拉克利特的鼎盛年约在公元前504—前501年；克塞诺芬尼的鼎盛年约在公元前570年；巴门尼德的鼎盛年约在公元前504—前501年。[2] 这些重要哲学家的确切年份都不是很清楚，这和古代印度的情况有些接近，但总体还是比古印度的情况要好，因为古印度公元前的一些重要思想家甚至连鼎盛年也给不出来，后世对这些人不同的估算年份能相差百年以上，甚至还有差数百年的，而古希腊哲学家一般不会有这种情况。而且有些古希腊的伟大思想家是能给出生卒年的。如柏拉图的生卒年为公元前427—前347年；亚里士多德的生卒年为公元前384—前322年。而关于古印度重要思想家的生卒年则做不到这一点。如古印度六派哲学的创立者都无法给出确切的生存年代；佛教创立者释迦牟尼的生卒年也一直有争议，并无被普遍接受的确定说法；耆那教创立者筏驮摩那的生卒年也没有一个被普遍承认的确定说法。

因此，就现存文献的准确性和年代的确定性来说，古印度哲学资料记述和保存得最差，古代欧洲的哲学资料的情况好于古代印度，资料保存最好和年代记载最准确的是中国哲学。虽然中国哲学在资料保存及年代记载上也有不全或时间不清楚的情况，但那些基本上属于个别情况。从文献保存的完整性和年代记载的准确性方面来说，中国哲学文献的情况居于首位，这是古代印度和古代欧洲无法相比的。

---

[1] 参见《西方哲学原著选读》上卷，第46、159—175页。
[2] 同上书，第15—28页。

第二章　古印度和古希腊哲学的本原论

古印度与古希腊之所以被认为是文明古国，与两地产生了丰富璀璨的哲学思想有关，也与两地在世界上较早提出了一系列具有开创性意义的哲学观念或理论有关。探讨世界或宇宙的本原，是古印度和古希腊哲人们在从事理论探索之初就展开的创新性思维活动。

一、古印度的本原理论

古印度较早的宗教历史文献是"吠陀"和"奥义书"。"吠陀"中大量展示了远古印度人的宗教观念，也显露出了少量哲学思维。"奥义书"提出了大量哲学思想，是印度思想史上系统提出哲学理论的开端性文献。"吠陀"和"奥义书"都是时间跨度很长的多种文献的汇集，它们在古印度的最初形态是口头的表述。现在人们看到的这两类文献的书面文本是后人整理出来的。

本原理论无论是在"吠陀"中还是在"奥义书"中，都有重要的叙述。

"吠陀"中有几首所谓"哲理诗"，其中的一些概念应当说是古印度较早提出的有关本原方面的思想。这在"原人歌"(《梨俱吠陀》第 10 节 90)、"无有歌"(《梨俱吠陀》第 10 节 129)、"生主歌"(《梨俱吠陀》第 10 节 121) 和"造一切者之歌"(《梨俱吠陀》第 10 节 82)[1] 这几首"吠陀"文献中为数不多的哲理诗中都有表述。

"原人歌"第 1 节中说:"原人就是这一切,(是已经)存在的(事物)和(将要)存在的(事物)。"

"原人歌"第 12 节中说:"婆罗门是他(原人)的嘴,他的双臂成为刹帝利,他的两脚是吠舍,他的两足生出首陀罗。"

"原人歌"第 13 节中说:"月亮由(原人的)心(意)产生;太阳由(其)两眼产生;由(其)嘴生出因陀罗(雷)和阿耆尼(火);由(其)气息生出伐由(风)。"

"原人歌"第 14 节中说:"由(原人的)肚脐生出空(气);由(其)头演化出天;由(其)两足(出现)地;由(其)耳(出现)方(位)。世界就这样形成了。"[2]

由这些论述可知,此首赞歌的作者认为,原人是世间一些事物的根本或本原。日月等来自原人,天地来自原人,种姓社会来自原人,现在、过去和未来的一切事物都来自原人。

"无有歌"第 2 节中说:"那时,既没有死,也没有不死。没有夜(与)昼的标记。太一靠自己的力量无风地呼吸。在此之外,没有其他东西。"

"无有歌"第 3 节中说:"最初,黑暗被黑暗所掩盖。这一切都是无法辨别的水。生者为空虚所遮盖。太一通过炽热之力而产生。"[3]

由这两句诗文可以看出,作者提出"太一"的概念,认为太一是世界形成之初的一个根本性的东西,事物是太一通过炽热之力而产生的。

"生主歌"第 9 节中说:"愿他(生主)不要伤害我们。他是大地的生成者,他具有真正的理法。他产生天空,产生发光的巨大洪水。"

---

[1] 本文此处的哲理诗的名称为后人所加。《梨俱吠陀》原文中并无这些诗的名称。
[2] A. A. Macdonell, *A Vedic Reader*, Oxford University Press, 1981, pp.195-202.
[3] Ibid., pp.208-209.

"生主歌"第 10 节中说:"啊!生主,正是你环绕着所有创造物。但愿你赋予我们希求之物,使我们成为财富的拥有者。"[1]

这首赞歌中提出生主的概念,认为生主产生大地,产生天空,产生洪水,给人们带来财富,并且具有世界的理法。这种生主也是属于事物本原性的东西。

"造一切者之歌"第 2 节中说:"造一切者在思想上和力量上都伟大,是创造者、安住者、至高无上的存在者。"

"造一切者之歌"第 6 节中说:"洪水怀着胚胎,其中聚集着众神。这胎安放在那太一的肚脐上,那里聚集着存在的一切东西。"

"造一切者之歌"第 7 节中说:"你不能感知创造这一切生物的那(太一),在你们中产生另外的东西。"[2]

这首赞歌中论及了造一切者是创造者、安住者和至高无上的存在者,还提及了"太一",认为太一的肚脐上聚集着存在的一切东西。这造一切者或太一也是世间事物的本原。

"奥义书"中虽然仍有大量宗教方面的内容,但哲学思想在这些文献中明显要多于《梨俱吠陀》等早期"吠陀"文献。在"奥义书"的大量文献中,也有不少论及世界本原的内容。

《广林奥义书》第 1 节 4.1 中说:"最初,此(处)唯有阿特曼,(以)原人的形态(展示出来)。这(阿特曼)环顾四周,除自我外,别的什么也见不到。"

《广林奥义书》第 1 节 4.5 中说:"他(阿特曼)知道:'我就是这创造,因为我产生了这一切。'这样,创造就产生了。"

《广林奥义书》第 1 节 4.10 中说:"最初,此(处)唯有梵。他仅这样理解自己:'我是梵。'因此,他成为一切。"

《广林奥义书》第 2 节 2.20 中说:"如同丝从蜘蛛(口中)吐出,小火花从火(中)产生一样,从这阿特曼产生一切气息、一切世界、一切

---

[1] Radhakrishnan and Moore, *A Source Book in Indian Philosophy*, pp.24-25.
[2] Ibid., p.18.

神、一切存在（物）。"[1]

奥义书中类似的叙述还有不少。这些文献提出了"梵"与"我"两个概念，认为梵或我（阿特曼）是万有的本原。在讲世界的本体时，用"梵"一词多一些；在讲人等生命主体时，使用我（阿特曼）多一些。但更多的场合是这两个概念混用，都是指人及世间万有的根本或本原。例如：

《蛙氏奥义书》第 2 节中说："一切确是此梵，此阿特曼（即）是梵。"[2]

《伊莎奥义书》第 7 节中说："在认识到所有的事物都是阿特曼（大我或梵）的人那里，在看到了同一的人那里，还有什么迷误和痛苦呢？"[3]

在"奥义书"中，在论及事物的本原时，"梵"这个概念和"我"这个概念的含义严格来说是没有区别的。在"奥义书"哲人看来，若把自己的小我看作区别于"梵"的主体的话，就是无知或无明，这将使人陷入轮回的痛苦中，只有认识到梵我同一才能获得最高的智慧。

"奥义书"中除了强调梵或阿特曼是最高本原的论述之外，还提及了一些元素，这些元素在"奥义书"中也常被视为世界的本原。这类论述不少。

《歌者奥义书》第 4 节 3.1 中说："风确是一摄入者。火熄灭时归于风，太阳落时归于风，月亮没时归于风。"

《歌者奥义书》第 7 节 10.1 中说："水确实大于食物（地），正是水呈现出这地上的（不同）形态，（呈现出）大气、天空、群山、众神与人、牲畜与鸟、草与树、野兽与虫、蝇与蚁。水确实是（所有这一切的）形态。（应）崇拜水。"

《歌者奥义书》第 7 节 11.1 中说："火（热）确实大于水。……人们说：'有闪电，有雷，因而（才）有雨。'火确实先表明了这，并创造了

---

[1] Sarvepalli Radhakrishnan, *The Principal Upanisads*, London: George Allen & Unwin LTD, 1953, pp.163, 165, 168, 190.
[2] Ibid., p.695.
[3] Ibid., p.572.

水。(应)崇拜火。"

《歌者奥义书》第7节12.1中说:"空间确实大于火。在空间中,(存在着)太阳和月亮、闪电、星星(以及)火。通过空间,(人)呼叫;通过空间,(人)听闻;通过空间,(人)回答。(人)在空间中享乐。(人)在空间中痛苦。(人)在空间中生。(人)对着空间生。(应崇拜)空间。"[1]

这里分别提及了风、水、火、空间(空)是事物的根本。这类概念后来形成"四大"或"五大"理论,成为印度思想史上关于事物基础的重要观念。但在"奥义书"中,这些概念在总体上还是没有"梵"或"我"作为世界本原概念影响大,而且这些概念有时甚至被安置在梵我之下。如《他氏奥义书》第3节1.3中说:"这五大元素,(即)地、风、空、水、火……以及那些卵生的、胎生的、湿生的、种(芽)生的(生物)……动的、飞的和静止的(事物),所有这些都由识指引,建立于识之中。世界由识指引,支撑物是识,梵天是识。"[2] 显然,这些物质元素在奥义书哲人那里居于次要地位。但在印度后世的一些哲学派别中,这些元素所获得的地位与在"奥义书"中的地位不同。这里的"梵天"是古代婆罗门教的神。在"奥义书"中,梵有时也被视为神。

在"奥义书"之后,印度逐渐形成一些宗教哲学流派,这些流派对于事物的本原问题也提出了不少新的观念或理论。

在这些派别中,影响最大的是吠檀多派,此派直接继承和发展了"奥义书"的主流思想,认为世界的本原是梵或大我。吠檀多派中有很多分支,其中影响较大的是不二一元论。不二一元论较早的论述者乔荼波陀认为,梵或大我是万有的根本,一切事物在本质上是梵或大我的幻现,世间事物其实并无独立于梵或大我之存在。小我或事物既不是梵的部分,也不是它的变异,它们的关系如同瓶中的小虚空和瓶外的大虚空的关系一样,即瓶中的小虚空与瓶外的大虚空本是一个东西,仅仅由于瓶子的限制,它们

---

[1] Radhakrishnan, *The Principal Upanisads*, pp.404, 478-480.
[2] Ibid., pp.523-524.

才显得不同。与此情形类似，作为人生现象的无数小我与大我本是一个东西，仅仅由于身体的限制，它们才显得不同，两者实际上是同一物。[1] 主张不二一元论的另一个主要思想家是商羯罗（Śaṅkara，788—820）。商羯罗是吠檀多派中影响最大的哲学家，他认为，梵在本质上是唯一不二的，但由于人们对梵的理解不同而表现出两种梵，一种是下梵，它是有限制的，有属性的，表现为神创造的具有不同名称和形态的世界（现象界）；另一种是上梵，它是摆脱一切条件因素的，无差别与属性的。在商羯罗看来，下梵和上梵的区分只是人主观认识的产物，在实际上，梵只有一个。[2] 吠檀多派中还有其他一些分支，对本原问题的看法与商羯罗不尽相同，但我们可以说，吠檀多派中的主流思想是不二一元论，这一思想与奥义书中的主流思想一样，都认为万有的本原是唯一不二的梵或大我。而梵或大我在婆罗门教或印度教中也往往被视为最高神，因而，吠檀多派的本原观念和婆罗门教的最高神观念时常是联系在一起的。[3]

　　数论派也是婆罗门教哲学中的重要派别，此派在论及事物本原时，实际持一种二元论。根据数论派在古代的主要文献《数论颂》及其注释的说法，此派认为，世间事物和人生现象产生于两个根本实体的结合，一个实体是自性，另一个实体为神我。自性是物质性和阴性的实体，神我为精神性和阳性的实体，二者结合在一起才能生出包括人生现象在内的事物。直接生出事物的是自性，但自性产生事物时必须有神我的作用。世间事物在毁灭时还要回归自性中，自性和神我最终各自独存。《数论颂》第 21 节在论及事物产生时说："我求见三德，自性为独存，如跛盲人合，由义生世间。"[4]

---

[1] 参考乔荼波陀《圣教论》第 3 节 1—10（据乔荼波陀：《圣教论》，巫白慧译释，商务印书馆，1999 年，第 104—115 页）。
[2] 参考商羯罗《梵经注》第 1 节 1.11；第 1 节 2.8；参考金仓圆照：《印度哲学史》，平乐寺书店，1963 年，第 166—167 页。
[3] "奥义书"和吠檀多派中都有这方面的论述，如《乔尸多基奥义书》第 3 节 8 中说："他是世界的保护者、统治者、主宰者，他是我的阿特曼。"（Radhakrishnan: *The Principal Upanisads*, p.782）商羯罗在《梵经注》第 4 节 1.3 中说："最高主宰者当然被理解为是人的大我。"（Gambhirananda, *Brahma-Sūtra Bhāṣya of Śaṅkarācārya*, Sun Lithographing Co. 1977, p.819.）
[4] 姚卫群编译：《古印度六派哲学经典》，商务印书馆，2003 年，第 382—383 页。

根据《金七十论》的解释，这一偈颂的意思是，神我这一阳性实体要求见由三德[1]构成的自性，阴性实体自性则为求独存而与神我结合，二者结合后才能生出世间事物。神我相当于只能看路而不能走路的瘸子，而自性相当于只能走路而不能看路的瞎子。只有瘸子骑在瞎子身上，二者合作，才能正确地向前走路，同样，只有自性与神我结合，才能生出世间事物。[2]

数论派的这种本原观念带有二元论的性质，但直接产生事物的是自性，只是在产生事物时，自性又不能离开神我的作用。

胜论派是婆罗门教正统哲学派别中又一个较有特色的派别，此派在解释世间事物的本原问题时提出了实体观念。胜论派认为，实体分为九种，即地、水、火、风、空、时、方、我、意，这九种实体中的前四种又可以区分为极微和极微的复合物。胜论派的重要文献《胜宗十句义论》中即把"四大"区分为极微和极微的复合物，该论中说："如是九实，五常四分别。谓此四中，非所造者常，所造者无常。如常、无常，有实、无实，有细分、无细分，因不相违、非因不相违，非边有异、边有异，不圆圆，亦尔。"[3] 世间具体的物体由极微构成，因而，极微在此派中实际就是作为本原性的成分而存在。这种理论与"奥义书"中的元素理论有某种渊源关系。

耆那教是印度主要宗教之一，此教在论述事物的本原问题时，持一种多元实在的观念。耆那教在论述世间事物的构成时，提出了一种分类理论，它在总的方面把事物分为"命我"和"非命我"两大类，在这两大类之下又有小的分类。

所谓"命我"，在耆那教中主要指生命现象或事物中的一种主体或主导者。命我也就是一般宗教中说的灵魂，它分为处于轮回中的命我和获得解脱的命我。

---

[1] 数论派认为，物质性实体自性具有三种属性的成分，即喜、忧、暗这"三德"。事物的形态展现与三德之间的相互影响及作用有关。只有自性有三德，神我则无三德。
[2] 参见《金七十论》卷上中对《数论颂》21颂的解释。
[3] 《大正藏》第54册，第1264页。

所谓"非命我"是指命我之外的存在，包括法（使事物运动的条件）、非法（使事物静止的条件）、虚空（空间）和补特伽罗（物质）。[1] 补特伽罗实际就是世上各种物质事物。此派主要经典《谛义证得经》第 5 节 19.20 中说："补特伽罗的作用是构成身、语、意和呼吸的基础。补特伽罗的作用还在于使世间的乐、苦、生、死成为可能。"[2] 耆那教将补特伽罗分为两类：一类指极微，另一类指极微的复合物。《谛义证得经》第 5 节 25.29 中说："补特伽罗（有两种形式）：极微和极微的复合体。实体的明显特性是存在。"[3]

由这些叙述可以看出，耆那教的事物本原理论虽有多元实在的特性，但在论及构成事物的根本实体时实际较为看重极微等成分。

佛教是印度哲学中一个大的教派，此教也论述了事物的本原问题。佛教在产生时就将缘起论作为其对包括生命现象在内的世界事物分析的基本原则。因而佛教中的主流思想是不承认有不变实体或最高本体这样的东西。佛教中"说一切有部"的一些分支主张"三世实有""法体恒有"，认为有实在的极微，但有部不是佛教思想中的主流派别。印度佛教以大乘为主流的思想强调"性空"理论。虽然大乘中的瑜伽行派有唯识的理论，但这"识"按照《成唯识论》卷第二的解释，也是一种方便说法。[4] 佛教的主流观念是否定有最高本体观念的。

二、古希腊的本原理论

本原观念在古希腊的哲学中占有重要地位，是早期世界哲学的基本内容之一。希腊哲学形成之初，就有哲人提出这方面的观念，在后来的发展

---

[1] 参见《谛义证得经》第 1 节 4；第 2 节 7；第 5 节 1。Radhakrishnan and Moore, *A Source Book in Indian Philosophy*, pp.252, 254, 255.
[2] Ibid., p.256.
[3] Ibid.
[4] 《成唯识论》卷第二中说："为遣妄执心心所外实有境故，说唯有识。若执唯识真实有者，如执外境，亦是法执。"

中,又有人丰富和发展了这方面的思想。米利都学派的泰勒斯、阿那克西曼德、阿那克西美尼是较早提出本原观念的哲人。

泰勒斯的鼎盛年在公元前585年,[1]他无著作传世,其思想被后人著作所提及,他最早提出了"水"是万物的本原。亚里士多德在《形而上学》中说:"那些最早的哲学研究者们,大都仅仅把物质性的本原当作万物的本原。因为在他们看来,一样东西,万物都是由它构成的……这一派哲学的创始人泰利士就把水看成本原(因而宣称地浮在水上)。他得到这个看法,也许是由于观察到万物都以湿的东西为养料,热本身就是从湿气里产生、靠湿气维持的(万物从而产生的东西,就是万物的本原)。"[2]泰勒斯的这种把水看作万有本原的思想一般被认为是最早的本原观念。

阿那克西曼德约为公元前611—前546年人,也无著作传世。他认为万物的本原是"无限者"。艾修斯在《学述》中说:"米利都人阿那克西曼德说,万物的本原是无限者,因为一切都生自无限者,一切都灭入无限者。因此有无穷个世界连续地生自本原,又灭入本原。"[3]

阿那克西美尼的鼎盛年在公元前546—前545年,著作仅有残篇。辛普里丘在《亚里士多德〈物理学〉注》中记述说:"米利都人阿那克西美尼是阿那克西曼德的同伴,也同阿那克西曼德一样主张自然界的基质是唯一的、无限的,可是他不同意把它说成不定的,因为他主张这基质是气。这气通过浓缩和稀释形成各种实体:它很稀的时候,就形成火;浓的时候,就形成风,然后形成云,再浓,就形成水、土和石头;别的东西都是由这些东西产生的。他主张这些变化是永恒的运动所造成的。"[4]

萨摩斯人毕达哥拉斯是另一个论及本原问题的人,他的鼎盛年在公元前532年。毕达哥拉斯派认为数是万物的本原。亚里士多德在《形而上学》中说:"毕达哥拉斯派曾经从事数学的研究,并且第一个推进了这个知识部门。他们把全部时间用在这种研究上,进而认为数学的本原就是万

---

[1] 参见罗素:《西方哲学史》上卷,何兆武、李约瑟译,商务印书馆,1963年,第50页。
[2] 《西方哲学原著选读》上卷,第15—16页。
[3] 同上书,第16页。
[4] 同上书,第17页。

物的本原……这些哲学家显然是把数目看成本原，把它既看作存在物的质料因，又拿来描写存在物的性质和状态。"[1]

第欧根尼·拉尔修的《著名哲学家的生平和学说》中提到毕达哥拉斯派认为"万物的本原是一。从一产生出二，二是从属于一的不定的质料，一则是原因。从完满的一与不定的二中产生出各种数目；从数产生出点；从点产生出线；从线产生出面；从面产生出体；从体产生出感觉所及的一切形体，产生出四种元素：水、火、土、气。这四种元素以各种不同的方式互相转化，于是创造出有生命的、精神的、球形的世界，以地为中心，地也是球形的，在地面上住着人"[2]。

毕达哥拉斯派的这种本原理论很有特色，他们把抽象的数作为事物形成的起点，然后按顺序演化出世间万有。此说也确实很有想象力。

爱菲斯人赫拉克利特以其运动理论著称于世，但也有本原理论。赫拉克利特在其著作残篇里提道："这个世界，对于一切存在物都是一样的，它不是任何神所创造的，也不是任何人所创造的；它过去、现在、未来永远是一团永恒的活火……一切转为火，火又转为一切……这道（逻各斯）虽然万古长存，可是人们在听到它之前，以及刚刚听到它的时候，却对它理解不了。一切都遵循着这个道。"[3]

此处，赫拉克利特既将可见的火作为本原，又将不可见的道作为本原。两种本原的概念都有一定意义，在他看来，物质性的基本要素火和抽象的道在人们生活中都会经常用到，不会真正消失。

在古希腊，原子论者也是提出本原理论的重要思想家。这里较著名的是留基波（鼎盛期为公元前440年）、德谟克利特（鼎盛期约为公元前420年）、伊壁鸠鲁（约前341—前270）和卢克莱修（前99—前55）。

留基波认为："宇宙是无限的，其中一部分是充满的，一部分是空虚的。这［充满和空虚］，他说就是元素。无数世界由这些元素造成，又分

---

[1]《西方哲学原著选读》上卷，第18—19页。
[2] 同上书，第20页。
[3] 同上书，第21—22页。

解为元素。"[1]

德谟克利特认为："一切事物的本原是原子和虚空……原子在大小和数量上都是无限的，它们在宇宙中处于涡旋运动之中，因此形成各种复合物：火、水、气、土。这些东西其实是某些原子集合而成的；原子由于坚固，是既不能毁坏也不能改变的。太阳和月亮同样是由光滑的圆形原子构成的，灵魂也由这种原子构成。"[2]

伊壁鸠鲁认为："没有一样东西能化为无，复合物解体时必定有一些实在的东西继续存在着。"[3] 他把这种东西称为原子。

卢克莱修在其《物性论》中较为清晰地表述了原子论的思想。根据《物性论》，万物都由原始的物体构成，原始物体不可毁灭。《物性论》说："原来造成万物的只是那些元素，宇宙间无一事出于神灵摆布……若不是每种东西各有自己的原子，怎么能各有各的不变的老母？""众多的事物共有着原始物体，有如那单个的字母拼成了无数单词。这说法我看是完全能够成立，不象说无中生有那样荒唐无稽。"[4]

在古希腊，在本原问题上其思想影响较大的是著名的柏拉图。柏拉图是雅典人，生卒年约在公元前427—前347年。他的著作众多，对后代的影响也极大。在本原问题上，他提出了有名的"理念论"。

柏拉图认为："对象不是感性事物，而是另外一类东西，任何感官对象都不能有一个普遍的定义，因为它们都是变化无常的……这另外一类的东西称为理念，认为感性事物都是按理念来命名的，因理念而得名的，因为众多的事物之所以存在，是靠'分有'与它们同名的理念。"[5] 按照这种说法，事物的本原是其理念，每个事物之所以存在都是靠分有其理念，那么，理念就是实在的，或第一性的、不变的，而分有理念的事物则是第二性的、依他的、变动的。这种理念论在古代和现代都受到了质疑。

---

[1]《西方哲学原著选读》上卷，第45页。
[2] 同上书，第47页。
[3] 同上书，第161页。
[4] 同上书，第196—198页。
[5] 同上书，第72页。

亚里士多德就对柏拉图的这种理念论表示反对，认为柏拉图设定与事物分离的理念是不妥的。亚里士多德说："现在我们来谈那些设定理念作为原因的人。首先，他们为了把握我们周围事物的原因，引进了另外一些东西，其数目与事物相等。这样做，就好像一个人要想清点东西，却认为东西少了数不清，企图把东西的数目扩大了再来数一样。"[1] 亚里士多德的这种质疑是合理的。

亚里士多德在论及本原时说："我们已经把自然定义为'运动和变化的本原'"，"并没有什么在事物之外的运动。变化的东西，总是在实体方面变化，或者在量、质或位置方面变化的。我们说过，不可能找到一个东西为这些范畴所共有，却既不是'这个'，也不是量，也不是质，也不是任何其他范畴。因此运动和变化都不能指上述这些东西以外的任何东西的运动和变化，因为它们以外别无他物"[2]。这种将承载着运动和变化等性质的事物自身视为本原的解释确实比柏拉图的理念论更合理。

虽然柏拉图派有不少反对者，甚至柏拉图自己晚年都对其理念论的"分有说"有所动摇，但柏拉图的思想也是影响深远的，一些后代哲学家继承和发展了他的思想，在本原问题上提出了一些新的观念。如新柏拉图派的代表人物普罗提诺（205—270）提出了"太一"的概念，将其作为本原。普罗提诺在其著作《九章集》中说："一切存在的东西，包括第一性的存在，以及以任何方式被说成存在的任何东西，其所以存在，都是靠它的统一。""我们现在必须看一看，个别事物的统一与存在是否同一，一般存在是否与'太一'同一。可是，如果每一个个体的存在是多数的，而一不能是多，那么统一与存在就是不同的。现在人既是一个动物，又是一个理性动物，并且有许多部分，这些多数的部分是在统一中结合在一起的。所以人是一回事，统一是另一回事。人是可分的，统一是不可分的。一般的存在因为包括着一切实在的存在，所以它的本性也是多，与统一不同，它是'分有'着统一的。""我们正是拿'太一'作为我们的哲学沉

---

[1]《西方哲学原著选读》上卷，第125页。
[2] 同上书，第137—139页。

思的对象的,我们一定要像下面这样做。既然我们在追求的是'太一',我们在观看的是万物的来源,是'好'和原始的东西,我们就不应当从那些最先的东西的附近出发,也不应当沉入那些最后才来的东西,而要抛开这些东西,抛开这些东西的感性外观,委身于原始的事物……抛开我们的多而变成一,进而成为这个原则,成为'太一'的一个观看者。"[1]普罗提诺在《九章集》中还说:"'太一'是一切事物,而不是万物中的一物。因为一切事物的来源是它本身,而不是它们自己;万物有其来源,因为它们都可以回溯到它们的源头去。"[2]

古希腊的本原理论开启了欧洲哲学史上对事物根本的探讨,新柏拉图派之后,人们还继续探讨这方面的问题,一些神学的观念也被引入讨论中。

三、比较分析

古印度和古希腊哲人都在其哲学产生的"童年期"就开始关注事物的来源或事物的根本问题,试图找出世间万有的本原。在两地的这些理论中有许多类似思想,也有一些特色理论,各自都有独特见解。从总体上看,二者的同异较突出之处主要表现在以下一些方面。

相同或类似处主要有四点:

第一,古印度和古希腊哲人都有本原是一些物质元素的观念,也有某种抽象概念是事物本原的观念。如在古印度,有梵或阿特曼为万有本原的观念,也有地、水、火、风等元素为万有本原的思想;在古希腊,既有理念、无限者、数、道等为本原的思想,也有水、火等元素为本原的思想。

第二,二者都有本原是不可分的最小物体单位的思想。如在古印度,有极微是事物最小单位的思想;在古希腊,有原子是事物最小单位的

---

[1]《西方哲学原著选读》上卷,第210—213页。
[2] 同上书,第215页。

思想。两地哲人都有在最小事物单位中找本原的情况。

第三，二者都有单一实体为本原的思想，也都有将多种实体视为本原的思想。如在古印度，既有梵为本原的一元思想，也有四大等元素或自性和神我为本原的多元思想；在古希腊，有道或无限者为本原的一元思想，也有众多原子为本原的多元思想。

第四，二者都有作为本原的东西是不可灭的观念。如在古印度，有极微是不可灭的，或梵是不可灭的观念；在古希腊，也有原子或理念等作为本原的东西是不可灭的观念。

差别或不同处主要有三点：

第一，二者本原理论中的主流观念受宗教影响的程度不同。"奥义书"与吠檀多派中提出的万有本原梵是印度哲学中的主流思想，梵这一概念既是印度正统派理论中的最高哲学概念，也是印度婆罗门教或印度教中的最高神的概念，哲学的本原概念与宗教的神的观念结合紧密。而古希腊哲学中提出的本原概念一般与神的观念是分离的，或至少关联性不大。欧洲哲学中最高实体概念与神的观念结合的情况出现的时间要晚，主要是在古希腊哲学之后。

第二，二者在论述本原理论时，将人与万物结合起来考察的程度不同。古印度从吠陀时期开始对自然现象的分析和对人的分析就有一种趋同性的倾向，在论及本原问题上也有体现，如在"吠陀"中，原人既产生一切事物，也产生人的身体各部分，二者密不可分。梵既是宇宙各种现象的本体，也是人生命现象中的主体，二者实际是不二的。而古希腊虽然也将一般自然现象和人结合起来分析，但在这方面没有古印度突出。

第三，对本原概念实在性的肯定程度有差别。古印度多数的哲学派别对于本原概念的实在性是肯定的，但也有例外，如印度佛教中的主流派别大乘佛教认为诸法性空，一切事物均无自体，本原也不例外，实际上是否定有真正实有的事物本体，佛教中的主流思想强调的是事物的"实相"，强调缘起，而不是"实体"，因而本原在佛教的主流思想观念中也是"性空"的。而在古希腊，一般的哲学家或哲学流派中说的本原都是被认为实在的。

总之，古印度和古希腊在本原理论上虽然有同有异，然而相同的方面更突出一些。可以说，两地在这方面不约而同地提出类似观点的情况较多，各自提出特色观念的情况也自然存在，但在两地提出的相同或类似观点中，并不能排除有相互交流借鉴的可能，因为毕竟两地在古代地域相连，而且亚历山大大帝曾东征并占领和统治过部分古印度的地区，两地的人员往来不可避免，思想交流必定存在。因而，古印度和古希腊哲学的一些思想相互吸收的可能性并不能被完全排除。

第三章　古印度与古希腊的辩证思维

辩证思维是哲学中的重要内容，是人类文明发展到一定程度后必然要产生的一种思想形态。古印度和古希腊作为世界文明古国都在其哲学形成的早期就萌发了此种思想。它的提出是人类认识能力极大进步的重要标志。本章对两大古国中这类思想的早期形态进行梳理，并加以对比分析。

一、古印度的辩证思维

古代印度哲学的最初形态见之于"吠陀"文献，而大量哲学思想的出现则始于"奥义书"。无论是早期"吠陀"文献还是"奥义书"，都是由一大批年代跨度很长的文献组成，其中的较早形态是口头创作的，早期的"奥义书"大约在公元前800年形成，而晚近的"奥义书"则在佛教诞生之后出现。现在人们看到的书面文献为后人整理而成。古印度辩证思维的一些萌芽在某些"吠陀"哲理诗中有表露，但初步形成是在"奥义书"中，相对成形则是在后来的一些宗教哲学流派中。

所谓辩证的思维主要指在观察或认识事物时，将其看作普遍联系和不断变化的，并且将世界的发展变化看成是事物自身所固有的各种矛盾发展变化的结果。辩证的思维有多种表现形式，如认识到事物的对立统一、否定之否定等。其中一种重要的表现就是意识到事物经常处在矛盾变化的形态中，并在认识中杜绝总是使用非此即彼的思维方式，在不断破除认识者自身的不正确观念的过程中来体悟事物的本质。

在"吠陀"的一些哲理诗中，我们可以看到诗人们有意无意地使用一些对立的概念来表达事物的状态。如一首被称为"无有歌"（《梨俱吠陀》第 10 节 129）[1] 的吠陀赞歌说："那时，既没有'无'，也没有'有'"，"既没有死，也没有不死"，"智者以智慧在心中探索，'有'的联系在'无'中被发现"，"这造作是从哪里出现的？或是（他）造的，或不是。他是这（世界）在最高天上的监视者，仅他知道，或（他也）不知道。"[2]

在这首赞歌中我们看到，吠陀诗人在表述时使用了多组对立的概念来表达思想，如无与有、死与不死、是与不是、知与不知。这说明此时的吠陀诗人已自觉不自觉地意识到了事物的状态往往是在一些矛盾的形态中存在，在观察事物时将一些矛盾的概念联系起来思考，开始摆脱非此即彼的惯常思维方式。这大致可以说是古代印度人较早展露的辩证思维方式的雏形。

奥义书哲人提出了丰富的哲学思想，在不少"奥义书"中，辩证思维都有表现。一些奥义书在这方面有重要叙述。

《广林奥义书》第 3 节 8.8 说："（不灭者梵是：）不粗，不细，不短，不长，不（似火）红，不（似水）湿，非影，非暗，非风，非空，无粘着，无味，无嗅，无眼，无耳，无语，无意（心），无光，无气，无口，无量，无内、无外。它无所食，并不为它物所食。"[3]

《广林奥义书》第 4 节 5.15 说："那阿特曼（应被描述）为'不是这个，不是这个'。（阿特曼）不被领悟，因为不能被领悟，不被毁灭，因为

---

[1] "无有歌"这一名称在原文中没有，是后人根据其内容所加的。
[2] Macdonell, *A Vedic Reader*, pp.207-211.
[3] Radhakrishnan, *The Principal Upanisads*, p.232.

不能被毁灭。"[1]

从这种表述中可以看出，奥义书哲人认为最高实体是不能用一种一般的肯定方式来正面表达的，而是要通过一系列的否定方式来让人们去体悟它究竟是什么。一些"奥义书"对此说得更为明显，如《由谁奥义书》第2节3说："那些（说他们）理解了（梵或阿特曼）的（人）并没有理解（它）；那些（说他们）没有理解（梵或阿特曼）的（人）却理解了（它）。"[2] 奥义书哲人这种把握最高实体的方法实际就是一种否定形态的思维方法，这种方法向人们展示，最高真理或事物的真实面目只能通过否定事物的具体属性的绝对正确性来把握。这种思维方法中明显包含一些辩证思维的因素，因为它看到了事物中存在矛盾，强调通过否定达到肯定。但这种思维方式与辩证思维的方式还是有一定差别，它多少夸大了言语或概念的局限性，否定了范畴或名相在说明事物实质方面正面或积极的作用，因而也只能说其中有某些辩证思维的意识。

除了这种否定形态的思维方式外，"奥义书"中还有其他一些有辩证思维因素的内容。如《伊莎奥义书》第5节说："他（最高我或大我）既动又不动；他既远又近；他既在所有这一切之内，又在所有这一切之外。"[3] 这段叙述中虽然看起来是一些矛盾的表述，但也是有辩证思维的意识，因为作者虽然看到了事物的矛盾特性，但并没有否定概念的积极作用，他在概念的对立中展示了事物的实际性质，与上述通过不断否定的方式来展示事物还是有所不同。

还有一些奥义书看到了事物并非孤立和不变的特性。如《迦塔奥义书》第2节1.10说："任何在这里的东西，就在那里；在那里的东西，又在这里。"[4] 这种表述显示出此"奥义书"的作者意识到事物不是孤立静止或一成不变的，这里也有辩证思维的成分。

"奥义书"的一些作者对于事物中存在着本质和现象的区分，也有清

---

[1] Radhakrishnan, *The Principal Upanisads*, p.286.
[2] Ibid., p.585.
[3] Ibid., p.571.
[4] Ibid., p.634.

楚的意识,强调要抓住事物的根本或本质,如《广林奥义书》第 4 节 7.8—9 中在描述梵和一般事物的关系时说:"这就如同当击鼓时,人不能抓住外散的声音,但通过抓住鼓和鼓手就可抓住声音一样。这也如同当吹海螺时,人不能抓住外散的声音,但通过抓住海螺或吹海螺者就可以抓住声音一样。"[1] 作者在这里要表明的是,梵与小我(事物)的关系就是本质与现象的关系,只有透过事物的现象看到事物的本质才能把握事物的根本。

"奥义书"中辩证思维的表现虽然还有种种缺陷,与各种不可知论和相对主义等观念混合在一起,但在当时的历史条件下应当说是难能可贵的。这些思想成分对印度后来形成的宗教派别的思维发展有重要的影响。

佛教是公元前 6 世纪左右形成的印度宗教派别,但其中有丰富的哲学思想。在早期佛教时期,这一宗教就提出了一些明显有辩证思维特色的观念,如较多记述原始佛教思想的阿含类经中就有这方面的论述。《杂阿含经》卷十说:"色无常,受、想、行、识无常。一切行无常。"[2] 此处说的色、受、想、行、识在佛教中被称为"五蕴",是指人的身体及其作用。说它们无常即是认为人的身体等不是常存永在的,而是不断变化的。"行"在佛教中有很多意思,此处可以理解为迁流变化的事物,这也被认为是非永恒的。佛教这种思想明显是强调事物具有运动变化的特性,这种观念在佛教中影响很大,一直贯穿此教两千多年的发展过程。

佛教在产生时还提出了事物相互联系的思想,这就是"缘起"的观念。如《杂阿含经》卷十二说:"此有故彼有,此起故彼起。"[3]《中阿含经》卷二十一说:"我本为汝说因缘起及因缘起所生法,若有此则有彼,若无此则无彼,若生此则生彼,若灭此则灭彼。"[4] 这里就提出了事物不是孤立存在的问题,认为事物是在因缘关系中存在,在因缘关系中发展。基于这种思想,原始佛教提出了十二因缘的理论,认为人生现象是一

---

[1] Radhakrishnan, *The Principal Upanisads*, p.284.
[2] 《大正藏》第 2 册,第 66 页。
[3] 同上书,第 84 页。
[4] 《大正藏》第 1 册,第 562 页。

个因缘关系的发展链条。在这个因缘链条中，存在着十二个基本的发展环节，即无明、行、识、名色、六处、触、受、爱、取、有、生、老死。佛教认为，认识了这十二因缘的缘起法，就能摆脱痛苦，摆脱烦恼，达到佛教追求的理想境界。《中阿含经》卷二十一说："教此因缘起及因缘起所生法者，彼便得安隐，得力得乐，身心不烦热，终身行梵行。"[1] 佛教在后来的发展中也一直坚持这种事物相互联系和不断发展变化的观点。

佛教中的辩证思维还体现在其提出的"中道"观念上。释迦牟尼在创立佛教之初就提出了一种不落两边的观念，反对执着于极端的思想。他最初教导弟子要反对极端化的享乐思想，同时也要反对极端化的苦行思想，主张一种离苦离乐的"苦乐中道"理论[2]。这种不落两边的主张后来不断发展，如教导信众要反对极端化地讲"有"的思想，也要反对极端化地讲"无"的思想，即"有无中道"；反对绝对化地说"断灭"和绝对化地说"恒常"，即"断常中道"。这种思想在后来的大乘佛教中又得到更大范围内的推广。

印度哲学中有一个很特殊的派别顺世论，此派反对各种宗教观念。顺世论的理论中也有辩证思维的内容，如此派在论述意识或精神产生于物质元素时就曾表露过这方面的思想。《摄一切悉檀》第7在记述顺世论思想时说："在无精神性的元素的变化中所发现的意识之产生就如同红颜色从槟榔子和石灰的结合中产生一样。"[3]《摄一切见论》在转述顺世论思想时说："在此派中，地等四元素是本原，仅仅当这些（元素）构成身体时，意识才从它们中产生。这就如同使人醉的力量是从某些（制酒）配料的混合中发展出来的一样。"[4] 顺世论的这种理论展露出此派的某种辩证思维，即意识到事物的量变导致质变的思想。个别的物质没有意识，但当

---

[1]《大正藏》第 1 册，第 563 页。
[2]《中阿含经》第五十六中记述了释迦牟尼最初提出的中道思想："五比丘当知：有二边行，诸为道者所不当学，一曰著欲乐下贱业，凡人所行；二曰自烦自苦，非贤圣求法，无义相应。五比丘，舍此二边，有取中道，成明成智，成就于定，而得自在。趣智趣觉，趣于涅槃。"《大正藏》第 1 册，第 777—778 页。
[3] Radhakrishnan and Moore, *A Source Book in Indian Philosophy*, p.235.
[4] Ibid., p.229.

很多物质结合时，物质的集合体就产生了质变——形成了具有意识的人。这也就是说，构成人的许多物质成分单独存在时，这些物质成分是没有意识的，而当众多物质成分聚合时，这物质体就发生了质变，成为不同于一般物质的人，产生了原来分散的物质成分中所不具有的意识。

耆那教也是印度主要的宗教派别，此教也很关注哲学问题，其教义中有一种"非一端论"的思想，认为事物是不断发展变化的，主张在对事物进行分析时，在任何判断前都要加上"或许""可能"等词，认为这样才能保证避免观点的不客观或出现错误。此教认为，对事物的判断可有七种形式，即存在、不存在、存在又不存在、不可描述、存在并不可描述、不存在并不可描述、存在又不存在并不可描述。耆那教认为，由于事物是变化的，由于事物在地点、时间、特性等存在形式上具有多样性，因而在上述每一判断形式前都应加上"或许"一词。[1] 耆那教的这种理论尽管有着相对主义和怀疑主义的性质，但也在一定程度上表露出它多少有些发展变化的观念，反对事物静止不变的形而上学观念。

数论派也是古印度引人瞩目的一个派别，此派哲学中的辩证思维主要表现在其关于事物的内部结构和形态变化的理论上。数论派认为，物质实体自性及其转变物都由三种成分构成。它称这三种成分为"三德"，即"萨埵"（sattva，意译为"喜"，它具有喜的本质和照明作用），"罗阇"（rajas，意译为"忧"，它具有忧的本质和冲动作用），"多磨"（tamas，意译为"暗"，它具有迷暗的本质和抑制作用）。这三德处在相互对立又相互依存的状态中，事物的不同形态的产生就是由内部的三德的矛盾状态决定的，即有时这种德起支配地位，有时另一种德起支配地位。[2] 数论派认为，在世界的各种物体中，三德的构成不同，事物的发展或变化就是这三德的对立与相互作用推动的。数论派这种用三德的矛盾对立与相互依存来解释事物的变化与差别的思想是古印度哲学中辩证思维很突出的一种理论。

---

[1] Radhakrishnan and Moore, *A Source Book in Indian Philosophy*, pp.263–264.
[2] 参考《数论颂》11—13颂及《金七十论》卷上中的相应注释。《大正藏》第54册，第1247—1248页。

吠檀多派是古印度哲学中的主流派别，它直接继承和发展了"奥义书"中的主要理论，在思维方法上也沿用了"奥义书"中的思想，这主要体现在此派对于通过否定达到肯定的遮诠的思维方式上。吠檀多派的根本经典是《梵经》，此经虽为此派创立者跋达罗衍那所作，但经文的核心部分还是源于"奥义书"中的梵我同一理论，论证梵的基本方法也是借鉴奥义书哲人的主要手法，即所谓"遮诠法"，强调要通过否定的方式来肯定梵的最高本体地位。《梵经》第 3 节 2.22 中说："（圣典）当然否定那（臆）造的限定，并在这（否定）之后，表明更重大的（意义）。"[1] 古印度最具影响的哲学家商羯罗在解释这句经文时说："对某些不真实的东西的否定是以某种真实事物为基础……只有在（否定后）有某些肯定的实在留下，那（否定）才是可能的。"[2] 这种论述表明，吠檀多派哲学家在描述最高实体时，通常不用一般的名相概念进行正面表述，而是采用一种不断否定这一最高的实体具有具体属性的手法来引导人们进行体悟，用这种否定的手法来肯定最高实体的至上地位。这种通过否定来进行肯定的手法是古印度正统派哲学中最常使用的手法，其辩证思维的色彩也极为鲜明。

二、古希腊的辩证思维

古希腊哲学是人类哲学思想产生的重要起点，其中的辩证思维又是哲学思想中的核心成分。

古希腊最早提出辩证思想的重要哲学家是赫拉克利特，其著作失传，仅留有残篇。[3]

赫拉克利特认为世界的本原是火，并且这火是"一团永恒的活

---

[1] Gambhirananda, *Brahma-Sūtra Bhāṣya of Śaṅkarācārya*, p.624.
[2] Ibid., pp.624-625.
[3] 《西方哲学原著选读》上卷，第 20—21 页。

火"[1]。所谓"活火"也就是处于不断运动变化中的火。这里不仅提出了事物的物质本原思想,也提出了事物是变化运动的思想。

赫拉克利特最著名的关于事物是变化和运动的论述为:"一切皆流,万物常新。"他在其著作残篇中说:"我们不能两次踏进同一条河","我们踏进又踏不进同一条河,我们存在又不存在……太阳每天都是新的,永远不断地更新"[2]。这些出现在公元前几百年的论述在哲学和哲学史上都具有重大的意义,它们强调了事物是不断变化运动的,将其视为事物的存在规律。

赫拉克利特还发现了事物中存在的矛盾现象,并且指出了事物中的对立统一。他在其著作残篇中说:"相反的东西结合在一起,不同的音调造成最美的和谐,一切都是通过斗争而产生的……结合物是既完整又不完整,既协调又不协调,既和谐又不和谐的,从一切产生出一,从一产生出一切……疾病使健康成为愉快,坏事使好事成为愉快,饿使饱成为愉快,疲劳使安息成为愉快……如果没有不义,人们也就不知道正义的名字……他们不了解如何相反者相成:对立的统一,如弓和竖琴……上坡路和下坡路是同一条路。"[3] 这些论述明显认识到事物处在矛盾中,事物的对立中存在统一,这种对事物规律的认识是辩证思维的精髓所在。

古希腊哲人中提出事物运动变化思想的还有阿那克西美尼等。"米利都人阿那克西美尼是阿那克西曼德的同伴……他主张这基质是气。这气通过浓缩和稀释形成各种实体……他主张这些变化是永恒的运动所造成的。"[4] 这也是将世间事物描述为永恒运动变化的思想,也是希腊较早的辩证思维方面的表述。

古希腊的原子论者也有关于事物运动的观念,如原子论者留基波"假定无数个永远运动的元素,即原子。而且他认为原子的形状无限多,没有

---

[1]《西方哲学原著选读》上卷,第21页。
[2] 同上书,第23页。
[3] 同上书,第23—24页。
[4] 同上书,第17页。

理由说明它们为什么应该是这一类而不是那一类的，因为他看到事物中有不断的生成变化"，他还认为"原子是在虚空中运动"。[1] 原子论者德谟克利特认为："原子在大小和数量上都是无限的，它们在宇宙中处于涡旋运动中……一切都遵照必然性而产生；涡旋运动既然是一切事物形成的原因，也就是他所说的必然性。"[2] 这些哲人在论及原子时一般都会谈运动，看到了二者的密切关系。德谟克利特认为一切都遵照必然性而产生，并把必然性与涡旋运动联系在一起，这也在一定程度上意识到了运动是物体必然具有的属性，有其合理之处。

古希腊伟大的哲学家亚里士多德的理论中也有辩证思维方面的论述。他把事物或自然现象看作运动和变化的。亚里士多德在其《物理学》中说："我们已经把自然定义为'运动和变化的本原'，这是我们研究的题目。因此我们必须弄明白'运动'的意义；因为不认识运动的意义就不会认识自然的意义……运动属于连续性的东西那一类；在这一类里，我们首先碰到的是'无限'——就是因为这个缘故，'无限'常常被用在连续性的东西的定义里（'无限可分的就是连续性的'），除此之外，地点、虚空、时间也被认为是运动的必要条件……并没有什么在事物之外的运动。变化的东西，总是在实体方面变化，或者在量、质或位置方面变化的。我们说过，不可能找到一个东西为这些范畴所共有，却既不是'这个'，也不是量，也不是质，也不是任何其他范畴。因此运动和变化都不能指上述这些东西以外的任何东西的运动和变化，因为它们以外别无他物。"[3] 亚里士多德在这里不仅强调了运动的客观存在，而且将其与自然现象紧密联系起来，与事物的本体联系起来，与地点、虚空、时间紧密地联系起来，他认为此种运动是连续的，无限的。这种带有辩证思维因素的理论具有更为广泛的使用范围和更为深刻的表述。

---

[1]《西方哲学原著选读》上卷，第47页。
[2] 同上。
[3] 同上书，第137—138页。

伊壁鸠鲁也是古希腊论述原子及其运动问题的哲人。他认为："原子永远不断在运动，有的直线下落，有的离开正路，还有的由于冲撞而向后退。冲撞后有的彼此远远分开，有的一再向后退，一直退到它们碰机会与其他原子卡在一起才停止，还有的为卡在它们周围的原子所包围……这些运动都没有开端，因为原子与虚空是永恒的。""当没有东西与它们相撞时，小的原子也不会比大的原子更快，它们的整个行程是等速的；由于打击而产生的向上或向一旁的运动，也不会更快，由于原子本身的重量而产生的向下运动也不会更快。因为只要这两种运动有一样在进行，就有像思想一样快的行程，一直到有一样东西从外面阻止它，或者由于原子本身的重量对打击它的那东西的力量发生反作用而阻止了它。""物体常常有偶性，偶性并不是恒常地伴随着物体；这些偶性，我们不要设想它们根本不存在，也不要设想它们具有整个物体的本性，也不要把它们设想成可以列入不可见的东西，或者设想成无形体的东西……我们不要由于偶性没有它所依附的那个整体的本性，也没有那些恒常的伴随物的本性，便把这个清楚的事实逐出存在的领域之外。"[1] 伊壁鸠鲁在这里提出的思想对于人们认识事物的运动特性是有价值的。他确认原子是不断运动的，而且探讨了这运动形成的特点或规律，指出原子的运动没有开端，因为原子和虚空是永恒的。伊壁鸠鲁还提出了物体运动所具有的偶然性，指出了偶然性的客观存在。这样他实际就涉及了事物的必然性和偶然性问题：原子的运动是永恒的，这确认了事物运动的必然性；而原子在运动中有的直线下落，有的离开正路，经冲撞等而改变运动路径，这揭示了运动的必然性交织着运动的偶然性现象。这种描述确有接近事物运动的实际状况的成分，所提出的事物运动变化的思想有着合理的部分。

伊壁鸠鲁有一个著名的弟子卢克莱修（前99—前55），伊壁鸠鲁的许多思想通过卢克莱修而流传下来。卢克莱修是一位诗人，他的重要著作是《物性论》，这是一部长诗，其中以韵文展现了不少伊壁鸠鲁的思想，[2]

---

[1]《西方哲学原著选读》上卷，第161—162、167、170页。
[2] 参见罗素：《西方哲学史》上卷，第314页。

或者说，这一著作实际上表现出了伊壁鸠鲁和卢克莱修两人的哲学观念。

在《物性论》中，卢克莱修阐述了辩证思维的观点。他说："必定有一种虚空，一种空无一物而且不可触的空间。因为，要不然，东西就不能运动……有多少东西我们亲眼看见在运动，如果没有虚空，它们就会被剥夺去这不停的运动。"[1] 卢克莱修在这里侧重讲虚空，但也论述了事物不停地运动，并且强调虚空与运动密不可分的关系。

卢克莱修与伊壁鸠鲁理论中的一个重点是原子论，在描述原子时，他也论及了运动问题。在《物性论》中，卢克莱修认为原子是不断运动的，他说："所有物的原初胚种必定是或者由于它们自己的重量，或者由于外面另外一个胚种的撞击而运动。因为，当他们在不断的运动中常常相遇而冲撞的时候，就会发生这样的事：它们突然彼此跃开，各自退后……原初物质的许多运动也正秘密地不可见地隐藏在下面、在背后。因为在这里你将看见许多微粒为不可见的撞击迫使而改变它小小的路线……所有它们这些变换着的运动乃是古老的，从最初的原子来的；因为正是这些物的原初种子最先自己运动，接着那些由原子的小型结合所构成并且最接近原初原子首当其冲的物体，就由那些原子的不可见的撞击的推动而骚动起来。"[2] 卢克莱修在这里强调原子最先自己运动，或由自己的重量或由他物撞击而运动，在说运动的恒常性时也论及了运动的必然性与偶然性。

卢克莱修实际上非常重视偶然性，认为世界是由原子的偶然运动形成的。他在《物性论》中说："原初胚种既不是由计谋而建立自己，不是由于什么心灵的聪明作为而各各落在自己的适当的地位上；它们也不是订立契约规定各自应该如何运动；而是，因为有极多的胚种以许多不同的方式移动在宇宙中，它们到处被驱迫着，自远古以来就遭受接续的冲撞打击，这样，在试过了所有的各种运动和结合之后，它们终于达到了那些伟大的排列方式，由这些方式这个事物的世界就被建立起来。"[3] 这里说的是世界之所以形成某种状态并不是由某种必然的因素驱动，而是由原子的

---

[1]《西方哲学原著选读》上卷，第200页。
[2] 同上书，第201—204页。
[3]《西方哲学原著选读》上卷，第200—201页。

一些带有偶然性的冲撞等因素形成。

在论及原子运动的偶然性问题时，卢克莱修提出了原子的"偏斜"说。他在《物性论》中说："原子，当它们自己的重量把它们向下拉垂直地通过虚空的时候，在极不确定的时刻和极不确定的地点，会从它们的轨道稍稍偏斜——可以称为，譬如说，不外略略改变方向。因为若非它们惯于这样稍为偏斜，它们就会各自向下落，象雨点一样，经过无底的虚空；那时候在最初的原素之间就永远不能有冲突也不会有撞击；而这样自然就永远不会把什么东西创造出来。"[1] 卢克莱修在这里赋予原子偏斜运动极大的意义，它涉及物质世界的形成和事物的发展变化。这种关于原子运动的解释对于古代文明探索和认识世界具有很大的启发意义，其中对于必然与偶然、物质与运动等关系的解说明显具有辩证思维的因素。

三、比较分析

古印度和古希腊哲学中很早就展示出了辩证思维。这种思维的形成体现了人类思想达到了一个新的发展阶段，人们不再是简单直观地反映眼前的事物，不再总是孤立静止地看待问题，而是将事物看成是相互联系的，看成是不断发展变化的，能够透过现象探求本质，通过偶然发现必然，看到事物矛盾中的统一。

两地古代的辩证思维有很多相同处，也有一些不同点。

相同处主要表现在：

第一，两地哲人都看到了事物的不断变化，看到了运动变化是事物的本质属性，都关注物质实体与运动的关联问题，强调没有与事物无关的运动。如古希腊哲人提出了"一切皆流，万物常新"的思想；古印度哲人提出了"一切行无常"的思想。

第二，两地哲人都看到了事物的对立和统一，看到了事物的内在矛

---

[1] 同上书，第205—206页。

盾。如古希腊哲人提出"相反的东西结合在一起""相反者相成：对立的统一"；古印度哲人看到事物的根本"既动又不动；既远又近；既在所有这一切之内，又在所有这一切之外"。

第三，两地哲人都看到了事物的相互关联。如古希腊哲人提出"从一切产生出一，从一产生出一切"；古印度哲人提出"'有'的联系在'无'中被发现"，还提出"此有故彼有，此起故彼起"。

不同处主要表现在：

第一，古印度哲人倡导采用否定形态的思维方式来展示事物的本来面目，强调通过否定达到肯定，主张使用遮诠的方法来认识事物，认为不断否定事物具体属性的绝对真理性可以把握事物的实相，强调通过不断去除谬误来体悟真理。古希腊哲人强调事物的相反相成，侧重认识事物的这种本性，但在通过不断摆脱谬误以认识真理方面没有上升到认识论的高度。二者在这方面的关注程度或侧重点有差别。

第二，古印度哲人倡导中道的思维方法，强调不走极端，突出矛盾事物中的统一方面。如"奥义书"和佛教的许多思想家在论述时，都有意识地避免采用"一端"或"一面"的说法，而是采取"不二"或"取中"的态度。古希腊哲人看到了事物的对立和统一，但并不特别强调不落两边，并未特别强调防止行事中的片面性。

第三，古印度哲人强调透过现象发现事物的本质。如奥义书哲人强调应通过作为梵的外在表现的事物认识梵这一根本，就如同击鼓时抓住鼓和鼓手就可抓住声音一样；也如同当吹海螺时抓住海螺或吹海螺者就可以抓住声音一样。古希腊的哲人中论及这方面的内容相对来说不是很突出。

第四，古印度哲人中有关于事物的量变引起质变的观念。如顺世论者认为地等四大元素单独或分别存在时无意识，而当这些元素聚在一起构成人体时，意识就从它们中产生（即发生质变）。古希腊的哲人中没有这方面的明显论述。

第五，古希腊哲人关注事物产生的必然性与偶然性问题，重视探讨必然性与偶然性在事物发展中所起的不同作用，但不太注重分析人在事物产生、结果中所起的作用。古印度哲人对行为与其必然的结果较为重视，强调事物发生中的必然性,即古印度哲人关注事物的因果报应,强调一定的行为必定与某种结果相应,认为事物的结果与个人的选择有很大关联,但对偶然性作用的关注不如古希腊哲人的多。

  古印度和古希腊哲人提出的辩证思维在人类思想发展史上具有十分重要的意义。这种思维的产生是古代人类认识能力极大提高的表现,是人类认识事物从表面现象深入事物本质,从孤立静止观察事物到全面综合分析事物的思想飞跃。尽管这种思维在当时还是初步的,还有种种缺陷和不足,但却为人类文明程度的提高做出了重要的贡献。这种思维极大地推动了人类文化的进步,后世科学的哲学思想的形成和发展是在继承、改造和丰富这些辩证思维的基础上实现的。

第四章　古印度的极微论与古希腊的原子论

古代人类在思维发展到一定程度后，会对自然现象的基本组成部分或对事物的最小成分发生兴趣，试图认识并解释物体的最小颗粒的问题，这在作为世界文明古国的印度和希腊都有突出的表现。在古代印度，这方面的理论主要表现为极微论；在古代希腊，这方面的理论主要表现为原子论。本章对这两大古国中的这方面理论进行梳理，并加以比较分析。

一、古印度的极微论

"极微"一词是汉译佛典中使用较多的一个概念，但在印度古代，使用这一概念的还有很多其他流派，它是古印度各派在分析事物最小单位时都会使用的概念，佛教在印度并不是最早探讨这方面问题的派别。

古代印度人很早就开始探讨世间事物的基本构成问题，这在远古时期的宗教哲学圣典"奥义书"中就有表现，有关事物最小单位的叙述分散在不同的"奥义书"中。

奥义书哲人提出了作为世间事物基本元素的思想，提及了水、火、风、地、空等元素,这在一些著名的"奥义书"中分别有论述。[1]

《歌者奥义书》第 4 节 3.3 说:"气息确是一摄入者。当(人)睡觉时,言语归入气息,视(力)归入气息,听(力)归入气息,心(意)归入气息。因为气息确实摄入所有这一切。"[2]

"奥义书"分别提及了风、气息、水、火、空间,其中的"空间"有时也译作"空",它在许多印度宗教哲学文献中被视为一种声音借以传播的媒介,也被视为元素。这些元素概念在后来的印度哲学中经常被一起提及,有"四大"(地、水、火、风)说和"五大"(地、水、火、风、空)说。这四大或五大经常被作为构成事物的基本单位,而佛教等派别又将四大区分为极微和极微的复合物。

"奥义书"中虽然提出了这些元素,但很少把它们视为事物唯一的物质元素,而将其作为最高本体梵或梵天之下的概念。如《他氏奥义书》就将五大元素,(即地、风、空、水、火)视为居于次要地位的概念。地、水、火、风等概念为"奥义书"之后印度产生的不少哲学或宗教派别改造出"极微"的理论提供了重要的思想来源。

在印度哲学史上以主张极微理论著称的主要是胜论派。此派的根本经典《胜论经》第 4 节 1.1—5 说:"存在并且无因的(东西)是常住的。这(极微的)果是(其存在)标志。由于因存在,果才存在。非常住是(对常住的)特殊否定状态。(那种认为极微非常住的看法)是无知的。"[3]根据这里的论述可知,胜论派认为极微是无因的,所谓"无因"就是说极微自身就是事物的最终因,是不可分的;所谓"常住的"是说极微是不能毁灭的;所谓"这(极微的)果是(其存在)标志",意为单个的极微是不可感知的,只有其积聚成果人们才能感知,因而这果是可以用来反推极微存在的。非常住的果是对常住东西的否定状态,从这种否定状态可以推出不可感知的常住极微的存在。

胜论派的主要文献《胜宗十句义论》中将"四大"区分为极微和极

---

[1] 详细论述,参见本书第 17 页第二章本原论部分。
[2] Radhakrishnan: *The Principal Upanisads*, p.405.
[3] A. E. Gough, *The Vaiśeṣika Aphorisms of Kaṇāda*, New Oriental Books Reprint Corporation, 1975, pp.130–135.

微的复合物。在胜论派所说的九大实体（地、水、火、风、空、时、方、我、意）中，空、时、方、我、意是恒常的，地、水、火、风这"四大"要区分为两类，一类是恒常的极微，另一类是极微的非恒常的复合物。极微不是被造的，因而是永恒的；极微的复合物是被造的，因而是非永恒的。另外，极微是实在的、不能再细分的、不会由于构成因的分离而毁灭的、有事物最终差别的、圆体的，而所造物的性质与上述极微的性质相反。

胜论派说的极微有几个主要的种类，并且分别有各自的性质。此派认为，极微主要有四个基本种类，即地极微、水极微、火极微、风极微。这些极微有其自身特有的性质。《胜论经》第2节1.1—4说："地具有色、味、香、触。水具有色、味、触、液、润。火具有色和触。风具有触。"[1]

胜论派在讲到这些性质时认为单个的极微的性质不可感知。如《胜宗十句义论》说："色、味、香、触或是现境，或非现境。云何现境？谓若依附大、非一实，是名现境。云何非现境？谓若依附极微及二极微果，名非现境。"[2] 这段话的意思是说，单独一个极微是不能被人感知的，甚至两个极微合在一起时都不能被人感知，只有三个极微以上组成的事物的复合体才能被人感知到其性质。

胜论派还论及了极微的运动问题。《胜论经》认为极微的运动是由"不可见力"引起的。如《胜论经》第5节2.13说"火向上燃烧，风横向地吹，极微和意最初的业，这些是由不可见力引起的。"[3] 此处认为，极微和意中最初的运动是由不可见力引起的。这里的"不可见力"实际上就是一种看不见的力量。胜论派往往把一些不好解释的原因归结为"不可见力"。

《胜宗十句义论》中也论及了这个问题，该论说："四大极微造身因缘

---

[1] Gough, *The Vaiśeṣika Aphorisms of Kaṇāda*, pp.31-36.
[2] 《大正藏》第54册，第1264页。
[3] Gough, *The Vaiśeṣika Aphorisms of Kaṇāda*, p.169.

初业，以法、非法我合为不和合因缘。"[1] 这里说的"法、非法"相当于《胜论经》中说的"不可见力"，但法与非法在印度宗教哲学中主要指由人的行为产生的业力。在胜论派看来，这种业力也是看不见的，可以归为"不可见力"。

古印度的哲学或宗教派别中除了胜论派还有耆那教和佛教等派别也论及了极微的问题。

耆那教的产生年代与佛教的产生年代相近。此教在后来分为白衣派和空衣派，两派对于本教古代祖师传承的文献有不同的看法，有各自认可的经典，但对于《谛义证得经》这一耆那教文献，两派都是认可的，认为此经传承了本教早期教主的真实教义。《谛义证得经》论及了耆那教关于极微的思想。此经中提出了一种称为"补特伽罗"的概念，这一概念实际就是指构成世界事物的物质。《谛义证得经》第5节19.20说："补特伽罗的作用是构成身、语、意和呼吸的基础。补特伽罗的作用还在于使世间的乐、苦、生、死成为可能。"[2] 这作为人及生命等基础的自然是物质性的事物。

耆那教认为这"补特伽罗"可以分为极微及其复合物。《谛义证得经》第5节23—42说："物质实体具有触、味、香和色。补特伽罗（有两种形式）：极微和极微的复合体。实体的明显特性是存在。存在就是同时具有产生、消失和持久（的特性）。持久指实体本质的不灭性。实体具有性质和样态。时间亦是实体。性质依于实体，并不能成为另一性质的依托体。样态是性质的变化。"[3] 从这段话可以看出耆那教的理论与胜论派理论的相似之处。这里说的"物质实体"主要指极微和极微的复合物，或者说主要指地、水、火、风这四大，四大既可指极微，也可指其复合物，"触、味、香和色"是极微分别具有的性质。这里说的"持久指实体本质的不灭性"主要指极微的不灭性和永恒性。这里提到的实体与胜论派的实句义类似，文中的"性质和样态"及"样态是性质的变化"与胜论派中的德句义和业句义的含义类似。可见耆那教的极微等理论与胜论派的极微及句义

---

[1]《大正藏》第 54 册，第 1265 页。
[2] Radhakrishnan and Moore, *A Source Book in Indian Philosophy*, p.256.
[3] Ibid.

论存在着某种关联。

佛教是印度思想史上十分重要的派别,此教中也论及了极微问题。佛教的流派和分支众多,对于极微的看法并不一致。

佛教说一切有部认为极微是物体的最小单位,不可分,无法观察其形体,不能直接感触。如《大毗婆沙论》卷第一百三十六说:"应知极微是最细色,不可断截、破坏、贯穿,不可取舍、乘履、抟掣,非长非短,非方非圆,非正不正,非高非下,无有细分,不可分析,不可睹见,不可听闻,不可嗅尝,不可摩触,故说极微,是最细色。"[1] 这里说的"最细色"就是说极微是事物的最小单位,极微"不可断截、破坏"就是指极微永恒不灭。

佛教中新有部的主要著作《顺正理论》认为极微是实有的,物体由这极微聚合而成,极微如果没有的话,聚合的事物也就没有。如《顺正理论》卷第三十二说:"有究竟处,名一极微。云何知尔?以可析法分析至穷,犹有余故……此余在者,即是极微。是故极微,其体定有。"[2] 这里主要表明的是,人们能够看到的事物聚合体是可以进行分析的,分析到一个极小的物质颗粒就达到了一个极限,如果再向下分析,我们的眼睛就不能看到了,这个最小单位就是极微。这极微之体是实有的,物体由这极微聚合而成,极微若不存在的话,聚合之物也就不存在了。

但佛教并非都认为极微是实有的,应该说,认为极微不实在是佛教中的主流。大乘佛教中的中观派认为事物缘起性空,自然不会认为极微实有。大乘中的瑜伽行派也持事物性空的观点,但此派论证空的手法与中观派有所不同,它主要从唯识的理论出发,认为事物并不是由极微聚合后产生的,而是"识"变现的产物。如《成唯识论》卷第一说:"然识变时随量大小,顿现一相,非别变作众多极微合成一物。为执粗色有实体者,佛说极微,令其除析,非谓诸色实有极微。诸瑜伽师以假想慧于粗色相,渐次除析,至不可析,假说极微。虽此极微犹有方分,而不可析。若更析之,便似空现,不名为色。故说极微是色边际。由此应知,诸有对色皆识

---

[1]《大正藏》第27册,第702页。
[2]《大正藏》第29册,第522页。

变现，非极微成。"[1] 这样看来，瑜伽行派认为所谓极微不过是佛的"假说"，佛只是对于那些认为粗大物实有之人而说极微，让其进行分析，但并不认为物体中实有极微。此派论师是以"假想慧"来分析粗大之物，逐步向下分析，到不可分时就假说极微，若再对这极微分析下去的话，就如同空显现一样，不能称为色法了。所以事物不是由极微聚合而成的，而是由所"识"变现出来的，极微自然是不实在的。

印度哲学中虽然诸多派别都有本派的极微说，但通常都把胜论派视为极微说的主要代表，这在古印度各派之间展开的思想论战中就可看出。例如印度思想史上占据主导地位的吠檀多派就反对胜论派的极微论，此派的代表人物商羯罗在《梵经注》第2节2.16中说："如果极微被认为具有德的多与少，那么，那些具有（德）多的极微将在体积上增大，而这样一来，它们就不再是最终极微了……如果不认为（极微的）德有相对的多与少，而且为了在极微间确立均等而考虑每个极微具有一个单一的德，那么，将不能在火中感到触，不能在水中感到色与触，不能在地中感到味、色、触。"[2] 即商羯罗认为胜论派的极微论不能自圆其说。数论派也反对胜论派的极微说，数论派的文献《数论经》第5节87说："极微不是常住的，因为根据传承，它们是被造物。"[3]

这些胜论派之外的其他派别对胜论派极微论的批驳表明，在古代印度，最有代表性的极微论是胜论派的理论。

二、古希腊的原子论

在古希腊哲学中，原子论是一种引人瞩目的理论。这种理论较早的提出者是留基波和德谟克利特，后来这方面的理论阐述者是伊壁鸠鲁以及罗马时期的卢克莱修。

---

[1] 《大正藏》第31册，第4页。
[2] 姚卫群编译：《古印度六派哲学经典》，第290—291页。
[3] 同上书，第186页。

留基波来自米利都,关于其生平情况的材料极少。他在古代文献中经常被与德谟克利特相提并论,以致一些人很难将其理论与德谟克利特的理论区分开,有人甚至否定他的存在。[1]

德谟克利特是色雷斯的阿布德拉人。[2]

留基波与德谟克利特的著作在古代已大量佚失。有一部很著名的书《大宇宙秩序》,有人认为是德谟克利特所著,有人认为是留基波所作,这部书中有不少关于两人观点的内容。在希腊哲学中,留基波与德谟克利特经常被混在一起,被称为"原子论者",他们的思想或主张有很多是通过当时或后代的哲学家对其理论的转述而为人所知。

留基波反对之前或当时一些哲学家的观念,如巴门尼德和克塞诺芬尼的主张,这二人认为一切是一,是不动的、有限的,不是产生出来的。留基波"假定无数个永远运动的元素,即原子。而且他认为原子的形状无限多,没有理由说明它们为什么应该是这一类而不是那一类的,因为他看到事物中有不断的生成变化。并且他主张存在者并不比不存在者更实在,认为这两者同样是产生出来的事物的原因;因为他断言原子的实质是致密的、充满的,称之为存在者,然而原子是在虚空中运动,他把虚空称为不存在者,却肯定它同存在者同样实在"。[3]

德谟克利特的原子论虽然常被混同于留基波,但在一些转述其理论的著作中也曾明确指明他的观点。如第欧根尼·拉尔修在《著名哲学家的生平和学说》在论及德谟克利特时说:"他的学说是这样:一切事物的本原是原子和虚空,别的说法都只是意见。世界有无数个,它们是有生有灭的。没有一样东西是从无中来的,也没有一样东西在毁灭之后归于无。原子在大小和数量上都是无限的,它们在宇宙中处于涡旋运动之中,因此形成各种复合物:火、水、气、土……灵魂也由这种原子构成;灵魂就是心……一切都遵照必然性而产生;涡旋运动既然是一切事物形成的原因,也就是他所说的必然性……各种性质都是约定的,只有

---

[1] 参见:《西方哲学史》上卷,第96页。
[2] 《西方哲学原著选读》上卷,第47页。
[3] 同上。

原子和虚空是自然的。"[1]

亚里士多德的《论灵魂》中也记述了德谟克利特的原子论："有些人说，引起运动的东西主要是、首先是灵魂；他们相信本身不动的东西是不能引起别的东西运动的，所以把灵魂看成一种运动的东西。因此德谟克里特说灵魂是一种火热的东西。原子的形状同原子本身一样是无限多的，他就把那些球形的原子称为火和灵魂，并且把它们比作空气中的尘埃，在窗口射进的阳光中可以看见它们浮动着；他在种子的混合体中发现了整个自然的元素。留基波也是这样看的。他们主张球形的原子构成灵魂，是因为这种形状的原子最适于穿过一切事物，自己运动着，同时使其他的一切运动。他们认为灵魂就是动物身上产生运动的东西。因此，他们把呼吸看成生命的标志。"[2] 亚氏还记述道："德谟克里特说，灵魂和心是一回事。它是原始的、不可分的物体。由于它的精细和它的形状，它有产生运动的能力。最能运动的形状是球形，这就是心和火的形状。"[3]

从以上这些材料可以看出，留基波与德谟克利特所说的原子论大致有这几个理论要点：原子是一切事物的本原，它在大小和数量上都是无限的；原子在宇宙中处于涡旋运动之中，因此形成各种复合物——火、水、气、土；原子由于坚固性，既不能毁坏也不能改变；球形的原子构成灵魂，适于穿过一切事物，它自己运动着，同时使其他的一切也产生运动；灵魂就是心；原子的实质是致密的、充满的，称为存在者；原子在虚空中运动，虚空被称为不存在者，但它同存在者同样实在；原子的运动是永恒的，一切都遵照必然性而产生。

伊壁鸠鲁在公元前311年创立了自己的学校，最初在米特林，后来在兰普萨古，公元前307年之后在雅典。伊壁鸠鲁派是希腊化时期形成的两大新学派之一（另一个学派是斯多葛派）。[4]

伊壁鸠鲁是德谟克利特之后希腊讨论原子论问题的重要哲学家，第欧

---

[1]《西方哲学原著选读》上卷，第47页。
[2] 同上书，第51—52页。
[3] 同上书，第52页。
[4] 同上书，第305—306页。

根尼·拉尔修的《著名哲学家的生平和学说》中较详细地介绍了他的原子论等方面的观点。其中说道:"在形体当中,有些是复合物的,有些是组成复合物的元素。这些元素是不可分的,而且是不变的,因为没有一样东西能化为无,复合物解体时必定有一些实在的东西继续存在着,它们的本性就是充满,不能从任何地方把它们打碎。因此这些元素必然应当是形体的不可分的部分。""不可分的坚固物体(复合物由它们产生,也分解成它们)在形状方面还有数不清的差别,因为这么丰富的事物决不能来自原子的数目有限的形状。因此每一形状的原子数目都是完全无限的,但它们的形状的差别却并不是完全无限,而只是数不清。原子永远不断在运动,有的直线下落,有的离开正路,还有的由于冲撞而向后退。冲撞后有的彼此远远分开,有的一再向后退,一直退到它们碰机会与其他原子卡在一起才停止,还有的为卡在它周围的原子所包围……这些运动都没有开端,因为原子与虚空是永恒的。""我们要认定原子除了形状、重量、大小以及必然伴随着形状的一切以外,并没有属于可知觉的东西的任何性质。""我们也不要设想一个有限的物体里能有无限的部分或有各种程度微小的部分。所以,我们不仅要认为达到越来越小的部分的无限分割是不可能的,这样就不致于使一切东西成为稀薄的,以至于在复合物体的组成中存在物不免于压碎以及消耗而成为不存在的。""当没有东西与它们相撞时,小的原子也不会比大的原子更快,它们的整个行程是等速的;由于打击而产生的向上或向一旁的运动,也不会更快,由于原子本身的重量而产生的向下运动也不会更快。因为只要这两种运动有一种在进行,就有像思想一样快的行程,一直到有一种东西从外面阻止了它,或者由于原子本身的重量对打击它的那东西的力量发生反作用而阻止了它。""物体常常有偶性,偶性并不是恒常地伴随着物体;这些偶性,我们不要设想它们根本不存在,也不要设想它们具有整个物体的本性,也不要把它们设想成可以列入不可见的东西,或者设想成无形体的东西……我们不要由于偶性没有它所依附的那个整体的本性,也没有那些恒常的伴随物的本性,便把这个清楚的事实逐出存在的领域之外。"[1]

从以上这些材料可以看出,伊壁鸠鲁的原子论有这些理论要点:原子是物体最小的单位,它不能再细分,原子可以构成大的复合体,这些复合体可以解体,但原子不能毁灭,不能彻底归为无;原子永远不断地运动,有的直线下落,有的离开正路,还有的由于冲撞而向后退;每一形状的原子数目都是无限的,但它们的性状差别却并非无限,原子的运动没有开端,因为原子与虚空是永恒的;原子本身不变,因为在引起变化的复合物分解时,一定有某样东西依然是坚固而不可分解的;变化不是变成不存在或由不存在导致,它是由于某些微粒的位置移动,以及另一些微粒的增加或离开产生的;单个的原子是不可知觉的;物体不能无限分割,原子即是分割的最小物体;偶然性是存在的,但不是有关事物的本性,也不是具体事物具有的永恒特性。

在罗马共和国末期,自由思想是时代风尚,伊壁鸠鲁的学说在有教育的人中风行,卢克莱修以其诗文表述了伊壁鸠鲁的哲学思想。自文艺复兴之后,伊壁鸠鲁的哲学主要是通过卢克莱修的诗篇而为读者们所知。[2]

卢克莱修在其《物性论》中较为清晰地表述了原子论的思想。《物性论》认为:万物都由原始的物体构成;原始物体不可毁灭;世界由原子的偶然运动形成;原子不断运动;原子会从轨道上稍稍偏斜;自然是自动的,不受神的支配。[3]

关于万物都由原始的物体构成,《物性论》说:"原来造成万物的只是那些元素,宇宙间无一事出于神灵摆布……若不是每种东西各有自己的原子,怎么能各有各的不变的老母?""众多的事物共有着原始物体,有如那单个的字母拼成了无数单词。这说法我看是完全能够成立,不象说无中生有那样荒唐无稽。"[4]

---

[1]《西方哲学原著选读》上卷,第161—170页。
[2]《西方哲学史》上卷,第314—317页。
[3]《西方哲学原著选读》上卷,第195—209页。
[4] 同上书,第196—198页。

关于原始物体不可毁灭，《物性论》说："没有什么东西曾经彻底毁灭成乌有……所有的东西都是带着不朽的种子而存在，所以自然不容许任何东西灭亡或崩溃，除非一种外力用打击来把它粉碎，或一种内力进入它空虚的小隙将它支解。"[1]

关于世界由原子的偶然运动形成，《物性论》说："原初胚种既不是由计谋而建立自己，不是由于什么心灵的聪明作为而各各落在自己的适当的地位上；它们也不是订立契约规定各自应如何运动；而是，因为有极多的胚种以许多不同的方式移动在宇宙中，它们到处被驱迫着，自远古以来就遭受接续的冲撞打击，这样，在试过了所有的各种运动和结合之后，它们终于达到了那些伟大的排列方式，由这些方式这个事物的世界就被建立起来。"[2]

关于原子不断运动，《物性论》说："所有物的原初胚种必定是或者由于它们自己的重量，或者由于外面另外一个胚种的撞击而运动。""所有它们这些变换着的运动乃是古老的，从最初的原子来的。"[3]

关于原子会从轨道上稍稍偏斜，《物性论》说："原子，当它们自己的重量把它们向下拉垂直地通过虚空的时候，在极不确定的时刻和极不确定的地点，会从它们的轨道稍稍偏斜——可以称为，譬如说，不外略略改变方向。因为若非它们惯于这样稍为偏斜，它们就会各自向下落，象雨点一样，经过无底的虚空；那时候在最初的原素之间就永远不能有冲突也不会有撞击；而这样自然就永远不会把什么东西创造出来。"[4]

关于自然是自动的，不受神的支配，《物性论》说："从任何主宰解放出来而自由了的自然，就能被看到是由自己独立地作它所有的事情，摒弃一切神灵的干预。"[5]

---

[1]《西方哲学原著选读》上卷，第198—199页。
[2] 同上书，第200—201页。
[3] 同上书，第201—203页。
[4] 同上书，第205—206页。
[5] 同上书，第208—209页。

从卢克莱修的论述中可以看出，他很好地继承和发展了伊壁鸠鲁的思想，且论述更为充分，思路更为清晰，达到了古希腊时期原子论思想的较高水平。

三、比较分析

古印度的极微论和古希腊的原子论是古代东西方哲学中探讨世界基本构成问题的重要理论。极微与原子虽然名称不同，但二者大致来说是相当或相对应的概念，从以上两节的论述中我们可以看出，这两种理论有很多相似处或共同点，也有一些差别点或不同处。笔者认为较为突出的相似处和差别点有以下这些。

相似处主要有五点：

第一，二者中的主流思想都认为物体有一个最小的单位。对物体的分解有一个尽头，这一尽头不能再向下分解，这个到达物体尽头的最小物被称为极微或原子。

第二，世间事物由这种最小单位的成分构成。这种极微或原子的数目无限，它们不是被造出来的，而是无始以来就存在的。世间事物的千差万别是由极微或原子积聚的数量和种类不同而造成的。

第三，单个的极微或原子是人的身体器官所不可感知的，多个极微或原子聚合成复合体时，人们才能感知极微或原子的存在。单个极微或原子的存在之所以能被确认是由于人们能感知极微或原子的复合体，对这种作为果的复合体存在的感知，可以反推出作为因的极微或原子的存在。

第四，极微或原子是运动的。这种运动不是由神推动或赋予的，而是极微或原子自然具有的及被撞击等力所产生的，或是某种不可预知的力量产生的。

第五，极微或原子一般是圆体或圆形的，这种说法在古印度的极微论和古希腊的原子论中都存在。

不同处也主要有五点：

第一，古印度主流的极微论认为极微的种类主要有四种，即地极微、水极微、火极微、风极微；而古希腊的原子论则没有这种说法，也没有较明确的原子种类的划分。

第二，古印度的极微论中虽然多数极微论者认为极微是实有的，但佛教中的一些派别（大乘瑜伽行等派）认为极微是不实在的，本质上是空的。古希腊的原子论者则一般都认为极微是实有的，而且不灭。

第三，古印度的极微论和古希腊的原子论虽然都承认极微或原子的运动有其本性方面的原因，也有其他外力推动的原因，但二者对外力的说明还是有差别。古印度的极微论论及不可见力或法与非法是推动极微运动的力量，而古希腊的原子论则用原子运动的偶然性偏斜等来说明原子的一些不规则运动的产生原因。

第四，古印度的极微论认为，特定的极微有特定的性质，而古希腊的原子论则没有这种明确的特定原子有相应所属性质的说法。

第五，古希腊的原子论中有关于灵魂是由特定的原子（圆形原子）构成的说法，而古印度的极微论中没有这种说法。古印度有灵魂（阿特曼）的观念，但一般认为灵魂不是物质性的实体，不是极微或由极微构成，而是精神性实体。

古印度的极微论和古希腊的原子论虽然有种种不同或差别，但二者之间的相同处或相近点十分突出。这两种理论对于世界或宇宙的基本构成问题做了可贵的探讨，在古代人类生产力水平低下和思维水平十分有限的情况下都做出了接近科学的推测和论述，反映了这两个文明古国在当时所达到的文明发展程度，这些推测和论述对推动人类科学思想的进步和精神文明的发展做出了重要的贡献，是古代人类思想发展中极为宝贵的遗产。直至今天，两大古国这方面的理论仍然对我们的科学研究和哲学探讨有着积极的启发和借鉴意义。

第五章　古印度的句义论与古希腊的范畴论

　　古印度的哲学思想与古希腊的哲学思想都是世界哲学形成和发展的源头性理论，它们形成的历史久远，内容深刻，影响巨大。两地的哲学思想虽有各自的独特性及丰富内容，但其中也有一些相似或接近的理论形态。古印度的句义论和古希腊的范畴论就是这类理论中较有代表性的。

一、古印度的句义论

　　句义论是古印度胜论派和弥曼差派理论中的主要内容。这里说的"句义"的原文为"Padārtha"，其中的"句"（pada）是"言语"或"概念"的意思，"义"（artha）是"事物"或"东西"的意思。所谓句义即指与观念或概念相对应的实在物。胜论派与弥曼差派认为，人的观念或概念不是凭空产生的，在这些概念或观念之后，有与其相对应的实在物，这就是句义。

　　胜论派最早的思想渊源可以追溯到梵书和"奥义书"时期，一些重要思想在耆那教等派别中也存在，但此派成为一个独立的哲学派别大致在公元前2世纪。胜论派认为，世间各种现象或事物是由一些"句义"构成的。这些句义实际也就是构成世界的基本成分。胜论派的文献中对句义的种类划分有不同说法，主要的是六句义说和十句义说。持六句义说的是胜论派创立者迦那陀（Kaṇāda）的最早经典《胜论经》（Vaiśeṣika-sūtra），持十句义说的是胜论派重要人物慧月（Mati Candra，约6世纪人）的文献《胜宗十句义论》[1]。

《胜论经》认为，存在着构成世间一切现象的六个句义。该经第1节1.4说："至善来自对真理的认识，来自特别的法，并借助（关于）实、德、业、同、异、和合句义的相似与差别（的知识）获得。"[2] 这里提到的六个句义是胜论派哲学体系的基本成分，此派的具体哲学思想基本容摄在了这六个句义中。

实句义主要指事物自身，即对具体事物的属性或形态在概念上去除之后，剩下的那个事物自体即是实句义，此句义现在一般译为实体。胜论派认为这种实体一共有九种，《胜论经》第1节1.5说："地、水、火、风、空、时、方、我、意是实。"[3] 这九种实中的前四种，即"四大"，是物质性元素，它们的聚合构成了世间各种物质性的东西。"空"在古印度也经常被作为一种物质实体，但它不能阻碍其他事物在其中穿行。"空"也被认为是传播声音的媒介，有时也被视为虚空或空间。在胜论派看来，"空"主要指一种元素，它可以传播声音。"时"指时间，世上存在时间就是因为有"时"这个实体。"方"指方位，世上存在事物的处所或空间就是因为有"方"这个实体。"我"指生命现象的主体，同时是主导人的意识活动的主体，也是人轮回解脱的主体。"意"是一种内部器官，它的作用是将眼、耳等外部器官获得的认识信息有选择性地传给"我"，使人产生特定的感知或认识。

德句义主要指事物的静的属性，即在概念上将事物自身去除，剩下的那个事物之性质即为德句义，此句义现一般译为属性或性质。《胜论经》明确提及17种德，该经第1节1.6说："色、味、香、触、数、量、别体、

---

[1] 此论的梵文原本佚失，现仅存玄奘的汉译本。
[2] A. E. Gough, *The Vaiśeṣika Aphorisms of Kaṇāda*, p.4.
[3] Ibid., p.6.

合、离、彼体、此体、觉、乐、苦、欲、瞋、勤勇是德。"[1] 这些德一般隶属于相应的实体,如地具有色、味、香、触;水具有色、味、触等;火具有色和触;风具有触;等等。[2]

业句义主要指事物的动的形态,即在概念上将事物的动的形态抽离出来,离开事物自体,即为业句义,此句义现在一般译为运动。《胜论经》认为有五种业,该经第1节1.7说:"取、舍、屈、伸、行是业。"[3] 这里的"取"指向上运动、"舍"指向下运动、"屈"指收缩运动、"伸"指伸展运动、"行"指方向不定的运动。

同句义指事物间所具有的相同性,这种相同性中最为突出的是事物的存在特性,此特性也常译为"有","有"或"存在"为一切事物所共有。在《胜论经》中,同句义既指事物间相对的同的关系,又指事物的存在特性。[4]

异句义指事物间所有的差别性,此句义现一般也译为特殊性。在《胜论经》中,异句义既指事物间相对的异的关系,又指事物的最终差别[5]。

和合句义指事物所具有的自体与属性等不可分的因果关系或内在联系,此句义现一般也译为内属。胜论派认为,各个句义的区分主要是在概念上,而在实际上它们都要统一在事物自身,即实上面。产生这种自体与属性等不可分的关系的就是和合句义。《胜论经》第7节2.19说:"合(的观念)产生于(手与)杖(这类的合);和合(的观念)产生于(与整体不可分的)特殊(构成要素与整体的合)。"[6]《胜论经》第7节2.26说:"和合是指(借助于它,)关于因与果(可以说)'这个在这里'"。[7]

《胜宗十句义论》在《胜论经》提出的六句义的基础上增加了四个句义,即有能、无能、俱分、无说。

---

[1] A. E. Gough, *The Vaiśeṣika Aphorisms of Kaṇāda*, p.8.
[2] Ibid., pp.31-36.
[3] Ibid., p.10.
[4] Ibid., pp.24-27.
[5] Ibid.
[6] Ibid., p.223.
[7] Ibid., p.240.

有能句义指与实、德、业三句义有内在联系，并可使它们共同或单独生出特定结果的句义。《胜宗十句义论》说："有能句义云何？谓实、德、业和合，共或非一造各自果决定所须，如是名为有能句义。"[1] 这里实际是说，特定的实、德、业和合在一起时有形成特定事物的能力。

无能句义指与实、德、业三句义有内在联系，并可使它们不共同或单独生出特定结果的句义。《胜宗十句义论》说："无能句义云何？谓实、德、业和合，共或非一不造余果决定所须，如是名为无能句义。"[2]这里实际是说，特定的实、德、业和合在一起时不形成特定事物的能力。

俱分句义指相对的同与异，即把同句义限于存在性，把异句义限于最终差别性，其余相对的同与异另成一独立的句义。《胜论经》第 1 节 2.3 说："同与异依赖于觉。"[3] 这句经文的意思是说，同和异可以是相对的，它们随人看问题的角度不同而变化，一些概念在某些情况下被看作同，在另外一些情况下被看作异。如"实性"这个概念，对于句义来讲，它是异，因为它只是句义中的一种；而对于地、水、火、风等来说，它是同，因为地、水、火、风同样是实。这种相对的同异关系就被称为"俱分"。胜论派认为，最上位的同是"有"（存在），最下位的异是"边异"（最终差别）。《胜宗十句义论》则把原来属于同句义和异句义中的相对的同异关系独立出来，成立了俱分句义，《胜宗十句义论》中的原文为："俱分句义云何？谓实性、德性、业性及彼一义和合，地性、色性、取性等，如是名为俱分句义。"[4] 这里就是说，所谓俱分句义是指实性、德性、业性这样相对的同异关系。在《胜宗十句义论》中，所谓同句义仅指有（存在），所谓异句义仅指边异（最终差别性）。

无说句义指事物的非存在状态。《胜宗十句义论》说："无说句义云何？谓五种无，名无说句义。何者为五？一未生无，二已灭无，三更互无，四不会无，五毕竟无，是谓五无。"[5] 这里的"未生无"指事物未产

---

[1]《大正藏》第 54 册, 第 1263 页。
[2] 同上。
[3] A. E. Gough, *The Vaiśeṣika Aphorisms of Kaṇāda*, p.24.
[4]《大正藏》第 54 册, 第 1263 页。
[5] 同上书, 第 1264 页。

生前之非存在,"已灭无"指事物毁灭后之非存在,"更互无"指事物相互排斥之非存在,"不会无"指一物中不会具有另一物的性质之非存在,"毕竟无"指过去、现在、未来都不会出现的事物之非存在。《胜论经》没有把无作为一个句义,但谈到了相关的内容;《胜宗十句义论》则把这些无整理成无说句义。

如果仔细对比《胜论经》和《胜宗十句义论》,可以看出,《胜宗十句义论》中多出的四个句义在《胜论经》中或多或少都有一些相关内容涉及,只是在这四个句义中,借鉴《胜论经》相关内容较明显的是俱分句义和无说句义,而有能句义和无能句义在这方面不突出或不明显,但也不能说《胜论经》中完全没有涉及。如《胜论经》论及了一些德属于一些实,一些德不属于一些实,也论及了实所具有的业的形态,特定的实有特定的业。一些实德能合成特定形态的事物,而另一些实德则不能合成,这些内容《胜论经》有提及,但未将其突出,更没有将它们归结为句义。

胜论派的句义论思想在印度哲学史上极为突出,但也不只胜论派有句义论。弥曼差派中也有句义论的思想,但此派的句义论思想要晚于胜论派提出的句义论,它很可能是在吸收、改造胜论派句义论的基础上才提出的,并且也没有胜论派句义论的影响大。

弥曼差派最早的根本经典《弥曼差经》(Mīmāṃsā-Sūtra)中没有提及句义问题,论及句义的是此派后世的一些哲学家,可见句义论不是弥曼差派本有的理论,而是后世受其他派别句义论影响后产生的。此派中论述句义问题的主要是公元7—8世纪的枯马立拉(Kumārila)和普拉帕格拉(Prabhākara)两人,他们都有关于句义的见解。

枯马立拉认为,世界现象可被分析为五个句义,即实、德、业、同、无。实句义下有地、水、火、风、空、时、方、我、意、黑暗和声这十一实;德句义下有色、味、香、触、量、别体、合、离、彼体、此体、重体、液体、润这十三德;业句义下有取、舍、屈、伸、行这五业;同有两种,即上同和下同。[1]

---

[1]《古印度六派哲学经典》,第424—425页。

普拉帕格拉认为，世界现象可被分析为八个句义，即实、德、业、同、和合、能力、相似、数。实句义下有地、水、火、风、空、时、方、我、意这九实；德句义下有色、味、香、触、数、量、别体、合、离、彼体、此体、乐、苦、欲、瞋、勤勇这十六德；业句义下有取、舍、屈、伸、行这五业。[1]

弥曼差派这些对句义的分类与胜论派句义论的分类之区别是很小的，如句义中弥曼差派多出了相似和数，少了异句义；实句义中多出了黑暗和声；德句义中少了一些内容；业句义中没有差别。弥曼差派的句义论与胜论派句义论的这种差别不是本质上的差别，大致可以将二者看作性质基本相同的理论，但古印度最有代表性的句义论是胜论派的理论。

胜论派与弥曼差派中的这类理论与佛教中关于"法"的类别的分析，以及耆那教中关于"命我"及"非命我"类别的分析，都属于对世间事物类别区分的理论，是古印度自然哲学等方面的重要内容，在整个印度思想发展史上具有较高地位，是印度古代哲学理论的基本组成部分，反映了古代印度理论思维水平所达到的高度。

二、古希腊的范畴论

古希腊哲学是西方哲学的重要起点，在世界哲学发展史上具有极高的地位。古希腊哲人提出了一系列重要的哲学观念和思想，对人类文明的进步起了巨大的作用。

在古希腊哲人中，亚里士多德无疑是一个十分重要的思想家。他提出的理论在西方哲学史上具有明显的开拓性，其中不少理论是欧洲哲学的源头性理论。

亚里士多德是斯吉塔拉人，其主要活动区域在雅典。他提出的理论极为丰富，其中的范畴论是其学说的主要内容之一，是古希腊范畴论的代表

---

[1]《古印度六派哲学经典》，第 422—424 页。

性理论形态。

亚里士多德关于范畴的主要论述见于《范畴篇》和《正位篇》等著作中,他的其他著作也有相关的论述。

亚里士多德提出了十种范畴的学说,这十个范畴是实体、数量、性质、关系、地点、时间、姿势、状态、活动、遭受。

关于这十个范畴,在《范畴篇》和《正位篇》中,亚里士多德都有具体的论述。如在《范畴篇》中,他说:"那些并非复合的语词,表示的是实体、数量、性质、关系、地点、时间、姿势、状态、活动、遭受。现在我大略地说一说它们的意思:实体,例如人或马;数量,例如二尺长或三尺长;性质,例如白的、懂语法的等属性;一倍、一半、大于等等则属于关系范畴;在市场上、在吕克昂等等则属于地点范畴;昨天、去年等等属于时间范畴;躺着、坐着等等是指姿势的语词;穿鞋的、武装的等等则属于状态;切割、烧灼等等是动作;被刺、被烧灼则属于遭受范畴。"[1]

在《正位篇》中,亚里士多德对这些范畴还有更细一些的诠释。《正位篇》说:"谓词一共有十类:本质,数量,性质,关系,地点,时间,姿势,状态,活动,遭受。因为任何一件东西的偶性、种、特性、定义总要落在这些范畴之一里面;一切由这些范畴形成的命题,都是要末表示某物的本质,要末表示它的性质、数量或其他各类型的谓词之一。很明显,把某物的本质表示出来的人,表示出来的有时是一个实体,有时是一种性质,有时是其他各类型的谓词之一。因为,当他把一个人提出来,说提出的那件东西是'一个人'或者'一个动物'的时候,他是说出了它的本质,并且指的是一个实体。而当他提出一种白的颜色,说提出的那个东西是'白的'或'一种颜色'时,他是说出了它的本质,指的是一种性质。同样的,如果他提出一个一尺长的东西,说那个东西是一尺长的,他就是说出了它的本质,指的是一个数量。其他情况也是如此。因为这些谓词的每一种,如果是述说它自己的,或者是述说它的'种'的,那就表示一种本质;如果一种谓词是述说另一种谓词的,它所表示的就不是

---

[1]《西方哲学原著选读》上卷,第154页。

本质，而是一个数量、性质或其他各类谓词之一。"[1]

亚里士多德提出的这种范畴论对事物在概念上进行了细致的分类：区分出了事物本身，即他所谓的实体或本质；区分出了事物的属性和形态，即他所谓的性质、姿势、状态、数量、活动等；区分出了事物存在的时间和地点；区分出了事物间的关系，即他所谓的关系和遭受。这充分展示了他极强的抽象分析能力，在他所处的时代是十分可贵的。

亚里士多德还在其他著作中论及了这些范畴，如在其重要著作《形而上学》中，他对范畴论的一些问题有更深入的讨论。亚里士多德并不把这些范畴看作平行的，而是做了区分。他特别重视这些范畴中的"实体"，在《形而上学》中，亚里士多德说："实体在哪个意义上都在先：在定义上、在认识程序上、在时间上全居第一位。因为其他的范畴没有一个能够独立存在，唯有实体能如此。同时，在定义上实体也占第一位，因为每样东西的定义中都必须出现它的实体的定义。而且，我们认为自己对一件东西认识得最充分，是在知道它是什么——如人是什么，火是什么——的时候，而不是在知道它的性质、它的数量、它的位置时候；而我们认识这些谓词中的某一个，也只是在知道数量是什么或性质是什么的时候。"[2] 亚里士多德在这种对实体和其他范畴的比较分析中显然突出了实体的重要性。

亚里士多德在论述实体时，分析了"有"的概念。他在《形而上学》中说："有一门学问，专门研究'有'本身，以及'有'凭本性具有的各种属性。这门学问与所谓特殊科学不同，因为那些科学没有一个是一般地讨论'有'本身的。它们各自割取'有'的一部分，研究这个部分的属性；例如数理科学就是这样做的。我们现在既然是在寻求本原和最初的原因，那就很明显，一定有个东西凭本性具有那些原因。如果那些寻求存在物的元素的人是在寻求这些本原，那些元素就必然应当是'有'的元素——'有'之所以具有这些元素，并非出于偶然，正是由于它是

---

[1]《西方哲学原著选读》上卷，第153—154页。
[2] 同上书，第125页。

'有'。因此我们也必须掌握'有'本身的最初原因。"[1] 这段论述强调了实体与"有"的关联,这"有"也就是指一切事物的存在,这是所有事物的特性。而实体与"有"的特性密不可分,事物又一般都具有"有"的特性,因而在诸范畴中实体就是最重要的。

在《形而上学》中,亚里士多德还说:"某些东西,我们说它'有',是因为它们是实体;另一些东西则是因为它们是实体的影响;另一些东西则是因为它们是趋向实体的过程,或者'是'实体的破坏、缺乏或性质,或者'是'造成或产生实体或与实体有关者的能力,或者'是'对某一与实体有关者或对实体本身的否定。因为这个缘故,我们甚至对'非有'也说它是'非有'。"[2] 在这里,亚里士多德说的影响、过程、性质等,实际就是除实体外的其他范畴。他在此处也对实体在范畴中的主导地位作了明确强调。

亚里士多德在《范畴篇》中将"活动"列为一个范畴,并且将"遭受"也列为一个范畴。"活动"显然是主动的,而"遭受"则主要是被动的,这两者都与运动有关,但在其范畴论中没有将二者合并为运动范畴。亚里士多德在其他著作中论及了"运动"这一概念,他在《物理学》中说:"并没有什么在事物之外的运动。变化的东西,总是在实体方面变化,或者在量、质或位置方面变化的。我们说过,不可能找到一个东西为这些范畴所共有,却既不是'这个',也不是量,也不是质,也不是任何其他范畴。因此运动和变化都不能指上述这些东西以外的任何东西的运动和变化,因为它们以外别无他物。"[3] 这里,亚里士多德实际也是强调实体之外的范畴,如数量、位置(地点)以及运动等只能是在论及实体时才是可能的,这些其他的范畴不可能依赖于实体之外的东西而作为基础。

亚里士多德的这种范畴论对事物自身、它的属性和状态等做了清晰的区分。这在很大程度上展现了古希腊人对世间现象的细致分析能力,反映了古希腊人高度发展的抽象思维水平。

---

[1]《西方哲学原著选读》上卷,第122页。
[2] 同上书,第123页。
[3] 同上书,第138—139页。

三、比较分析

从以上两节论述中我们可以看出,古印度以胜论派理论为代表的句义论和古希腊以亚里士多德的理论为代表的范畴论明显有不少相似处,也有一些差别点。在我们进行比较时,可以看出以下一些较突出的同异之处。

相同或类似之处主要有以下几点:

第一,二者都对事物本身及其属性和状态等做了明确的区分。在胜论派中,事物的自身被称为实句义;事物的相对静止的属性被称为德句义;事物的动的形态被称为业句义;事物的本体与属性不可分的关联性被称为和合;事物之间的相同被称为同句义;事物之间的差别性被称为异句义;事物相对的同和相对的异被称为俱分;事物的特定实体有特定属性的能力被称为有能;事物的特定实体不具有特定属性被称为无能;事物的非存在状态被称为无说。在亚里士多德那里,事物自身或事物最本质的东西被称为实体,这与胜论派是一样的;亚里士多德将事物的属性称为性质等;亚里士多德的范畴论中的数量和状态在胜论派中大致属于德句义,可以说这里二者是部分相似;范畴论中的活动范畴和遭受范畴与胜论派句义论中的业句义接近,只是遭受范畴涉及被动的运动,而胜论派的业句义则是主动的运动。

第二,二者都把实体作为最主要的概念,都认为其他句义或范畴是依据实体而存在的,离开了实体,这句义论或范畴论是不能成立的。胜论派强调实体是事物自身,亚里士多德认为实体是事物的本质。二者实际都认识到,实句义或实体范畴是其他句义或范畴所依靠的东西。没有实体或实句义,其他范畴或句义就失去了基础或所依。

第三,二者都给予了时空观念以重要的地位。胜论派句义论的实句义中有"时"与"方",亚里士多德的范畴论中有地点和时间。二者实际都看到了作为事物存在形式的时空与事物本身的差别,将时空与地水火风等相并列,并认为它们都是实体,但又认为时空与地水等物质实体不同,这表明了古印度和古希腊人对时空问题见解的类似之处。

第四，二者在设立句义或范畴时都不将这些概念仅仅限于单个的事物或物体，而是将事物之间的关系也列入其中。如胜论派中的同句义、异句义、俱分句义；亚里士多德范畴论中的关系和遭受范畴等都不是仅仅涉及单一物，而是涉及和他物的对比或关联。

不同或有差别之处主要有以下几点：

第一，胜论派的"句义"与亚里士多德的"范畴"的含义有差别。胜论派中说的"句义"指与观念或概念相对应的东西或实在物，此派认为概念或观念不是凭空产生的，而是在其之后有对应的东西，这东西不是概念，但却是概念或观念的基础；亚里士多德理论中说的"范畴"是指概括事物本身及其属性和形态等的概念，二者是有差别的。当然，胜论派虽然认为"句义"是与概念或观念相对应的实在物，然而在其理论体系中，这些句义实际所起的作用与亚里士多德的范畴所起的作用是相近的，都是用来表述自己理论观念的基本内涵。但如果说句义和范畴的严格定义，二者还是有区别的。

第二，胜论派在实句义外设立的句义与亚里士多德在实体外设立的其他范畴有差别。胜论派在实句义之外设立了同句义、异句义、俱分句义、无说句义，而亚里士多德的范畴论在实体之外则没有与它们相应的范畴。亚里士多德范畴论中的数量、地点、时间范畴在胜论派的句义论中不是主要的句义，而是一些主要句义下属的一些概念，二者对这些概念的重视程度是不一样的。亚里士多德范畴论中的姿势、状态、遭受这三个基本范畴在胜论派的句义论中没有被作为主要的句义，甚至在主要句义之下的系列中也没有被排上，这也表明了二者对这类成分的重视程度之不同。

第三，胜论派将非存在设立为一个句义，而亚里士多德则未将非存在立为一个独立的范畴。亚里士多德在其著作中提到"非存在"的问题，如他在《形而上学》中说："一些东西则是因为它们是趋向实体的过程，或者'是'实体的破坏、缺乏或性质，或者'是'造成或产生实体或与实体有关者的能力，或者'是'对某一与实体有关者或对实体本身的否定。因为这个缘故，我们甚至对'非有'也说它是'非有'。"亚里士多德虽然提及了"非有"的概念，但没有把它立为一个独立的范畴，而胜论派的《胜宗十句义论》则将其立为一个独立的句义，即无说（非存在）句义，二者对非存在现象的重视程度是不同的。

第四，胜论派句义论的实句义中有一个"我"这样的实体，而亚里士多德的范畴论中则没有这样的范畴。"我"这一概念在胜论派中虽然仅是实句义下的一个概念，但这一概念在古印度哲学中非常重要，它是印度各宗教哲学派别中经常谈论的概念。"我"在古印度宗教哲学中一般是作为精神现象和轮回现象中的主体来使用。胜论派在分析人的生命或意识现象时，认为这种"我"就是其中的主导者或实体。"我"也就是古印度宗教中经常讲的灵魂。有的派别甚至将"我"视为万有的本体、一切的本原。胜论派没有将"我"视为万有根本，但将其看作主导精神或生命现象的主体以及轮回中的主体。尽管胜论派在古印度主要是一个自然哲学的派别，但受当时历史环境的影响，其理论或多或少都带有一定宗教色彩。一般派别若完全没有宗教的成分就将很难发展，"我"在胜论派中被作为一种实体，与其当时所处的宗教氛围的影响有一定关系。亚里士多德的范畴论中完全没有"我"这样的概念，十个范畴中没有"我"或"灵魂"作为范畴。这与他所处的时代也有重要关系：亚里士多德所处的古希腊较为流行的是哲学和科学的思想，宗教观念并不特别突出，至少对其范畴论没有明显影响。胜论派句义论和亚里士多德范畴论在这方面的差别与他们各自所属的思想文化背景之不同有关。

古印度的句义论和古希腊的范畴论在世界哲学史上都占有重要的地位，它们各自都反映了古代人类在观察和认识自然现象时所具有的思维能力。这种理论对世间万有的分析在很大程度上具有科学性和客观性，一些见解对我们今天认识世界、分析世界仍有重要的启发和借鉴意义。

这两种哲学理论有很多相似处，这些相似处是二者在不同地区偶然分别产生的，还是其中一种理论影响了另一种理论？根据现有的材料很难得出一个明确或客观说法。古印度从地域上离古希腊并不算特别遥远，而且古希腊的亚历山大大帝曾远征古印度，一度占领了印度的一些地区并进行统治。在其与印度交战或统治印度某些地区的时期，两地有人员的往来，这之中是否有哲学思想或科学思想的交流？我们很难有确定的答案。但可以说的是，即便有交流或相互吸收借鉴的情况存在，两地的理论还是有各自的独创成分。更可能的情形是，不同地区不约而同地独立提出相似理论。至于说二者之间有明确的相互借鉴或吸收的论断，则必须要在有实在的历史资料被发现后才能下此结论。

第六章　古印度和古希腊的"一多"观念

"一"与"多"的观念是世界不少哲学传统都讨论的问题，在古代印度和古希腊，这也是哲人们关注的一个重点。在古印度哲学中，"一多"问题是许多重要哲学流派在提出其基本理论时涉及的主要内容；在古希腊，"一多"问题也是一些重要哲学家理论体系中的核心成分。本章对两地哲学中的这方面思想进行初步梳理和比较分析。

一、古印度的"一多"观念

古印度哲学中涉及"一多"问题的文献可以追溯到"吠陀"和"奥义书"。"吠陀"中的一些哲理诗中论及的"原人"和"太一"思想中就包括"一多"观念。

在吠陀文献的"原人歌"中，原人被吠陀诗人视为产生各种事物的根本，包括一般事物和人类社会。这原人是一，而包括人在内的各种世间事物为多，但二者在本质上是联系在一起的，是密不可分的。

吠陀文献中的"无有歌"说:"太一靠自己的力量无风地呼吸。"[1]这里说的太一是世界万物产生之初的事物的根本,是"一",而后来产生的事物为"多"。

吠陀文献中的"造一切者之歌"(《梨俱吠陀》第 10 节 82.5—6)说:"在天、地、阿修罗和神之前,水怀着什么样的胚胎?在那胚胎中可以看到聚集着的一切神。洪水怀着胚胎,其中聚集着众神。这胎安放在那太一的肚脐上,那里聚集着存在的一切东西。"[2] 这里实际论及了"一"生"多"的思想。

吠陀时期总体上哲学类的赞歌不多,有关赞歌中涉及"一多"问题的论述也不是十分明显,或者说,赞歌的作者主要是无意识地论及了这一问题。

古印度哲人明确或有意识地论及"一多"问题始于一些"奥义书","奥义书"的主流思想认为"一"是真实,而"多"是虚妄,这里所谓"一"指"梵","多"指"我"(小我或由众多小我等构成的世间事物)。奥义书哲人认为,世间万有的本体是梵,这梵是绝对的"一",是事物的本原或本质性的东西。而世上众多生命中的主体小我或灵魂其实只是梵或大我的显现,是人们感觉的一种假象,因而,这"多"是虚妄。《广林奥义书》第 4 节 4.19 说:"仅以意来体悟那(梵),世上无异多。那看到似乎存在异多之人,将从死亡走向死亡。"[3]《广林奥义书》第 4 节 4.20 说:"这不可描述的永恒的存在只能被领悟为一,这大我(梵)是无垢的、超越空间的、不生的、伟大的、永恒的。"[4] 这里说的"世上无异多"就是认为"多"是虚妄,而"存在只能被领悟为一"就是认为事物的根本梵是绝对的无差别的事物本原。奥义书哲人还认为,只有认识到真正实在是唯一的梵,人才能不为虚假的东西所迷惑,才能不去追求不真实的东西,才能不陷入痛苦,不受制于生死轮回。"奥义书"中的"一多"

---

[1] Macdonell, *A Vedic Reader*, p.208.
[2] Radhakrishnan and Moore, *A Source Book in Indian Philosophy*, p.18.
[3] Radhakrishnan, *The Principal Upanisads*, p.277.
[4] Ibid., p.278.

观念对于印度后世的宗教哲学派别有重要影响，印度历史上不少重要哲学或宗教派别都在理论上借鉴了"奥义书"的思想，或大量吸收，或批判地吸收了这方面的思想。

直接继承和发展"奥义书"思想的是古印度婆罗门教哲学中的吠檀多派，此派在"一多"问题上基本沿用了"奥义书"中的主要思想。[1] 吠檀多派在印度历史上影响最大的人物商羯罗也持不二一元论。他认为，梵可以分为"上梵"和"下梵"，上梵是真实存在的，而下梵是人们对上梵的不正确的认识造成的假象，从根本上说，梵只有一个，梵之外的众多小我或事物都是不实在的。[2] 因此，吠檀多派的不二一元论实际也是认为"一"为真实，"多"为虚假。当然，吠檀多派中还有其他分支，在这方面的观点不尽相同，如此派中梵我二元论的代表人物摩陀婆（Madhva，约13世纪）就认为梵（大我或神）与小我（现象界）具有双重实在性，认可二者间的差别。[3] 因此，这一分支实际不仅认为"一"真实，而且"多"也真实。

婆罗门教哲学派别中的胜论派也有"一多"方面的思想。胜论派认为，构成世间各种事物的根本是一些"句义"，即与观念或概念相对应的实在物。此派最早的经典《胜论经》认为，句义一共有六个，即实句义（事物自身）、德句义（事物的静的属性）、业句义（事物的动的形态）、同句义（事物的相同性）、异句义（事物的差别性）、和合句义（事物的内在联系）。[4] 胜论派的其他文献中关于句义还有另外一些说法。胜论派认为这些句义反映了事物的不同形态或事物的基本展现形式，构成了事物的方方面面。这些句义中的实句义含有"四大"（地、水、火、风），四大是由极微构成的，胜论派认为，这些句义和其中的极微都是实在的。此派理论中否定唯一实在的"一"，认为事物由最小的极微构成，而极微的种

---

[1] 关于吠檀多派的基本思想，本书第二章已有相关具体的论述，读者可参考本书第18页相关部分，此处不再赘述。
[2] 参考商羯罗《梵经注》第1节1.11；第1节2.8。Gambhirananda *Brahma-Sútra Bháṣya of Śaṅkarācārya*, pp.61-65; pp.116-118。参考金仓圆照：《印度哲学史》，第166—167页。
[3] 参见摩陀婆《梵经注》。
[4] 参见迦那陀《胜论经》。A. E. Gough, *The Vaiśeṣika Aphorisms of Kaṇāda*, p.4.

类不止一个,因而没有最高的"一"。大量的极微是"多",这"多"是实在的,它由不同种类的"一"构成。因此可知,胜论派认为"一"与"多"均为实在,"一"不是唯一实在的。这种"一多"观念与"奥义书"中的主流"一多"观念是不同的。

数论派也是婆罗门教哲学中的重要流派,此派主张一种二元论性质的世界生成理论。数论派认为,人生现象和世间事物的生成与两个根本实体有关,一个是物质性和阴性的实体"自性",另一个是精神性和阳性的实体"神我",自性在被神我作用后就开始产生包括人生现象在内的世间各种事物。[1] 数论派认为,自性和神我这两大实体都是实有的,自性所生成的事物在形态上是"多",但它们在本质上与产生它们的自性这"一"是相同的,都是物质性的东西。也可以说,自性和神我在此派中是两个并列的"一"。各种事物之"多"来自被神我作用后的自性这"一",在自性及其产物的范围内,"一"和"多"在形态上虽不同,但在本质上却是同一的。

婆罗门教哲学中的瑜伽派与数论派为一组,正理派与胜论派为一组,这两组中各自的两派在"一多"问题上的观点很接近。弥曼差派虽传统上被认为与吠檀多派为一组,但二者在理论上还是相差较远。弥曼差派在后期改造和吸收了胜论派的句义论,因而在"一多"问题上与胜论派的观点接近。

佛教是印度宗教哲学中的重要派别,此派在创立时提出的基础理论是缘起观,认为事物都是因缘和合而成的,因而,它在"一多"问题上与"奥义书"及婆罗门教主流思想的观点不同。较多记述印度早期佛教思想的《杂阿含经》卷第十二说:"此有故彼有,此起故彼起。"[2]《中阿含经》卷第二十一说:"若有此则有彼,若无此则无彼,若生此则生彼,若灭此则灭彼。"[3] 这里强调了事物因缘和合而生,而讲因缘就至少要有两个东西才能形成因缘,因此,佛教在产生时就否定事物是由单一事

---

[1] 参见《数论颂》21—22颂及《金七十论》卷上中的相关注释。《大正藏》第54册,第1250页。
[2] 《大正藏》第2册,第84页。
[3] 《大正藏》第1册,第562页。

物形成的观点，而认为至少要有一个以上的东西才能构成事物。也就是说，在早期佛教中，佛教强调的是"多"，而不是"一"。在早期佛教看来，最高本体或绝对单一的东西是不存在的，事物存在的基本形式就是多种成分构成的因缘形态，而且是不断变化的形态，因而绝对的一是不存在的。

但佛教也有很多分支，在"一多"问题上的看法不完全一样。如佛教发展到部派时，出现了一个影响较大的部派，即说一切有部。此部派中的一些文献认为，既然事物是缘起的，那么也就不能说一切都是虚假的，提出了"三世实有"和"法体恒有"的主张。《大毗婆沙论》卷第七十六在记述有部的思想时说："有为法未有作用名未来，正有作用名现在，作用已灭名过去……三世诸法因性果性，随其所应次第安立。体实恒有，无增无减，但依作用说有说无。"[1] 有部认为，"有为法"或"三世法"尽管有种种形态变化，体位不同，显示有异，但在本质上都是"体实恒有"的。这里说的"有为法"或"三世法"的生灭变化实际就是缘起事物的生灭变化。在有部这里，处在三世中的事物虽然有不断的因缘形态的变化，但变化的事物还是实有的，这些因缘不会绝对消失，也不会从绝对的无中产生。世间一般人说的所谓生灭只不过就是因缘的形态变化，然而变化的因缘之体并不等于无，而是实有或恒有。有部等部派认为有实在的法体，或认为有实在的东西，这实际上在一定程度上认可了有实在的"一"或"多"的概念。但这在佛教中没有成为主流的观念，主流的观念是大乘佛教的一些经论在这方面提出的思想。

《华严经》中较直接地论及了"一多"问题。如《华严经》卷第八中说："知一即是多，多即是一。"[2] 该经卷第二十八中说："观缘起法，于一法中解众多法，众多法中解了一法。"[3] 此经这样说自然也是基于缘起的观念，因为讲缘起自然要涉及两个以上的事物，这自然是"多"。但具体的事物都有一个发展过程，一事物中的诸缘有其发展的连续性和同一过

---

[1]《大正藏》第 27 册，第 393—396 页。
[2]《大正藏》第 9 册，第 446 页。
[3] 同上书，第 580 页。

程性，诸缘在某一物的连续发展过程中统一在一起，这又是"一"。这"一"与"多"是不能分离的，此即所谓"相即"。但在大乘佛教中，事物都被认为性空的，因而事物无论是作为"一"还是作为"多"都是性空的。"一"与"多"都是不实的名相或假名，都不具有绝对的真理性，都不能执着。

中观派也有"一多"观念。如此派根本论典《中论》卷第一中说："不生亦不灭，不常亦不断，不一亦不异，不来亦不出。"[1] 这里说的"一"与"异"涉及了"一"与"多"，所谓"不一亦不异"就是否定"一"与"多"的实在性。因为事物是缘起的，因而不存在真正不变的"一"，各种事物有具体的发展过程，有发展的连续性或统一性，因而又没有绝对实在的"异"（多）。"一"与"多"与其他名相概念都不能执着，把它们看作实有的观念都属于"戏论"。在中观派那里，其他派别理论中的实在的"一"和"多"观念均应破斥。

瑜伽行派强调万有都是"识"的变现，这里实际也涉及"一"与"多"的问题，讲"唯识"即是讲"一"，讲万有为"识变"即是讲"多"。从此派的一般论述来看，"一"应是实在的，而作为其变现之物的"多"则应是虚假的，但实际上，瑜伽行派的"一""多"观念与中观派在这方面的思想并没有本质的区别。《成唯识论》卷第二说："为遣妄执心、心所外实有境故，说唯有识。若执唯识真实有者，如执外境，亦是法执。"[2] 这即是说，讲"唯识"不过是此派的一种方便手法，是用来破实有观念的，识变之物不实，识本身也不实。因此瑜伽行派与中观派一样，对一切观念都要破斥，"一"与"多"的观念也不例外。

耆那教也是印度的重要宗教，此教中也有"一多"观念。耆那教将宇宙现象分为六个主要实体，即命我（灵魂）、法、非法、虚空、补特伽罗、

---

[1]《大正藏》第30册，第1页。
[2]《大正藏》第31册，第6页。

时间，[1]这些成分在此教看来都是实在的，在这之中，命我有多种。耆那教追求命我的解脱，而解脱的命我也没有被说成是唯一的，这和婆罗门教主流哲学中的唯一实在的实体"梵"是不同的。此外，法、非法、虚空、补特伽罗、时间在耆那教中也没有被说成是虚假的或"空"的，这和吠檀多派中的"不二论"以及大乘佛教在这方面的理论也是不同的。因此，可以说，在此教中不存在唯一实在的"一"，各种事物或现象的"多"一般都被承认，通常都具有实在性。但耆那教同时认为物质世界或轮回世界是痛苦的，追求摆脱物质的束缚，因而此教对"多"的不同成分的肯定程度有一定差别。

顺世论是古印度哲学派别中较特殊的一个派别，它认为世界的根本实体是四种物质元素，即"四大"（地、水、火、风）。记述此派主要理论的《摄一切悉檀》第1节中说："根据顺世论者的观点，唯有四元素——地、水、火、风是最终的本原，不存在其他的可作为本原之物。"[2]此派否定各种当时流行的宗教理论，认为根本不存在超自然的实体，没有造世主，也不存在唯一实在的最高神，而世间事物的一切都是自然而有的。《摄一切悉檀》第5节中记述顺世论的这方面看法时说："谁装饰孔雀？谁使布谷鸟唱歌？这里除了自然而外，不存在其他的原因。"[3]另一部较多记述顺世论思想的文献《摄一切见论》说："除了荆棘等纯粹世俗的原因造成的世俗的痛苦之外，没有其他世界的地狱，最高神只是人们看到的世间公认的帝王。"[4]顺世论实际否定了婆罗门教主流观念中的最高实体或主宰者唯一不二的思想，认为实在的东西是"四大"这类物质本原。因此，在此派中，不承认作为最高实体的"一"，而是承认作为物质基本元素的四大的"多"。

---

[1]《谛义证得经》第5节1—4。Radhakrishnan and Moore, *A Source Book in Indian Philosophy*, p.255.
[2] Ibid., p.234.
[3] Ibid., p.235.
[4] Ibid., p.230.

二、古希腊的"一多"观念

古希腊哲学是世界哲学的重要发源地,这一地区的哲人提出了人类最早的一些抽象的哲学概念,最早论述了一些基本哲学理论,"一多"问题是古希腊哲学所涉及的重要哲学观念。古希腊较早论及"一多"问题的是毕达哥拉斯,他是这一地区著名的数学家,也是著名的哲学家,他的理论对于古代希腊和古代西方及近代西方的哲学发展都有重要影响。他创立的毕达哥拉斯派较早开展了数学研究,他也是较早将数学和哲学联系起来论述的哲人。

根据亚里士多德的《形而上学》的记述:"毕达哥拉斯派曾经从事数学的研究……认为数学的本原就是万物的本原……数目本身则先于自然中的一切其他事物,所以他们从这一切进行推论,认为数目的元素就是万物的元素,认为整个的天是一个和谐,一个数目……一这个数目他们认为是由这两个元素合成的(因为它既是奇数又是偶数),并且由一这个数目产生出其他一切数目,整个的天只不过是一些数目。"[1] 这些记述表明,毕达哥拉斯学派将数字作为事物的本原,注意到"一"这个数目产生其他数目,并与万物的生成有关。

毕达哥拉斯派认为,"一"为事物的本原,而作为"多"的世间事物来源于这"一"。从"一"这根本因中产生各种数目,从数目顺序产生点、线、面、体,并逐步产生四种物质元素,由物质元素产生大地和人。这样,世界之"多"就是由单一的数"一"所产生的,"多"即为世间各种现象。"一"在毕达哥拉斯派哲学中即为世界的本原。

古希腊的原子论者也有"一多"观念。如德谟克利特就认为:"一切事物的本原是原子和虚空……原子在大小和数量上都是无限的,它们在宇宙中处于涡旋运动之中,因此形成各种复合物:火、水、气、土。这些东

---

[1]《西方哲学原著选读》上卷,第18—19页。

西其实是某些原子集合而成的。"[1] 原子论者在这里实际上认同"多"的存在，因为原子是无限多的，事物是由众多原子的复合物组成的。德谟克利特并不认为世界是由单一的最高本原产生的。

在原子论者生存的年代，希腊也有主张"一"为根本的哲人。如辛普里丘在《亚里士多德〈物理学〉注》中记述说："留基波是爱利亚人或米利都人，在哲学上与巴门尼德有联系。可是他解释事物的路数与巴门尼德和克塞诺芬尼不一样，而是显然完全相反。他们俩认为一切是一，是不动的、有限的，不是产生出来的，甚至于不允许我们研究不存在者；他却假定无数个永远运动的元素，即原子。而且他认为原子的形状无限多。"[2] 这段材料表明，巴门尼德和克塞诺芬尼认为一切是"一"，而留基波则认为构成事物的原子无限"多"。可见，在原子论者和一些古希腊哲人间，对"一多"问题存在着不同的观念。

柏拉图是古希腊的大哲学家，他论及"一多"问题的言论也不少。例如，他在《国家篇》中说："既然美是丑的反面，所以它们是二……既然它们是二，所以每一个就是一……对于正义和不义、善和恶以及其他理念来说，情形也是一样。也同样可以说，就其本身来说，每一个是一。但是，由于它们和各种行动、各种物体相结合，又彼此相互结合，它们就出现在各处，所以每一个又表现为多。"[3] 这里柏拉图论述了"一"与"多"的辩证关系，它们既不同，又关联，是两个密不可分的概念。

柏拉图对"一多"问题的主张还体现在其著名的理念论上。柏拉图认为："对象不是感性事物，而是另外一类东西，任何感官对象都不能有一个普遍的定义，因为它们都是变化无常的……这另外一类的东西称为理念，认为感性事物都是按理念来命名的，因理念而得名的，因为众多的事物之所以存在，是靠'分有'与它们同名的理念。"[4] 这样，具体的事物不是第一性的，而与之相应的理念则是根本的。但在他的理念论中，理念

---

[1]《西方哲学原著选读》上卷，第47页。
[2] 同上书，第46—47页。
[3] 同上书，第83页。
[4] 同上书，第72页。

不是只有一种，而是有许多种，理念的多导致事物的多，因为理念是第一性的。因此，柏拉图的理念论强调的不是"一"，而是"多"。

柏拉图在其理论体系中也纳入了神的概念，如柏拉图接受了蒂迈欧的观点，认为世界既然是可感的，就不能是永恒的，而一定是被神所创造出来的。神既然是善的，他就按照永恒的模型来创造世界。神愿望一切事物都应该是尽可能地好，而没有坏。神从无秩序中造出秩序。[1] 但这种神的概念并没有与其理念论的概念有机地结合起来，这很可能是柏拉图在自然界观察到一些现象无法解释时，就请出了神的概念。但他并未确切地将神视为唯一真实或最大的理念，这种神的概念实际上游离于他的理念论之外。如果这样来说的话，柏拉图强调的是"多"，而非最高的"一"，他的理念论实际是一个多元实在论。

古希腊的伊壁鸠鲁的原子论与德谟克利特等的原子论不完全一样，但在"一多"问题上与德谟克利特等的观念类似。《著名哲学家的生平和学说》中记述伊壁鸠鲁的思想时说："宇宙是无限的。因为有限的东西总有一个边界，而边界是靠比较才显示出来的。宇宙既然没有边界，也就没有止境，既然没有止境，也就必然是无限的，不是有限的。说宇宙无限，是从两个方面说的，一是它所包含的形体无限多，一是它所包含的虚空无限广。"[2] 这种描述表现出来的是伊壁鸠鲁原子论对无限"多"的认同，而未论及最高或真实的"一"。

论及"一多"问题较多的还有新柏拉图派，此派的代表人物是普罗提诺。他是埃及人，但受希腊柏拉图的思想影响较大，并对其有重要发展。在"一多"问题上，他的论述也不少，这在其主要著作《九章集》中有具体论述。

普罗提诺在《九章集》中说："一切存在的东西，包括第一性的存在，以及以任何方式被说成存在的任何东西，其所以存在，都是靠它的统一。因为，一件东西如果不是一件东西，它会是什么呢？把它的统一去

---

[1] 罗素：《西方哲学史》上卷，第189—190页。
[2] 《西方哲学原著选读》上卷，第161页。

掉，它就不再是我们所说的那个东西了……复合的有体积的物体中间如果没有统一，就不能存在。如果把它们分割开，它们既然失去了统一，也就改变了它们的存在。同样情形，植物和动物的形体都各自是一个单位，如果把它们打碎了，它们就从一变成了多，就破坏了它们所具有的本质，就不再是原来的东西，而变成别的东西了。"[1] 普罗提诺在这里也解释了"一"与"多"的关系，强调了二者的统一和密不可分的联系。

普罗提诺对"一多"问题的见解还表现在其关于"太一"的论述中。他在《九章集》中说："个别事物的统一与存在是否同一，一般存在是否与'太一'同一……一般的存在因为包括着一切实在的存在，所以它的本性也是多，与统一不同，它是'分有'着统一的。实在的存在既有生命，又有心智，因为它并不是无生命的尸体。因此它是多。如果心智是实在的存在，它就必须是多，如果它包含着观念，它就更是多。因为观念并不是一，而是许多东西，观念的总和是如此，每一个个别的观念也是如此。说观念是一，与说宇宙是一意义是相同的。一般来说，统一也是基本的，第一性的，可是心智、观念和实在的存在却不是第一性的。每一个观念都由许多部分构成，是组合的，是一种后果，因为组成一件事物的东西是先于这个事物的。"[2] 普罗提诺在这里说的"统一"实际就是一种柏拉图的"理念"，而"心智、观念和实在的存在"或人及个别事物实际上就是"分有""统一"理念的具体事物。因而，在普罗提诺这里作为"一"的统一或理念是基本的和第一性的，而作为"多"的个别事物则是非第一性的，而是分有统一或理念的产物。

普罗提诺把这种统一或第一性的东西与"太一"联系在一起。《九章集》说："'太一'是一切事物，而不是万物中的一物。因为一切事物的来源是它本身，而不是它们自己；万物有其来源，因为它们都可以回溯到它们的源头去。说万物在原始的时候并不像现今的事物那样存在，而像未来的事物那样存在，也许要好一点。既然'太一'是单纯的，它的自我同一

---

[1]《西方哲学原著选读》上卷，第210—211页。
[2] 同上书，第211—212页。

性中并不表现任何变化和二元,那么,万物怎样能从'太一'中产生出来呢?我回答说,理由正如万物中没有一件曾在'太一'中,一切都从'太一'中派生出来一样。再者,为了使万物能够是实在的存在物,'太一'便不是一个存在,而是各种存在的父亲。"[1] 普罗提诺的这个"太一"显然是一个最高的理念,因为万物不是它,但却分有它,以它为根本。

普罗提诺在继承发展柏拉图的理念论时,也进一步突出了神的观念。他在《九章集》中说:"灵魂很自然地对神有一种爱,以一个处女对她的高贵的父亲的那种爱要求与神结合为一体……我们一定要赶快脱离这个世界上的事事物物,痛恨把我们缚在这些事物上的锁链,最后以我们的整个灵魂拥抱爱的对象,不让我们有一部分不与神接触……我们把自己就看成这个样子,不,就看成神自身。使我们燃烧起来的就是神。"[2] 这样,普罗提诺在继承柏拉图思想时,突出了一个最高的理念"太一",同时将神的观念引入其思想体系。在他的"一多"观念中,"太一"和神具有极高的地位,这影响了后来欧洲的哲学和神学的发展。

三、比较分析

"一多"观念在古印度和古希腊的哲学中都占有重要地位,两地的哲人在构建其理论体系时往往都阐述了这方面的思想,这一思想与有关哲人或派别的基本哲学理念紧密相关。在以上的论述中,我们可以看到两地在这方面的思想上有相近处,也有差别点。

两地"一多"观念的相近处主要表现在:

第一,两地的哲人都认为"一"与"多"的关系十分紧密,常把二者联系起来讨论。如古希腊的柏拉图就认为一又表现为多,将二者联系起来;古印度佛教华严思想中也有认为"一多相即"的思想。两地在这方面

---

[1]《西方哲学原著选读》上卷,第215页。
[2] 同上书,第217—218页。

的事例还有不少。

第二，两地的哲人中都有将"一"视为世界或事物根源的思想。如古印度"吠陀"中提出的"太一"思想和"奥义书"及吠檀多派提出的梵一元论思想；古希腊哲学中的毕达哥拉斯派认为万物的本原是一，从一生出二等事物的思想。两地在这方面的思想是接近的。

第三，两地的哲人中都有多元实在论思想。如古印度胜论派的句义论和数论派的二元论，古希腊德谟克利特的原子多元论等，都是认可"多"的理论。

两地的"一多"观念的差别主要表现在：

第一，古印度的"一多"观念与宗教派别的思想联系较多，如"奥义书"和吠檀多派中的"一多"观念实际主要是婆罗门教的思想，《华严经》等中的"一多"观念自然是佛教的思想；古希腊的"一多"观念虽然也有与宗教思想关联的情况，但相对而言，与宗教的联系少一些，或松散一些。古希腊的部分论述也涉及神，但这方面的论述较少，通常是在解释一些无法说明的现象时将问题推到神那里；而古印度论及这一问题时，绝大多数都与宗教的思想体系相关联，而且与相关的宗教思想紧密联系在一起。

第二，古印度哲学中较突出且主流的一个思想是"一"为真实，而"多"为虚妄。如"奥义书"的主流思想是"梵我同一"，实际存在的唯有梵；吠檀多派的不二一元论思想就认为只有梵是真实的，而独立于梵的事物则是虚妄的。而古希腊则没有这方面的思想或者不明确。古希腊哲学中有强调事物本原的思想，但一般不把世间事物都看成虚妄不实的，即便有这方面的论述，一般也不受重视或没有强调。

第三，古希腊的"一"生万物的思想中的各个环节紧密相连，而古印度的"一"生万物的思想中说的"生"往往是虚假之生，没有实在的"生"的步骤，没有古希腊说生时的种种实在的"生"的步骤。如古希腊的毕达哥拉斯派所认为的万物的本原是一，从一生出二等事物的观念。这种生的观念是实在的。而古印度主流哲学中的"一"生万物的思想则一般为虚假之生，无论是婆罗门教的主流观念，还是佛教的主流观念，都否定真正的生，而强调"不生"。二者在这方面的论述是不一样的。

  古印度和古希腊这两大文明古国的哲学思想的形成和发展极大地推动了人类精神文明的进步。而"一多"观念的提出则是人类哲学思想深入发展的重要标志，是人类思维从简单到复杂，从具体到抽象的重要转变。梳理和分析人类哲学的这种重要发展历程，对于我们继承以往人类的优秀文化遗产，吸收借鉴古代的宝贵思想财富，服务于现在，放眼于未来，有着积极的意义。

第七章　古印度和古希腊的灵魂观念

灵魂观念是许多国家和地区都存在的观念，而且是大多数宗教讨论的重点。古代印度和希腊是世界文明的两大发源地，其在这方面的思想和理论极为丰富。此类观念反映出人类对自身和世界认识探讨的深入，是宗教文化研究的重大课题。本章对两地灵魂观念的形成和发展进行简要梳理和比较分析。

一、古印度的灵魂观念

古印度较早的有关灵魂的记述在吠陀文献中就能见到。在"吠陀"之后的"奥义书"中，灵魂观念成为哲人们讨论的一个重点。"奥义书"之后形成的古印度各主要宗教哲学派别中，灵魂问题也是各派关注的一个理论焦点。各派在灵魂问题上的主张往往展现出其基本理论倾向，是古印度不同宗教哲学派别理论交锋的一个主要内容。

吠陀时期大致在公元前1500—前800年。在这一时间范围内，古印度陆续出现了一大批吠陀赞歌，这些赞歌最初的形态是口头的，后人将其整理成书面文本。在吠陀赞歌中，灵魂观念有最初的展露。

从一些较早的吠陀赞歌中,我们已能看到当时的人们在思考人死后的问题。一些《梨俱吠陀》的内容谈到了人死后要去的地方,提到"阎摩"(Yama),认为阎摩是人们死后将去的地方的主宰者,还提到最高之天,认为做好事之回报是升到这最高天上,如《梨俱吠陀》说:"离开!离开!沿着那古昔之道,我们的祖先在那里逝去。在那里,你将见到奠酒中伐楼那神和阎摩的欢乐……你与祖先聚合,与阎摩聚合,在最高天上得到善行的回报。回家时,所有的不完善离去,与你的身体结合,充满了活力。"[1] 吠陀时期的人们经常看到人死去时的情景,他们中不少人相信,人可以永远存在,认为人的死亡只是离开出生后生存了一段时间的世界,还存在着另外的世界,即人死后将去的世界。他们看到人死后身体的毁坏,因而认为死后去另外世界的人应是不同于人身体的东西。"吠陀"中对这种东西的想象和描述讲得不多,有的吠陀赞歌提到"末那"在人死后可到达"阎摩境内",[2] 但这"末那"是否就是灵魂,原文并未明确论述。印度后世讲的"末那"并不是灵魂,而是有另外的含义(如婆罗门教哲学说的内部器官"意",佛教瑜伽行派说的八识中的第六识和第七识,都与"末那"一词直接相关)。后世灵魂一词通常是"阿特曼",并不是"末那"。应该说,吠陀时期的赞歌对轮回主体的讨论并不多,对轮回境界的描述,也远没有后来印度宗教中那么复杂丰富。但在"吠陀"中,"末那"一词实际更接近灵魂的含义,因为"末那"在人死后可到达"阎摩境内",或者,可以说吠陀时期诗人们的灵魂概念是模糊的。当时的人们思考了人死后的问题,甚至思考了人死后的轮转存活形态问题,但没有明确提出清晰的灵魂概念。

印度哲学思想大量涌现是在奥义书时期。"奥义书"也是一批时间跨度很长的文献,较早的"奥义书"大约在公元前800年形成,而晚的"奥义书"是在佛教产生后出现的。"奥义书"的早期形态也是口头创作的,后人将其整理成书面文字。在"奥义书"中,灵魂观念得到很大重

---

[1] Macdonell, *A Vedic Reader*, p.170.
[2] 提出"末那"概念的这首赞歌是吠陀中的"意神赞"(《梨俱吠陀》第10节58.1—12),参见巫白慧:《印度哲学:吠陀经探义和奥义书解析》,东方出版社,2000年,第72—73页。

视，成为哲人们讨论的一个中心。

"奥义书"中提出了两个重要的哲学概念。一个是"梵"（Brahman），另一个是"我"（Ātman，音译"阿特曼"）。

"梵"有时也被称为"大我"，一般用作宇宙的本体，一切事物的根本。如《歌者奥义书》第3节14.1说："这整个世界都是梵。"[1]《白骡奥义书》第3节7说："高于这世界的是梵。"[2]

"我"一般被作为小我，通常认为是轮回的主体，或生命现象中的主体。小我实际上就是灵魂。《广林奥义书》第3节7.23说："他不被看却是看者，不被听却是听者，不被认知却是认知者，不被领悟却是领悟者。除他之外没有看者，除他之外没有听者，除他之外没有认知者，除他之外没有领悟者。他就是你的自我（阿特曼），是内部的控制者。"[3]《歌者奥义书》第7节26.1说："气息产生于阿特曼，希望产生于阿特曼，记忆产生于阿特曼。"[4]

奥义书哲人认为，这灵魂或小我在实质上就是梵或大我，因为梵是一切的本体，这一切自然也包括人等生命形态，因此，在"奥义书"中"梵"和"我"两词经常混用。《歌者奥义书》第7节26.1还说："空间产生于阿特曼，火产生于阿特曼，水产生于阿特曼，出现与消失产生于阿特曼，食物产生于阿特曼，力量产生于阿特曼，理解产生于阿特曼，冥定产生于阿特曼，心思产生于阿特曼，决定产生于阿特曼，意产生于阿特曼，言语产生于阿特曼，名称产生于阿特曼，曼陀罗产生于阿特曼，羯磨产生于阿特曼。确实，一切都产生于阿特曼。"[5] 这里列举的事物有一般的水、火、食物等，也有生命现象，因而小我或灵魂在本质上就是梵。"奥义书"的主流思想主张"梵我同一"，即认为事物的本体和灵魂是一个东西，《蛙氏奥义书》第2节说："一切确是此梵，此阿特曼（即）是梵。"[6]

---

[1] Radhakrishnan, *The Principal Upanisads*, p.391.
[2] Ibid., p.727.
[3] Ibid., pp.229-230.
[4] Ibid., pp.488-489.
[5] Ibid.
[6] Ibid., p.695.

奥义书哲人追求人的解脱，认为苦的产生与人的无知有关，而人最大的无知就是不明了灵魂或小我就是梵。在这些哲人看来，正是由于人不能明了实在的唯有梵，而认为小我或灵魂有独立的真实性，因而导致人去追求自己灵魂的获得，这样就有种种追求自我（灵魂）利益的行为，而行为会产生业力，将形成轮回，处在轮回中的人是充满痛苦的。奥义书哲人认为，要彻底摆脱痛苦，跳出轮回，就要认识梵我同一，认识到在梵之外的灵魂我是没有实在性的，包括人灵魂在内的世间一切事物是没有差别的，也没有实在性。实在的唯有不二的梵。

《广林奥义书》第 4 节 4.19 说："仅以意来体悟那（梵），世上无异多。那看到似乎存在异多之人，将从死亡走向死亡。"[1] 这就是说，表现为多种多样的灵魂我实际上没有独立于梵的存在，它们间没有实在的差异，以为世上存在差异（各种灵魂的差异和事物的差异）的人将不断轮回于生死，只有认识到梵我同一才能摆脱痛苦，达到解脱境界。"奥义书"的这种灵魂观念对于后世印度宗教哲学有很大影响。

"奥义书"之后古印度出现了不少哲学派别，这主要分为两大类：一类是婆罗门教系统的哲学派别，称为正统派；另一类是非婆罗门教系统的哲学派别，称为非正统派。这两大系统中的哲学派别的灵魂观念也不尽相同。

吠檀多派是正统派中的主流派，也是古印度影响最大的派别，此派在灵魂观上继承和发展了奥义书的主要思想。吠檀多派中有不少分支，其中主要的分支为不二一元论。这一理论的较早代表乔荼波陀认为，作为宇宙本体的梵（大我）与作为生命主体的小我（灵魂）在本质上是同一的，二者的关系就如同瓶外的大虚空和瓶内的小虚空的关系一样，小虚空与大虚空的区别是由于有瓶子，若打破瓶子，大虚空和小虚空就没有差别了。与此类似，梵（大我）与小我（灵魂）的区别是由人的身体造成的，当人跳出轮回，不再有身体时，梵与我（灵魂）的区别也就不存在

---

[1] *The Principal Upanisads*, p.277.

了。[1] 认识到人的灵魂在本质上就是梵，就能不再有贪欲和相应行为，才可最终脱离痛苦，获得解脱。

正统六派哲学中的胜论派、正理派、弥曼差派的灵魂观念与吠檀多派不同。这三派一般不认为有一最高的梵或大我，而是认为存在真实的生命现象主体及轮回主体"阿特曼"（灵魂）。这种我（阿特曼）是实有的，而且数量很多，每个人或生命体有其自己的灵魂作为主体。这种主体虽然一般看不到，但可从身体上存在的生命现象推论其存在。如胜论派的根本经典《胜论经》第 3 节 2.4 说："呼气、吸气、闭眼、睁眼、有生命、意的活动、其他感官的作用、乐、苦、欲、瞋、勤勇是我（存在）的标志。"[2] 这段经文意为：我们虽然不能直接感知灵魂，但通过人身体上的这些可感的生命现象，可以推知灵魂的存在。这种生命主体的灵魂也是轮回和解脱的主体。正理派和弥曼差派大致也持这种灵魂观念。

数论派和瑜伽派有关灵魂的观点与上述四派的说法有一定差别。

数论派认为有两个实体，一个是物质性或阴性的"自性"，另一个是精神性或阳性的"神我"，两者在结合后由自性产生包括人生现象在内的各种事物。在数论派看来，人的精神现象与神我有很大关系，自性之所以能生成生命或精神作用与神我的作用是分不开的。但数论派中被赋予轮回主体或有生命作用的东西是"细身"，细身是由自性转变出来的一些成分合成的，[3] 它在人的轮回过程中实际起着一种灵魂的作用。人死时，肉体离去，但细身还要在轮回中轮转，在人达到解脱时，自性和神我独存，细身就不复存在了。瑜伽派虽然侧重研究瑜伽修行的内容，但在哲学理论上与数论派基本相同，对灵魂问题的看法，二者也一致。

耆那教是印度重要的宗教，此教中相当于灵魂的概念被称作"命我"（jīva）。耆那教认为，每个生命形态中都有命我，不仅人的生命形态中有命我，动物和山石草木中也有命我。命我可以区分为解脱的命我和处在轮

---

[1] 参考乔荼波陀：《圣教论》第 3 节 1—10，第 103—114 页。
[2] Gough, *The Vaiśeṣika Aphorisms of Kaṇāda*, p.108.
[3] 参考自在黑《数论颂》39—40 颂及《金七十论》中的相应注释。《大正藏》第 54 册，第 254 页。

回中的命我：轮回的命我受物质元素的束缚，处在生死轮转中，是不自由的；而解脱的命我则摆脱了物质束缚，是自由自在的。[1] 此教认为，命我若要获得解脱，就要按照耆那教的要求来修行，要苦行和学习耆那教的经典。耆那教的这种灵魂观念有些万物有灵论的倾向，但此教不认为有一个作为最高本体或最高主宰者的命我，这是它在灵魂观上与婆罗门教主流观念的不同之处。

顺世论是古印度一个特殊的派别，此派反对各种宗教观念，对灵魂也持否定的态度。顺世论认为，如果一定要给人的认识或意识找一个主体，那就只能是人的身体。记述此派观点的《摄一切悉檀》说："灵魂（阿特曼）不过就是身体，它由以下一些短语表明的特性所描绘：'我胖''我年轻''我长大了''我老了'等。它不是什么不同于那（身体）的东西。"[2] 另一部记述顺世论思想的文献《摄一切见论》说："在此派中，地等四元素是本原，仅仅当这些（元素）构成身体时，意识才从它们中产生。这就如同使人醉的力量是从某些（制酒）配料的混合中发展出来的一样。当那些（构成身体的元素）解体时，意识也立即消失……灵魂不过是通过意识属性而区分出来的身体，因为没有什么可证明存在着不同于身体的自我（灵魂）。"[3] 顺世论这种否定灵魂存在的主张是与其各种反宗教的理论相呼应的。

佛教是印度的重要宗教，此教虽然讲来世，讲轮回，但却反对有实在的生命主体或轮回解脱的主体。佛教在产生时提出的基础理论之一就是"无我"，如《杂阿含经》卷第十说："一切行无常，一切法无我。"[4] 这里说的"我"即灵魂（Ātman），亦音译"阿特曼"。"一切行无常"就是认为在迁流变化的事物中没有永恒存在的东西，"一切法无我"就是认为一切事物中都没有一个作为主体的灵魂我。这我可以指宇宙的最高本体，也可以指人生命现象中的主体。

---

[1] Radhakrishnan and Moore, *A Source Book in Indian Philosophy*, p.254.
[2] Ibid., p.235.
[3] Ibid., p.230.
[4]《大正藏》第 2 册，第 66 页。

佛教否定灵魂我的存在、强调"无我"是与其反对婆罗门教的主流思想直接相关的。婆罗门教在古印度主要代表了婆罗门祭司阶层的利益和观念，认为社会中婆罗门种姓阶层是主导阶层，其他三个种姓（刹帝利、吠舍、首陀罗）要服从婆罗门种姓阶层的意志和利益。与此相应，婆罗门教哲学家认为，宇宙中有一个最高本体——梵；人的生命现象中有一个主导实体（灵魂我），而这两者又是一致的。早期创立的佛教主要代表了社会中非婆罗门种姓阶层的利益，它反对种姓制的不平等，否定社会中应有最高等级，否定生命现象中有灵魂我，主张一定程度的社会平等观念。但佛教也主张轮回解脱，而主张轮回解脱在逻辑上就应有一个主体，然而无我论又否定有这样的主体，因此，早期佛教的理论体系实际存在一些论证上的矛盾。这种矛盾当时并未特别突出，而到了部派佛教时期，许多佛教徒意识到了这种矛盾，并试图加以解决。

不少佛教部派找出一些变相的"我"（灵魂）。如犊子部提出一种"补特伽罗"（古代意译"数取趣"，指一次又一次地在生命中轮转的东西）。《异部宗轮论》记述说："其犊子部本宗同义，谓补特伽罗非即蕴离蕴，依蕴处界假施设名。诸行有暂住，亦有刹那灭。诸法若离补特伽罗，无从前世转至后世。依补特伽罗可说有移转。"[1] 这里说的"非即蕴离蕴"就是说补特伽罗不是五蕴，又离不开五蕴，但能起轮回主体的作用。

《异部宗轮论》提到"说一切有部"认为"定无少法能从前世转至后世，但有世俗补特伽罗，说有转移"[2]。这里把补特伽罗看作世俗的东西，这样虽然找了一个轮回主体，但实际并不真的认为有一个轮转的东西，这就既能坚持原始佛教的无我论原则，又能解释轮回主体问题。不少部派实际上就是既要坚持无我论，又不抛弃轮回说，因而在灵魂观问题上提出一些变相的我的概念。

大乘佛教的一些经中提及了"我"的概念。如《大般涅槃经》卷第二十三说："二乘所得非大涅槃，何以故？无常乐我净故。常乐我净乃得

---

[1]《大正藏》第2册，第66页。
[2]《大正藏》第49册，第16页。

名为大涅槃也。"[1] 但这里说的"我"并不是指灵魂我,而是指佛性。这在该经中是有说明的,如《大般涅槃经》卷第七说:"我者,即是如来藏义,一切众生悉有佛性,即是我义。"[2]

大乘佛教也有不直接讲我却论述轮回主体的,这主要是将早期佛教提出的"十二因缘"里的"识"作为轮回主体。如《中论》卷第四在论及"十二因缘"时说:"众生痴所覆,为后起三行。以起是行故,随行堕六趣。以诸行因缘,识受六道身。以有识着故,增长于名色。名色增长故,因而生六入。情尘识和合,而生于六触。因六触故,即生于三受。以因三受故,而生于渴爱。因爱有四取,因取故有有。若取者不取,则解脱无有。"[3] 在这里,"识"可以"受六道身",因而,这"识"被作为轮回主体。但《中论》在解说十二因缘时,还是将其说成没有自性的,是空的,因而这本性空的十二因缘中的"识"也是空的。因此,大乘佛教虽然在讲轮回时也谈论主体,但毕竟和婆罗门教中说的实有的"阿特曼"不一样。

大乘佛教中的瑜伽行派在讲述轮回时也提及一些概念,如阿陀那识、阿赖耶识等,其中某些形态的"识"也起轮回主体的作用,与灵魂我相关。但瑜伽行派最终把"唯识"的理论作为一种方便说法,要弘扬的根本理论是性空之说。如《成唯识论》说:"为遣妄执心、心所外实有境故,说唯有识。若执唯识真实有者,如执外境,亦是法执。"[4] 因而,瑜伽行派中能起轮回主体作用的相关概念也是空的,这与中观派没有本质差别。因为佛教说到底是释迦牟尼创立的,要遵循他制定的一些基本原则,实在的灵魂概念最终是要被否定的。

---

[1]《大正藏》第12册,第502页。
[2] 同上书,第407页。
[3]《大正藏》第30册,第36页。
[4]《大正藏》第31册,第6页。

二、古希腊的灵魂观念

古希腊哲人很早就有灵魂的观念，如阿那克西美尼就认为"我们的灵魂是气，这气使我们结成整体，整个世界也是一样，由气息和气包围着"[1]。

阿那克西美尼在这里将观察到的人的气息视为灵魂，这是希腊人较早的一种对灵魂的解释。

毕达哥拉斯创立的学派也论及了灵魂。此派认为："数学的本原就是万物的本原。由于在这些本原中数目是最基本的，而他们又认为自己在数目中间发现了许多特点，与存在物以及自然过程中所产生的事物有相似之处，比在火、土或水中找到的更多，所以他们认为数目的某一种特性是正义，另一种是灵魂和理性，另一种是机会，其他一切也无不如此。"[2] 此派在这里将灵魂与数目的特性联系在一起，这恐怕只在数学家那里才出现这种情况。

希腊著名的辩证法论述者赫拉克利特认为："道虽然万古长存，可是人们在听到它之前，以及刚刚听到它的时候，却对它理解不了。一切都遵循着这个道……道为灵魂所固有，是增长着的。"[3] 这里说的灵魂就有了一些思想或意识主体的含义，因为这灵魂可以承载着道。赫拉克利特还说："一个人如果喝醉了酒，那就被一个未成年的儿童领着走。他步履蹒跚，不知道自己往哪里走；因为他的灵魂潮湿了。干燥的光辉是最智慧、最高贵的灵魂。"[4] 这里的灵魂是心智的载体，也是人生命现象中的主体。此段话表明一个思想不受外部不良事物影响的灵魂是高贵的灵魂。

德谟克利特在论述其理论时也提及灵魂。《著名哲学家的生平和学

---

[1]《西方哲学原著选读》上卷，第18页。
[2] 同上书，第18—19页。
[3] 同上书，第22—23页。
[4] 同上书，第25页。

说》论及德谟克利特时认为:"原子由于坚固,是既不能毁坏也不能改变的。太阳和月亮同样是由光滑的圆形原子构成的,灵魂也由这种原子构成;灵魂就是心……一切都遵照必然性而产生;涡旋运动既然是一切事物形成的原因,也就是他所说的必然性。人生的目的在于灵魂的愉快,这与快乐完全不同,人们由于误解把二者混同了。在这种愉快中,灵魂平静地、安泰地生活着,不为任何恐惧、迷信或其他情感所苦恼。"[1] 德谟克利特在这里用原子来解释灵魂的构成,并论及了灵魂的目的等。这种解释将灵魂的存在与原子联系在一起,实际强调的是原子这种物质元素的基础性。

亚里士多德的《论灵魂》也记述了德谟克利特的原子论:"有些人说,引起运动的东西主要是、首先是灵魂;他们相信本身不动的东西是不能引起别的东西运动的,所以把灵魂看成一种运动的东西。因此德谟克里特说灵魂是一种火或热的东西。原子的形状同原子本身一样是无限多的,他就把那些球形的原子称为火和灵魂,并且把它们比作空气中的尘埃,在窗口射进的阳光中可以看见它们浮动着;他在种子的混合体中发现了整个自然的元素。留基波也是这样看的。他们主张球形的原子构成灵魂,是因为这种形状的原子最适于穿过一切事物,自己运动着,同时使其他的一切运动。他们认为灵魂就是动物身上产生运动的东西。因此,他们把呼吸看成生命的标志。"[2] 德谟克利特等认为人的生命活动以灵魂为主体,又将灵魂的构成与原子相关联,这种做法是古代的一种较为积极的哲学解释。

亚里士多德对德谟克利特的灵魂观还有进一步的解说,他在《论灵魂》中写道:"德谟克里特说,灵魂和心是一回事。它是原始的、不可分的物体。由于它的精细和它的形状,它有产生运动的能力。最能运动的形状是球形,这就是心和火的形状。"[3] 德谟克利特的这种观点分析了事物运动与原子形状的关系,认为球形的原子是灵魂的形状,这种形状最适于

---

[1]《西方哲学原著选读》上卷,第47页。
[2] 同上书,第51—52页。
[3] 同上书,第52页。

灵魂运动，这是古代人类对事物运动的一种解释。

德谟克利特还谈到灵魂的状态与人的行为之间的关系。他说："追求对灵魂好的东西，是追求神圣的东西；追求对肉体好的东西，是追求凡俗的东西……医学治好身体的毛病，哲学解除灵魂的烦恼……人们通过享乐的节制和生活的协调，才得到灵魂的安宁。缺乏和过度惯于变换位置，引起灵魂的大骚动。摇摆于这两个极端之间的灵魂是既不稳定又不安宁的。因此应当把心思放在能够办到的事情上，满足于自己可以支配的东西。不要光看着那些被嫉妒、被羡慕的人，思想上跟着那些人跑。倒是应该把眼光放到生活贫困的人身上，想想他们的痛苦，这样，就会感到自己的现状很不错、很值得羡慕了，就不会老是贪心不足，给自己的灵魂造成苦恼了。"[1] 德谟克利特在这里讲的灵魂仍是主宰人心智和情绪的载体，强调人应该节制少欲，去除贪婪，这样才能使灵魂安宁。

柏拉图也有关于灵魂的理论。在《斐多篇》中，柏拉图说："如果我们的灵魂不是在投生为人以前已经在某处存在过，这回忆就是不可能的。所以根据这个论证，也可以看出灵魂是不死的？"[2]

柏拉图的灵魂观念与其理念论是紧密相关的。在《斐多篇》中，柏拉图还说："我们出世以前就获得了这种知识，并且带着它生下来，那我们在出世以前和在出世的时刻就不仅知道'一样'、'大些'、'小些'，而且知道一切'本身'。是不是？因为我们这个论证既适用于'一样'，也同样适用于'美'、'善'、'公正'、'神圣'，总之，适用于我们在问答辩证过程中标上'本身'印记的一切；所以我们必定是在出世以前已经获得了关于这一切的知识。"[3] 这里说的"本身"，实际就是指理念，灵魂回忆的东西就是理念或事物"本身"。《斐多篇》对此更进一步论述道："'美'、'善'以及这一类的其他实体是存在的，如果我们发现这类实体早就存在，现在又在我们心里，就把我们的一切感觉都归到这类实体上，并且与这类实体作比较，那是不是必然要推论出：既然这些实体存在，我们灵魂

---

[1]《西方哲学原著选读》上卷，第52—53页。
[2] 同上书，第76页。
[3] 同上书，第80页。

就在我们出世以前存在过；如果这些实体不存在，我们的论证就无效了？岂不正是这样吗？如果这些实体存在，我们的灵魂就也在我们出世前存在；如果这些实体不存在，我们的灵魂就也不存在。"[1]

从柏拉图的这类叙述中，我们可以知道，柏拉图的认识主体是灵魂，而认识的客体则是理念，即他说的事物"本身"或"实体"，而单个事物则是人对理念回忆或"分有"的产物。

关于"分有"，柏拉图在《斐多篇》中说："假定有那样一些东西，象美本身、善本身、大本身之类。要是你承认这一点，同意有这些东西存在，我相信我就能给你说明'原因'是什么，就能向你证明灵魂是不死的……如果在美本身以外还有其他美的东西，这东西之所以美，就只能是因为它分有了美本身。其他的东西也是一样。"[2]

柏拉图认为并不是每个人的灵魂都能回忆事物的本体。他在《斐德罗篇》中说："并非所有的灵魂都能轻而易举地从尘世的事物回忆到本体，那些只是匆匆瞥见过本体的灵魂办不到，那些入世以后不幸沾染了尘世的不义、忘掉自己一度见过的神圣景象的灵魂尤其办不到。所以，仍能保持适当回忆的只有少数。"[3] 这样来看，柏拉图实际将能否很好地回忆"本体"或分有"理念"视为判定人能否摆脱尘世染污的一个标准，也就是说，灵魂和灵魂之间是有差别的。

亚里士多德有专门研究灵魂观念的著作《论灵魂》。在《论灵魂》中他说："现在我们谈谈灵魂用来认识和思维的那个部分……思维如果象知觉一样，那就必定要末是一个接受可思维的对象影响的过程，要末是一个与知觉不同然而类似的过程。所以，灵魂的这个思维部分虽然不能感知，却必定能够接纳一个对象的形式，就是说，它虽然不是对象，在性质上却必定潜在地与对象一致。心灵与可思维的对象的关系，必定如感官与可感觉的东西的关系一样……灵魂中被称为心灵的那个部分（心灵就是灵魂用来进行思维和判断的东西），在尚未思维的时候，实际上是没有任何

---

[1]《西方哲学原著选读》上卷，第82页。
[2] 同上书，第73页。
[3] 同上书，第75页。

东西的。由于这个缘故，把它看成与身体混在一起是不合理的；因为如果是这样，那它就会获得某种性质。例如暖或冷，甚至会象感觉机能一样有一个自己的器官；但是事实上它并没有。把灵魂称为'形式的所在地'，是很好的想法；不过（1）这个说法只适用于思维的灵魂；（2）即使思维的灵魂，它之为形式，也只是潜在的，并不是现实的。""心灵本身是可思维的，跟它的对象完全一样。因为（1）在不涉及质料的东西方面，思维者和被思维者是一样的；因为思辨的知识和它的对象是一样的……（2）在那些包含质料的东西方面，每一个思维对象都只是潜在地存在着。因此它们虽然不包含心灵（因为说心灵是它们的一种潜在性，只是就它们能与质料分开而言），心灵还是可思维的。"[1]

从亚里士多德的这些论述中，我们可以看出，他理解的灵魂具有思维和判断功能，可以受思维对象的影响。灵魂本身是没有质料的，它和人的一般器官不同，它可以思维，也可以被思维。灵魂中被称为心灵的东西是直接用来思维和判断的部分，在没有思维的时候，它只是潜在的，不能被直接感知。

伊壁鸠鲁也论及了灵魂问题，他认为："灵魂是散布在整个构造中间的一团精细的微粒，很像混合着热的风，在某些方面像风，在另一些方面像热。还有一部分在组织的精微上甚至于比这两部分还远远高出许多倍，因此它更能够与整个构造的其他部分保持密切接触。所有这些部分，都由灵魂的活动和接触、灵魂运动的敏捷、灵魂的思想过程以及我们死亡时所失掉的东西而显示出来。此外，你还要理解到灵魂拥有感觉的主要原因，可是灵魂如果不是以某种方式为结构的其余部分所包住，它就不会得到感觉。而这个其余的部分又由于供给灵魂以这种感觉的原因，它自己也就从灵魂获得一份这种偶然的能力。可是它并没有得到灵魂所具有的全部能力，所以灵魂离开了身体，身体就不再有感觉。因为身体永远不是自身具有这种能力，只是常常对另一个存在物（灵魂）为这种能力提供机会……只要灵魂留在身体里，即使身体的某个其他部分失掉了，灵魂也不

---

[1]《西方哲学原著选读》上卷，第150—153页。

会没有感觉；可是，当包住灵魂的东西（致命的东西）或是全部或是部分离开时，灵魂的某些部分也就随之消灭了，而灵魂只要继续存在，就保有感觉。另一方面，结构的其余部分如果一旦失掉了，那合起来产生灵魂的本性的全部原子，不管多么小，虽然继续整个或部分地存在，也不会保有感觉……如果灵魂不在这个机体，而且不能引起这些运动，如果包围灵魂的不再是灵魂现在存在于其中并且在其中实现这些运动的环境时，是不可能想像灵魂有感觉的。"[1]

伊壁鸠鲁的这种灵魂观念与其原子论密切联系在一起。他说的灵魂是一种精细的微粒，而灵魂要发生作用就要与一些包住灵魂的东西相结合，这些东西都是由他所说的原子构成。只有灵魂或只有身体的某些其他部分都不能产生感觉。

伊壁鸠鲁这种与原子等物质颗粒相关联的灵魂观念在后来受到了西塞罗（前106—前43）等人的反对。西塞罗在《论神性》中说："我同意神灵存在，请告诉我神灵的起源、住处、形体本性和精神本性、以及生活方式吧……你像人们所说的那样，用原子构造和创造出地上出现的一切。可是首先就没有原子这种东西……假定我们承认神灵是原子造成的，神灵就不是永恒的了。"[2]

在《论老年》中，西塞罗说："上天之所以驱使灵魂入于肉体，正是要有人料理这个尘世，同时再以天上的风光贯彻到人生里来……灵魂既是如此迅急活泼的东西，能记忆过去，能推测未来，能通解艺术科学，能有如许之发明，既如此之广大无边，其本质一定是不死的了。灵魂既是永久活动，并且是自动，所以灵魂也永远没有终止，因为灵魂不会抛弃其本身。"[3] 西塞罗还说："我从来不相信那灵魂在躯壳里便是活的，离开躯壳便是死的；我也不相信灵魂离开那本不能思想的尸身便不能思想，我以为灵魂脱离肉体之后，便更纯粹光明，这才能说是有智慧。"[4]

---

[1]《西方哲学原著选读》上卷，第168—169页。
[2] 同上书，第185—186页。
[3] 同上书，第187页。
[4] 同上书，第188页。

在《论友谊》中，西塞罗说："灵魂离了躯壳便可以归到天府，如果灵魂是有美德而公正的，便可一直顺利地升天。这些主张是我确信的。"[1]

西塞罗的这种灵魂观念认为灵魂是永恒存在的，而且脱离了肉身之后便更加光明智慧，能直升天府，达到一个理想的状态。

三、比较分析

古印度和古希腊的灵魂观念是两地哲学史和宗教史的重要内容，这方面的观念都体现了人类早期对自身本质和基本功能的思考，都反映了古代两地哲人认识能力的发展水平。两地这方面的观念有不少相似处，也有一些不同点。

相似处主要表现在：

第一，两地的灵魂观都是古代人类对人死后状态探索的产物。古印度在吠陀时期就有人对人死后的问题进行思考，提出"末那"的概念，并设立了人死后所去的"阎魔境界"。古希腊的伊壁鸠鲁认为灵魂离开了身体就不再有感觉，这实际说的也是人死后的状态。

第二，两地的灵魂观都是人对自身的意识与精神活动主体思考的产物。古印度的许多派别都认为人之所以有意识或精神是因为有一个主导这些现象的主体"阿特曼"（灵魂），如胜论派、正理派等都持这种观念。古希腊的哲人赫拉克利特认为道为灵魂所固有，实际也是把灵魂看作思想观念的主体。

第三，两地的灵魂观都与相关哲人或哲学派别的主要哲学倾向或哲学观点直接相关。例如，古希腊一些哲人在论及灵魂问题时，认为灵魂是由某种物质微粒构成，这与他们主张的原子论直接相关。古印度佛教主张无我论、否定有实在的生命主体（灵魂）的理论与其否定婆罗门教等的最高主体主宰一切以及社会中有最高主宰阶层的核心理论有关。

---

[1]《西方哲学原著选读》上卷，第188页。

不同点主要表现在：

第一，古印度灵魂观的主流思想通常将灵魂等同于世界的最高本体，而古希腊哲人说的灵魂通常不与世界的最高本体相等同。如古印度的"奥义书"和吠檀多派的主流思想主张"梵我同一"及梵我的"不二一元论"思想，将所谓"小我"或灵魂等同于"梵"或"大我"这种事物的最高本体。古希腊的哲人中未见提出这种思想的哲人。

第二，古印度灵魂观中的灵魂一般都是轮回现象中的主体，轮回种类的理论极为丰富，而且灵魂主导行为的善恶与轮回中生命形态的好坏直接相关。古希腊的灵魂观中灵魂的主要作用是赋予肉身生命，轮回状态类别的理论较少，而且，灵魂行为的善恶与生命形态的好坏关系不如古印度联系得那样密切。

第三，古希腊哲人中的原子论者一般认为灵魂是由原子或类似微粒构成的，而古印度的灵魂观中一般认为灵魂是一种精神性的主体，未见有认为灵魂由物质性颗粒构成的思想。

古印度和古希腊哲人关于灵魂的观念是两地哲人对人类自身和世界本质的一种探索，显示了古代人类两大文明发达区域在思维发展方面所达到的高度，展现了古代人类对于自身形态和演化特性的认识水平。这些认识虽然和现代的科学思想有很大差距，但也是人类在文明发展过程中所必然要经历的阶段。梳理和分析这方面的思想，对于我们回顾人类文明的发展历史，提高理论思维水平，服务于现代的精神文明建设，有积极意义。

第八章　古印度和古希腊的善恶观念

善恶观念是古印度和古希腊哲人很早就开始探讨的问题，是世界伦理思想史的重要内容，对于人类思想的发展有着很大的影响。直至今天，现代人的思想中仍然保持着许多古人提出的善恶观念。本章对两地的此种观念进行比较分析。

一、古印度的善恶观念

古代印度的善恶观念是发展变化的，不同时期的善恶观念有其时代特征，不同流派或不同哲人的观点也有差别。

这方面思想最早出现在古印度圣典"吠陀"和"奥义书"中。

"吠陀"是现存最早的记述上古印度人的宗教历史文献，《梨俱吠陀》中的一些赞歌的内容就涉及当时人们的善恶观念。如《梨俱吠陀》第10节89.3在论及因陀罗时，说他"从来不会使朋友失望"[1]。该赞歌还祈求雷神因陀罗惩罚敌人，《梨俱吠陀》第10节89.9说："过着罪恶生活的敌

---

[1] Radhakrishnan and Moore, *A Source Book in Indian Philosophy*, p.6.

人不守信用。"[1]《梨俱吠陀》第10节89.12希望雷神之箭"像天上落下的火石一样穿透那些爱说谎之人"[2]。由此可知,在《梨俱吠陀》的某些作者看来,对人友善、守信、真诚是善;对人不友善、不守信、说假话则为恶。

吠陀赞歌中还提到"法"或"理法"(rta),这种概念也与当时人们的善恶观念有关。如《梨俱吠陀》第9节113.4说:"通过理法变得辉煌,表明理法,说真话,在你的劳作中真诚。"[3] 由此赞歌可以看出,在作者眼中,说真话和真诚为人所鼓励,被认为是善行。此处,真与善实际是联系在一起的。而所谓"法"或"理法"就是善的准则,人们做事以它为标准就是善,相反则是恶。

"奥义书"是吠陀后期出现的一些文献,这些文献与先前的《梨俱吠陀》等文献有明显不同。"吠陀"中主要是宗教及有关当时人们一般生活的赞歌,而"奥义书"中则进一步提出了较多的哲学思想,并论及了善恶问题。

如《歌者奥义书》第2节23.1说:"应祭祀、布施、追求神圣智慧和贞行,做到这些可以获得生命的长存。"[4] 此"奥义书"这里说的义务就是善行,若不尽这些义务自然是不善。

除了尽人一般义务的善之外,"奥义书"实际还对善分了不同层次。在一些"奥义书"看来,祭祀、友善、禁欲等,是初等的善行;而学习"梵我同一"的智慧,则是最高之善行,若达到此种境界,则将获得永生。永生也就是摆脱轮回,获得至善的解脱。

为什么这么说呢?在"奥义书"的主流哲学家看来,世界的最高本体是"梵"(大我),人生命现象中的主体是"我"(灵魂或小我),但这两个主体或本体实际是一个,没有独立于梵之外的东西。人们之所以有痛苦是因为以为自己的小我或灵魂是实在的,而区别于别人的小我。实际上这

---

[1] Radhakrishnan and Moore, *A Source Book in Indian Philosophy*, p.6.
[2] Ibid., p.7.
[3] Ibid., p.28.
[4] Radhakrishnan: *The Principal Upanisads*, pp.374-375.

种认识是虚假的，世间万有在本质上都是大我或梵，没有独立于梵之外的小我。当人认识不到"梵我同一"时，就会以为自己的小我实在，然后去追求自我的所谓利益，有种种贪欲，有种种行为，但有行为就会有业力，就会导致生死轮回，而任何轮回形态在本质上都是痛苦的。因此，人只有认识"梵我同一"这最高真理，才能消除欲望和相应的业力，达到至善的状态，这也是所谓最高层次的善，正如《广林奥义书》第4节4.8中所说："认识梵者，直升天界，达到解脱。"[1] 这解脱境界即至善境界。

"吠陀""奥义书"之后古印度形成了一些思想流派，这些流派大致分为两大类：遵从"吠陀"权威的形成正统派，包括数论派、瑜伽派、胜论派、正理派、弥曼差派、吠檀多派；不承认"吠陀"权威的形成非正统派，包括顺世论、佛教、耆那教。[2]

数论派与瑜伽派是理论上紧密相关的一组派别，数论派侧重哲理的阐述，瑜伽派侧重修持方法的探索，两派的理论整体上是相通的。在善恶问题上，两派的观念也同样分两个层次。最基本的层次体现为《瑜伽经》中提出的不杀、说实话、不盗、净行和不贪，以及清净、满足敬神等。[3] 高层次的善恶观念体现为对两派最高智慧的认识或体悟。这种智慧认为有两个根本实体，即物质性或阴性的"自性"和精神性或阳性的"神我"。这两个实体结合后形成轮回世界，这一世界是充满痛苦的。[4] 若能获得对这两种实体的"辨别智"，就将使二者独存而不再结合，终止轮回过程，使人脱离痛苦，获得解脱。因而认识"辨别智"就是两派最高善的境界。[5]

胜论派也论及了善恶问题，《胜论经》第6节2.22提到应梵行、祭祀、布施等，[6] 此经第6节1.7—15说："邪恶在于伤害。"[7] 这些是此派的基本善恶观念，不过它们仅为初级层次上的善恶。而更高的层次，按

---

[1] *The Principal Upanisads*, p.274.
[2] R. Prasāda, *Patañjali's Yoga-Sutras*, Oriental Books Reprint Corporation, 1982, p.4.
[3] *Patañjali's Yoga-Sutras*, pp.155-160.
[4] Iśvarakrṣna, and Gaudapāda Ācārya, *Sāṃkhya-kārikā*, H. D. Sharma (eds.), The Oriental Book Agency, 1933, p.1.
[5] *Patañjali's Yoga-Sutras*, pp.254-265.
[6] Gough, *The Vaiśeṣika Aphorisms of Kaṇāda*, pp.184-185.
[7] Ibid., pp.180-183.

照胜论派的看法,是认识事物的本质或真理,这样才是达到了一种至善状态。如《胜论经》第 1 节 1.4 说:"至善来自对真理的认识,来自特别的法,并借助(关于)实、德、业、同、异、和合句义的相似与差别(的知识)获得。"[1] 这里提到的是胜论派的六个基本"句义"(指与观念或概念相对应的实在物),此派的具体理论都包括在对这些"句义"的基本解释之中。[2] 句义论在此派看来就是最高的智慧,获得了句义的知识就达到了至善的境界。

正理派也论及了善恶问题,此派的根本经典《正理经》第 4 节 2.46 说:"借助禁制、劝制以及瑜伽这些较高精神状态的规范方法,可以达到净化我的目的。"[3] 此处说的"禁制"指不杀、不偷及诚实等;"劝制"指满足、苦行等行为。这些被正理派视为善行,而其反面则为恶行。

这些善行并不是正理派最高层次的善,因为最高的善与此派的根本智慧直接相关。《正理经》第 1 节 1.1 说:"至善来自对量、所量、疑、动机、实例、宗义、论式、思择、决了、论议、论诤、坏义、似因、曲解、倒难、堕负这些谛的认识。"[4]这里提到了正理派的"十六谛",此派的各种理论基本上包含在这"十六谛"的理论框架之中,[5] 认识"十六谛"的智慧被认为是"至善"。获得了这至善才能脱离痛苦,达到解脱。

弥曼差派说的善恶是以"吠陀"的言说为标准的,《弥曼差经》第 1 节 1.2 说:"法是由(吠陀)教令所表明之物。"[6] 此派强调,要获得至善就须依从吠陀圣教,"吠陀"的言教即是真的和善的,违背这言教的理论或说法即是假的与恶的。此派的终极目标即为升天堂,认为做祭祀可使人达此目的,追求此目的的行为均为善行。

吠檀多派是正统派中的主流派,也是印度思想史上影响最大的派别。此派直接继承和发展了"奥义书"中的理论,在善恶观念上也遵循婆罗门

---

[1] *The Vaiśeṣika Aphorisms of Kaṇāda*, pp.4-6.
[2] 姚卫群:《印度哲学》,北京大学出版社,1992 年,第 57—60 页。
[3] S. C. Vidyābhuśana, *The Nyāya Sūtra of Gotama*, Oriental Books Reprint Corporation, 1975, p.138.
[4] Ibid., p.1.
[5] 黄心川:《印度哲学史》,商务印书馆,1989 年,第 370—374 页。
[6] 姚卫群编译:《古印度六派哲学经典》,第 217 页。

教圣典"吠陀"和"奥义书"。此派认为应奉行婆罗门教的政治理念并遵守种姓制规定的不同种姓的义务,认为服从这些规定和尽种姓义务即为善,反之则为恶。吠檀多派中影响最大的哲学家商羯罗在其著作《梵经注》第3节1.25中说:"我们关于善恶的观念来自圣典。说这个行为好和说另一个行为不好的知识只能源于圣典。因为法和非法是超感觉的实在。"[1] 这里说的圣典主要指"吠陀"和"奥义书",这种圣典的核心思想就是要按照婆罗门教关于种姓制的要求行事,要认识"梵我同一",这样才能不贪求个人享乐,抑制欲望,最终消除业力,跳出轮回,达到至善的解脱境界。

除了六派哲学的这些善恶方面的思想外,古代印度代表婆罗门教或印度教正统思想的一些"法典"中也有这方面的内容,如较著名的《摩奴法论》(或译《摩奴法典》)等。这些法典确立了婆罗门教及后来印度教的许多伦理观念或社会行为规范,在印度思想史上占有重要地位。这些法典规定了一般人一生中的主要生活阶段,即所谓人生"四行期"——梵行期、家居期、林居期、遁世期。[2] 按照这种人生四行期生活就为善,不按其生活则不善。"法典"中还有很重要的一个观念,即人要按照种姓制度的规定去做事,尽种姓的本分去做事为善,不按照种姓制的规定去做则为恶。《摩奴法论》中有很多对四种姓的义务的描述,[3] 这些内容实际上反映了统治者的善恶观念。

佛教是一个重视探讨人生现象的宗教,佛教教义中有大量判定行为善恶的内容。佛教也是一个哲理性很强的派别,佛教在其发展中提出了大量有关世界及人本质的思想,这两方面的内容经常是交织在一起的。

佛教在创立时设立的基本目标是使人从痛苦中脱离出来。凡佛教认为有利于达此目的的行为均被认为善;凡佛教认为不利于达此目的的行为均被认为恶。这是佛教善恶观念的主要标准。

佛教创立后也制定了大量戒律或教规,在佛教看来,这些戒律和教规

---

[1] Gambhirananda, *Brahma-Sūtra Bhāṣya of Śaṇkarācārya*, p.585.
[2] 姚卫群:《婆罗门教》,中国社会科学出版社,2011年,第50—55页。
[3] 蒋忠新译:《摩奴法论》,中国社会科学出版社,1986年,第202—215页。

也是促使信徒弃恶从善的重要保证。就戒律来说,佛教为出家者制定了"具足戒"等,[1] 为在家者制定了"三皈五戒"。不同种类的信众凡是遵守相应戒律的行为都被视为善,违背者为恶。另外,佛教中还有"十恶"或"十善"等说,十善指戒除杀、偷、淫、妄语、两舌、恶口、绮语、贪、瞋、邪见,其反面则为十恶。

佛教一般把人的行为善恶与业报轮回紧密联系在一起,认为善有善报,恶有恶报。《杂阿含经》卷第三十七说:"十善业迹因缘故,身坏命终,得生天上。"[2] 十恶则会投生到坏的轮回状态中去。佛教除了要求信众行"十善"外,还倡导要"慈悲利他"[3]。"慈悲利他"属善行,与其相反之行为则属恶行。

但在佛教中,十善这类善行其实并不是佛教最高层次的善,而是起始层次的善。奉行基础的善是信教之人必须做到的,若不能做到就不具有成为佛教徒的资格。佛教追求的至善是跳出轮回,达到涅槃。在佛教看来,轮回状态必定与痛苦联系在一起,与恶相关联,而要达到最高的至善境界,就必须认识最高的智慧或真理。因而,在佛教中,善与恶的观念就和真与假的观念联系在了一起。大乘佛教的重要人物青目在注释龙树的《中论》(卷第三)时说:"诸法实相,即是涅槃。"[4] 这就是说,认识了事物的本来面目,获得了佛教的根本智慧,就达到了涅槃。涅槃是佛教的最高目标,也是佛教追求的至善境界。

佛教在创立时就认为,人产生痛苦与贪爱有关,贪爱则与无知或无明直接有关。在人处于无明状态时,是无法认识事物的,为事物虚假的表象所惑,以为有一实在的"我"(灵魂),错误地认为自己的"我"会永恒,并去追求"我"的长久占有,这种追求会生成业力,由此推动众生不断轮转。这轮转的具体状态似乎有好坏,但实际上任何一种轮回状态都是苦的,都是不善的,即便佛教一般所谓好的轮回状态最终也要陷入痛

---

[1] 姚卫群:《佛学概论》,宗教文化出版社,2002年,第215—227页。
[2] 《大正藏》,第2册,第272—273页。
[3] 《大正藏》,第25册,第256页。
[4] 《大正藏》,第30册,第25页。

苦，也是恶的。因此，要获得真正的善果，就要跳出轮回状态，脱离痛苦。其根本的办法就是要灭除无明，而灭除无明就要体悟佛教的最高智慧。关于这最高的智慧是什么，佛教不同分支的理解或解释是不一样的。

佛教在其发展的各个时期所提出的关于世界和人生现象的基本分析或理论，被其各分支理解为最高智慧，并当作跳出轮回的主要工具。佛教认为，掌握这些智慧，即可摆脱无明。遵循或践行这些理论，是最大之善；不信或反对这些理论，则为极大之恶。

在非正统派中，顺世论是一个特立独行的派别。古印度各种宗教派别一般都认为欲望或追求享乐是恶，禁欲为善，而顺世论则反对这种观念。记述此派思想的重要文献《摄一切见论》说："人的唯一目的就是通过感官的快乐来进行享受。……我们的智慧就是尽可能地享受纯粹的快乐，并避开必然伴随着它的痛苦。"[1] 根据这类记述可知，顺世论认为追求享乐和避免痛苦是人的本性，是自然的和善的。

耆那教是非正统派中在印度较有影响的教派，其善恶观念与顺世论完全相反。耆那教作为一个宗教对教徒是有修行要求的，从这些要求中我们可以看出此教的善恶观念。耆那教现存最重要的经典《谛义证得经》第7节1要求人们："不杀生、不妄语、不偷盗、不淫和不执着。"[2] 这里实际上说的是此教的基本戒律，遵守这些戒律为善，违背则为恶。

除了遵守基本戒律外，耆那教特别要求信徒坚持苦行等。《谛义证得经》第9节18—20说："正行包括保持平静、绝对不伤害、摆脱细微的激情、无激情的行为。外在的苦行是斋戒、限食、从在家者那里接受食物时持戒，并要满足一些条件。不让别人知道你在持戒，拒绝享用精美食物，在僻静处睡眠、梵行。内部的苦行是忏悔、崇敬、奉献、学习、放弃享乐、静虑。"[3] 从这些论述中我们可以看出，耆那教十分强调苦行，将其视为善行的具体表现，而享乐和贪欲（激情）是恶行的具体表现。

耆那教也有最高的善，《谛义证得经》第10节4说："当命我（灵魂）

---

[1] *A Source Book in Indian Philosophy*, p.229.
[2] Ibid., p.257.
[3] Ibid., pp.259-260.

解脱时，仅保持着完美的正信、完美的正智、完美的正见，达到一切的状态。"[1] 这里所谓"达到一切的状态"就是一种体悟和践行耆那教根本教义后达到的至善状态。

二、古希腊的善恶观念

古希腊是人类文明的重要发源地，这一地区的哲人在论述其哲学理论时，也展示了他们的善恶观念。

古希腊哲人较早提及善恶概念的是毕达哥拉斯派。此派曾分析了事物的对立，按照亚里士多德《形而上学》一书中的记述，毕达哥拉斯派曾举出"白、黑；甜、苦；善、恶；大、小"[2]。他们虽然提及了善恶的对立，但却没有具体解释善恶的内容或含义。

赫拉克利特也提及了善恶，他说："善与恶是一回事。医生们用各种办法割、烧和折磨病人，却向病人索取报酬。他们完全不配得钱，因为他们起着同病一样的作用，就是说，他们办的好事只是加重了病。"[3] 这里讲的是善恶的对立统一的关系，但也没有具体讲善恶的定义或主要含义。

古希腊哲人最初的善恶观念表现在他们对一些行为的赞赏和否定中。

赫拉克利特说："应当知道，战争是普遍的，正义就是斗争……人民应该为法律而战斗，就象为城垣而战斗一样。"[4] 这里表明的意思是：为正义而战是善。

赫拉克利特还说："最优秀的人宁愿取一件东西而不要其他的一切，这就是：宁取永恒的光荣而不要变灭的事物……如果幸福在于肉体快乐，那就应该说，牛找到草吃时是幸福的了。"[5] 这里要表明的意思是：

---

[1] *A Source Book in Indian Philosophy*, p.260.
[2] 《西方哲学原著选读》上卷，第20页。
[3] 同上书，第24页。
[4] 同上书，第27页。
[5] 同上书，第28页。

人不要太贪婪，不要贪得无厌，不要过分贪恋感官享受，这些行为是恶，而知足及追求永恒的光荣是善。

克塞诺芬尼在其《讽刺诗》中说："荷马和赫西阿德把人间认为无耻丑行的一切都加在神灵身上：偷盗、奸淫、尔虞我诈。"[1]这里列举出了当时人们认为是恶行的具体内容。

原子论者德谟克利特也有善恶观念方面的论述。他认为："放纵地、邪恶地活着，与其说是活得不好，不如说是慢性死亡。追求对灵魂好的东西，是追求神圣的东西；追求对肉体好的东西，是追求凡俗的东西。""人们通过享乐的节制和生活的协调，才得到灵魂的安宁。"[2]按照这里所说，放纵情欲、迷信、害人、贪心不足是恶；而追求神圣的东西、向好人学习、正直和公允、在患难时忠于义务、享乐的节制和生活的协调是善。

苏格拉底（前468—前400）是古希腊重要的哲学家，也是古希腊主要关注伦理问题的人。[3] 克塞诺芬尼在其《回忆录》中记述苏格拉底时说他："研究什么是虔诚的，什么是不虔诚的；什么是适宜的，什么是不适宜的；什么是公道的，什么是不公道的……什么是治国之本，什么是一个善于治人者的品质；以及其他的题目。他认为通晓这些事情的人是高尚的，对此一窍不通的人则完全可以说是不如奴隶的。"[4] 这里实际上表明，在苏格拉底看来，虔诚的、适宜的、公道的等是善，而不虔诚的、不适宜的、不公道的等则是不善或恶。苏格拉底毕生追求的是所谓永恒不变的美德的概念，他认为"美德即知识"[5]。

柏拉图在《苏格拉底的申辩》中记述苏格拉底曾说过："只图名利，不关心智慧和真理，不求改善自己的灵魂，难道不觉得羞耻吗？""我告诉你们，金钱并不能带来美德，美德却可以给人带来金钱，以及个人和国家的其他一切好事。"[6]苏格拉底在这里表明，他认为改善自己的灵魂

---

[1]《西方哲学原著选读》上卷，第29页。
[2]同上书，第52—53页。
[3]罗素：《西方哲学史》上卷，第128页。
[4]《西方哲学原著选读》上卷，第61页。
[5]北京大学《欧洲哲学史》编写组：《欧洲哲学史》，商务印书馆，1977年，第81页。
[6]《西方哲学原著选读》上卷，第68—69页。

是最重要的事,所谓改善自己的灵魂实际就相当于我们今天说的改良自己的思想。苏格拉底视只图名利、只关心自己和财产为恶,而他视关心智慧和真理及能利国利民的美德为善。

柏拉图是苏格拉底的学生,自然也关心道德伦理问题,他在哲学的根本问题上也提出了影响极大的思想。柏拉图的善恶观念是与其基本哲学思想——"理念论"紧密联系在一起的。

柏拉图在其重要对话《斐多篇》中说:"我们在出世以前和出世的时刻就不仅知道'一样'、'大些'、'小些',而且知道一切'本身'……总之,适用于我们在问答辩证过程中标上'本身'印记的一切;所以我们必定是在出世以前已经获得了关于这一切的知识。""如果是我们在出世前获得了知识,出世时把它丢了,后来又通过使用各种感觉官能重新得到了原来具有的知识,那么,我们称为学习的这个过程,实际上不就是恢复我们固有的知识吗?我们把它称为回忆。""所有的这类东西,象'美'、'善'以及你刚才说的其他一切实体,是具有最真实的存在的。我想这是充分证明了的。"[1] 由此可知,在柏拉图看来,"善"等观念是先天存在的,后天的这些有关概念或思想不过就是回忆,这种先天本有的"善"等本身被称为"理念"。

关于"理念",柏拉图在《斐多篇》说:"如果在美本身以外还有其他美的东西,这东西之所以美,就只能是因为它分有了美本身,其他的东西也是一样。"[2] 柏拉图在这里说的美本身等,就是理念,具体的相关事物是分有相关"理念"(本身)而来的,人的相关知识也是对先天就存在的理念的回忆。这是柏拉图对善本身的论述。

亚里士多德所涉猎的范围极其广博,其善恶观念方面的思想大多数体现在其著作《尼各马可伦理学》中。亚里士多德在这一著作中说:"我们应该不仅要说出美德是一种性格状况,而且要说出它是什么样的状况。""美德必定就有以居间者为目的这个性质。我是指道德上的美德;因为正

---

[1]《西方哲学原著选读》上卷,第80—83页。
[2] 同上书,第73页。

是它才与主动和被动有关,而正是在这些里面,有着过多、不足和中间。……关于行动,同样地也有过多、不足和中间……美德是一种适中……过度和不足是恶行的特性,而适中则是美德的特性。""恶行不是做得不够,就是做得过分……美德是一种中道。"[1] 亚里士多德的这种善恶观念在很大程度上是关注人的行为的"度",这种理论没有强调善的绝对标准或恶的绝对标准,而是强调实施某种行为的进行力度:在他看来,做得不足和做得过分都不好,极端即为恶行,而做得适中或恰到好处则为善行。

亚里士多德这种适中理论也体现在其对国家或社会形态的评述中,他评价一个国家或社会形态的善恶好坏也是看其是否符合"适中"的原则。他在其著作《政治学》中说:"在任何国家中,总有三种成分:一个阶级十分富有,另一个十分贫穷,第三个则居于中间。既然已经认为居中适度是最好的,所以很显然,拥有适度的财产是最好的。""最好的政治社会是由中等阶级的公民组成的。"[2] 由上述引文可以看出,亚里士多德这种对国家善恶好坏的评判与其对人一般行为善恶好坏的评判都由"适中"的原则贯彻始终。

斯多葛派是希腊化时期重要的哲学流派,也是较多论及伦理思想的派别,主要的代表人物有芝诺(公元前4世纪末)、塞内卡(公元2—65年)等人。《著名哲学家的生平和学说》中记述了芝诺在善恶方面的观点:"芝诺第一个在他的《论人的本性》里主张主要的善就是认定去按照自然而生活,这就是按照德性而生活,因为自然引着我们到这上面。"[3] 这是古希腊时期较早明确提出这种善的观念的人。

塞内卡的主要著作是《论幸福生活》,在此文中,他说:"要尊重自然,明智的意思就是不违背自然,按照自然的规范进行自我修养。幸福的生活,就是符合自己的本性的生活!""要知道,肉体上的快乐是不足道

---

[1]《西方哲学原著选读》上卷,第154—156页。
[2] 同上书,第157—158页。
[3] 同上书,第181页。

的,短暂的,而且是非常有害的。"[1]

由上所述可知,斯多葛派善恶观念的主要特点是强调人要符合其自然本性而去生活,相应的行为就是善,若不符合其自然本性而生活,漫无约束地放纵自己的欲望则是恶。

三、比较分析

古印度和古希腊哲人在人类文明产生的早期就很关注人的行为准则问题,探讨哪些行为是善的,哪些行为是恶的。两地这方面的观念是哲人们对民众在古代社会生活中情感体悟和自我探索的归纳和总结,其中有相同的成分,也有差别的内容。

相同点主要有三点:

第一,两地的善恶观念作为区分行为好坏的标准都受到各自主要哲学家或思想家的重视。如古希腊的大哲学家苏格拉底、柏拉图和亚里士多德都很重视这方面的问题;古印度的释迦牟尼、商羯罗等大思想家也有很多这方面的论述。

第二,两地的善恶观念都有多种标准。古印度的善恶观念中有以是否符合种姓制所规定的每个种姓的行为规范为善恶标准,如婆罗门教的主流哲学派别;也有按照是否符合人的自然本性为标准,如顺世论。古希腊的善恶观念中有以是否符合适中原则为标准,如亚里士多德;也有以是否符合人的自然本性为标准,如斯多葛派。

第三,两地的善恶观念都有按人的自然本性行动为善的思想,如古印度的顺世论和古希腊的斯多葛派都主张人应顺应自然赋予的本性来生活;两地也都有认为纵欲是恶的思想,如古印度的佛教和古希腊的德谟克利特都坚决反对纵欲,将其视为恶行。

---

[1]《西方哲学原著选读》上卷,第190页。

差别点亦有三点：

第一，古印度的善恶观念多分高低层次，善恶观念多与真假观念联系紧密。真假观念在古印度是区分行为善恶的高层次标准，如古印度正统派哲学中的多数流派认为应该诚实、禁欲等，以此为善，同时也认为最高的善是达到哲学或宗教上的最高境界，认识事物的本来面目，获得解脱；而最根本的恶是无知或无明，这是各种恶的源头。因而，在古印度的不少派别中，善恶是有层次区分的。而古希腊的善恶观念不做这种层次的区分或区分不明显。

第二，古印度的善恶观念与其特有的种姓制有关。古印度主流的善恶观念认为按种姓制的规定尽种姓义务为善，不尽种姓义务为恶，如婆罗门教或印度教系统的哲学派别都这样认为。而古希腊的情况与此不同，如亚里士多德认为按"适中"的原则行事为善，极端做法为恶。古希腊重要哲人的善恶观念在依社会等级行事来判定恶善上不如古印度那样突出。

第三，古印度的善恶观念一般都与宗教的教派主张有关，其中影响大的基本都是宗教派别中的思想，如佛教的善恶观念，"奥义书"和吠檀多派的善恶观念等都是宗教中的善恶观念。而古希腊的善恶观念虽然有时也涉及宗教观念，但相对来说宗教的色彩与古印度相比要淡一些。

古印度与古希腊的善恶观念是古代伦理思想的重要组成部分，这方面的内容对于人类思想的发展有很大作用。直至今天，现代许多人还受此类观念的影响。梳理和分析这方面的内容，吸收其中的精华或可资借鉴的成分，对于我们现代的精神文明建设是有益的。

第九章　古代印度与欧洲的平等观念

古代印度和欧洲是世界文明的重要发源地。两地的人类在世界文化发展史上都提出了一系列重要的思想,这些思想有许多直至今天仍对人类社会的发展和进步有重要价值。在这些思想中,平等观念占有重要地位。本章对古代印度和欧洲的平等观念的产生、发展线索进行勾勒,并简要地加以比较。

一、古代印度的平等观念

古代印度平等观念的提出与印度的种姓制有着重要的关联。所谓种姓制是印度社会中一种社会分工制度及与之相关的社会等级制度。这种制度按照人们所从事的工作种类来确定社会地位和社会责任及义务,并由此产生人们的社会等级观念,认为相关等级世代相承,后代的种姓沿袭其先辈,是人生来就有的。

具体来说,古印度的种姓制最流行的是四种姓,即社会阶层主要分为婆罗门、刹帝利、吠舍、首陀罗。婆罗门是社会中从事祭祀事务的祭司阶层,他们的社会地位最高,号称能与神沟通,掌握人的命运。刹帝利是王族与武士贵族，负责征战并掌管重要的社会事务，地位仅次于婆罗门。吠舍是商人和农民，主要从事经商和农业活动，地位低于婆罗门和刹帝利。首陀罗是从事社会底层的一些劳作，如清理污物等，其地位最低。古代印度的不少法典就明确规定了各种姓的权利与义务，规定了下等种姓要服从及服务于上等种姓，宣扬种姓之间的不平等是与生俱来的，并宣称不遵守种姓制规定的义务将受到惩罚。

印度的种姓制在吠陀时期就已存在，这可以在一些"吠陀"的内容中看到。如"吠陀"中的"原人歌"（《梨俱吠陀》第10节90.11—12）说："当分解原人时，他可分成多少块？他的嘴是什么？双臂是什么？两腿和两足是什么？婆罗门是他（原人）的嘴，他的双臂成为刹帝利，他的两脚是吠舍，他的两足生出首陀罗。"[1] 这里讲述了原人的身体部分形成社会的不同种姓。由此可以看出当时种姓的主要类别和高低等级。婆罗门是社会的高层，能够表明原人的思想。刹帝利是行使原人权利的工具，是社会的中上层。吠舍是为原人提供动力的部分，是社会的中下层。首陀罗是原人行走的器官，是社会的底层。这些种姓本来是印度社会早期出现的不同的社会职业分工，但后来逐步被当作人的等级高低或身份贵贱的标志。

显然，这种种姓制对于上等种姓，特别是对婆罗门祭司阶层的好处是显而易见的，而对于其他非婆罗门种姓来说则是不利的。种姓制所产生的社会不平等是十分明显的，在社会中会引发不同民众之间的冲突。在古代印度，这种矛盾在很大程度上是通过一些"法典"来调和的，种姓制的不平等被这些法典说成是神意，是和谐自然的。《摩奴法论》中就明确地讲了世界上人或生物所应有行为的自然性或神意性，如该论第1节28—30说："那位主最初派定哪一种生物做哪一种行为，在一次又一次被创造出来的时候，那一种生物就本能地遵行那一种行为。""有害或无害，温和或凶残，法或非法，真实或虚妄，他在创造时把其中哪一种品性赋予哪一种生物，那一种生物就本能地获得那一种品性。""正如在季节轮换过程中各

---

[1] Macdonell, *A Vedic Reader*, pp.200-201.

季节本能地获得各自的季节特征,众生也同样地各有各的行为。"[1] 这里实际说的是种姓分工即神意。

关于婆罗门的至上地位,《摩奴法论》第1节96—101说:"在万物中,有气息者最优秀;在有气息者中,有理智者最优秀;在有理智者中,人最优秀;在人中,婆罗门最优秀。""婆罗门的出生就是法的不朽的化身。因为,他为法而出生,而这样的出生必将导致与梵合一。""婆罗门一出生便为天下之尊。他是万物之主,旨在保护法库(即法之宝库)。""世界上的任何东西全都是婆罗门的财产;由于地位优越和出身高贵,婆罗门的确有资格享有一切。""婆罗门吃自己的,穿自己的,施舍自己的;其他人则多亏婆罗门的仁慈才得以享受。"[2] 该论第10节3说:"鉴于品性出众、出身优越、坚守禁制和圣礼独特,婆罗门为诸种姓之主。"[3]

关于婆罗门和刹帝利的关系,《摩奴法论》中有不少论述。笔者认为,二者虽然都属于上等种姓,但他们还是有高下之分的。该论第9节313—323说:"即使大难临头,他(国王)也不得惹怒婆罗门;因为,一旦被惹怒,他们就会立即把他和他的军队车乘毁灭。""他们是诸界和众神得以常在的依靠,他们的财富是吠陀;想要活命的人,谁会伤害他们?""当刹帝利在一切方面对婆罗门过于傲慢的时候,婆罗门就应该亲自制服他;因为刹帝利来源于婆罗门。""火来源于水,刹帝利来源于婆罗门,铁来源于石头,他们无所不入的威势到了各自的来源面前就退失。""国王应该把得自一切罚款的钱财施给婆罗门,并且把王位交给儿子,然后奔赴战场了残生。"[4] 这是法典中提及的婆罗门与刹帝利的关系。至于吠舍和首陀罗与婆罗门的关系,社会地位差得就更大了,这两个下等种姓要绝对服从婆罗门。种姓制产生的社会不平等在"法典"中得到确认,这类法典是对古代社会中流传的种姓观念或社会等级思想的归纳和总结。

在"吠陀"之后,古印度形成了不少哲学或宗教派别,这些派别主要

---

[1] 蒋忠新译:《摩奴法论》,第6页。
[2] 同上书,第13页。
[3] 同上书,第202页。
[4] 同上书,第199—200页。

分为两大类：一类是遵从"吠陀"权威的正统派，包括胜论派、正理派、数论派、瑜伽派、弥曼差派、吠檀多派；另一类是非正统派，包括佛教、顺世论、耆那教。在这些派别中，非正统派的平等观念更多，而正统派的平等观念较少。

佛教是古印度较明确提出平等观念的一个派别，它提出平等观念与其在诞生时所主要代表的社会阶层有关。释迦牟尼出生在一个王族家庭，属于刹帝利种姓，佛教在创立之初的一些支持者是大商人，属于吠舍种姓。因而佛教早期的建团骨干是属刹帝利和吠舍种姓的人，还有一些追随者是首陀罗种姓。这些非婆罗门种姓的人对于古印度长期居于主导地位的婆罗门祭司阶层是不满的，对于主要反映婆罗门祭司阶层利益的婆罗门教也是不满的，因而支持平等思想，加入了古印度当时出现的反婆罗门教或非婆罗门教的"沙门思潮"中。

反映不少早期佛教历史和基本教义的阿含类经典中就有相关内容，如《别译杂阿含经》卷第五说："不应问生处，宜问其所行，微木能生火，卑贱生贤达。"[1] 这就是说，佛教认为不能根据人的出身来决定人的社会地位，而应根据人的行为来进行判定，就像很小的木料能引起大火一样，出身卑贱的人也能成为贤达之士，因此，种姓制的不平等是没有道理的。

《长阿含经》卷第六说："汝今当知，今我弟子，种姓不同，所出各异，于我法中出家修道，若有人问：'汝谁种姓？'当答彼言：'我是沙门释种子也。'"[2] 这就是说，在佛教看来，出家者不能因为种姓不同就有等级差别，如果有人问出家者是什么出身（种姓），回答我是沙门佛教的种姓。即佛教要表明的是不论种姓是什么，信众一律平等。

佛教在政治上反对婆罗门教"婆罗门至上"的主张，在基本教义中也有相应的理论。佛教在产生时提出的基础理论就有"无常"和"无我"。《杂阿含经》卷第十说："一切行无常，一切法无我。"[3] 这里所谓的"无

---

[1]《大正藏》第2册，第409页。
[2]《大正藏》第1册，第37页。
[3]《大正藏》第2册，第66页。

常"是认为世上没有恒常之物，迁流变化的事物都是非永恒的；所谓的"无我"是指人生命现象中没有一个不变的主体或本体。这两个哲学主张与其反对婆罗门至上的政治主张是相呼应的，因为如果讲"无常"就不能认为婆罗门祭司阶层的优越政治及经济地位是永恒不变的；讲"无我"就不能认为社会中有一个作为最高主宰者的主导阶层婆罗门。社会中就不应有长久的种姓区分，下等种姓就不应无条件地服从上等种姓，种姓制规定的不平等就是无理的。

释迦牟尼的平等观念在其佛教教团的组织原则上也有体现。他不像婆罗门教等宗教那样对吸收成员有严格的身份限制，而是认为只要真心诚意皈依佛教，都可以加入僧团。释迦牟尼在扩大佛教僧团的过程中，吸收了各种姓的人。如在其著名的"十大弟子"中，优波离就出身首陀罗种姓，原为释迦王族宫廷中的理发师，在佛陀成道后第六年加入僧团，号称"持律第一"；阿难属刹帝利种姓，长期追随释迦牟尼，号称"多闻第一"；阿那律是释迦牟尼的堂弟，也出身刹帝利，号称"天眼第一"；罗睺罗是释迦牟尼的儿子，号称"密行第一"；其余的六大弟子则属婆罗门种姓出身。也就是说，在佛的十大弟子中，有一半以上的人是婆罗门种姓出身，但这并不能表明佛教主要代表婆罗门种姓阶层的利益，而是表明，释迦牟尼在创立佛教之初，就较彻底地贯彻了平等观念。因为佛教虽然在产生时主要代表了四种姓中第二和第三种姓阶层人的利益，但若只吸收这两个阶层的人参加佛教组织，实际也体现了一种不平等的观念，因为排斥婆罗门种姓加入佛教僧团也是一种歧视，不符合其平等观念。而且，实际上，吸引出身婆罗门种姓的人加入佛教僧团，对佛教最初的发展也有好处，因为在古印度，文化水平较高或受过良好文化教育的人，往往来自婆罗门种姓的家庭，这些人如果真心接受释迦牟尼的思想，皈依佛教，那么通常能够发挥更大的作用，有利于佛教的传播。例如，号称"头陀第一"的迦叶，号称"智慧第一"的舍利弗，号称"神通第一"的目犍连，号称"解空第一"的须菩提，号称"论议第一"的迦旃延，号称"说法第一"的富楼那，都是出身婆罗门种姓，但他们在佛教最初的发展中均发挥了重要的作用。因而，在释迦牟尼那里，出身并不是一个特别重要的问题，关键是要贯彻平等的理念，不能无端歧视特定阶层的人。因此，在早期佛教时期，只要真心追随释迦牟尼，信奉佛教教义，遵守佛教教规，都可以加入佛教僧团。在吸收信徒问题上，释迦牟尼倡导的平等原则得到了充分的贯彻。

佛教的戒律也体现了平等观念。佛教对于不同种类的信徒有不同的戒律要求，具体来说，有所谓五戒、十戒、具足戒等戒律方面的规定。这些戒律中也明显具有平等的理念，如不杀生体现了对其他生命的尊重，不偷盗体现了对他人财产的承认，不邪淫、不妄语等也体现了对他人权益或财产、尊严的尊重，这些都展现出佛教的平等观念。具足戒中对信徒的详细规范也是立足于平等观念的。也就是说，佛教的戒律既要求教徒皈依三宝，也要求教徒尊重别人，不损害别人的生命与财产，这都含有平等意识。

早期佛教提出的平等观念在佛教后来的发展中仍被坚持，甚至被进一步丰富，这种观念对佛教影响力扩大有重要价值。这里面较突出的是佛教在后来不断强调的佛性观念。

一些小乘部派（如说一切有部）认为不存在"性得佛性"，只有"修得佛性"。就是说，没有本有的佛性，只有修成的佛性。[1] 这样，很难在佛性问题上强调平等观念。尽管有部的观点并不是整个小乘的佛性观念，但也还是有一定影响。

到了大乘佛教时期，佛性观念成为佛教讨论的一个重点，而且佛性理论与部派的观点有很大不同。如北本《大般涅槃经》卷第十说："一切众生，同一佛性，无有差别。"[2] 该经中的一些叙述甚至明确提出"一阐提"也能成佛，如其中的卷第三十五说："断善根人有佛性者，是人亦有如来佛性，亦有后身佛性。"[3] 这实际就是认为人人都有佛性，这种观点明显带有平等的意识。这种与佛性观念一起提出的平等观念对于佛教的发

---

[1] 天亲在《佛性论》中对小乘佛教的佛性观念就有记述，该论卷第一中说："若依毗昙萨婆多等诸部说者，则一切众生，无有性得佛性，但有修得佛性。"《大正藏》第31册，第787页。
[2]《大正藏》第12册，第423页。
[3] 同上书，第571页。

展有很大促进作用，因为一个人若想加入佛教僧团的话，假设不被认为肯定能修成佛或达到觉悟，就不会真正在最后迈入佛门。这种观点和印度古代的婆罗门教等派别的宗教修行观念有很大不同，婆罗门教认为一些低种姓的人是不能参加此教的，因为极低种姓的人不属于"再生族"，不可能通过此教修行达到宗教上的再生。对于婆罗门教的此种不平等观念，释迦牟尼在创教之初就加以反对，在大乘时期，佛教大多仍然贯彻了这一思想。但在教内关于平等观念的思想也不是完全统一或观点一致的。在一些大乘佛典中，也有人认为并不是人人都能成佛，如《入楞伽经》卷第二就提出了"一阐提者，无涅槃性"[1]。按照此经的说法，就不是人人皆有佛性，也就谈不上众生平等了。

但从总体上说，佛教是主张平等的，平等观念在此教中占据了主导地位。佛教中强调的慈悲利他、四无量心、众生悉有佛性等都与其平等观念契合。这一观念成为融合其各种教义理论成分的纽带，使佛教的理论迅速发展，吸引了众多的信众。

在古代印度的思想派别中，除了佛教外，有平等思想的还有顺世论。此派是古印度较为特立独行的一个派别，它反对各种宗教理论，反对婆罗门教的主导思想，也主张社会平等。记述有顺世论思想的《摄一切见论》中提及顺世论认为："命运等是不存在的。""没有天堂，没有最后解脱，也没有另一个世界中的灵魂。""四种姓、人生阶段等（规定）的行为不产生任何真实的业果。"[2] 这种理论否定命定论、否定轮回解脱、否定种姓制，实际也就是否定人在社会中要按种姓制的要求生活，否定人们为了遵从种姓制并避开坏的果报而接受社会对自己的不平等要求。

在正统派的各哲学派别中，主流的思想是要维护种姓制，认为各种姓的不平等是神意，是合理的，但也有一些派别的分支，主张平等观念。如印度教系统的虔诚派和吠檀多派中的限定不二论思想家就有一定程度上的平等意识。

---

[1]《大正藏》第 16 册，第 527 页。
[2] Radhakrishnan and Moore, *A Source Book in Indian Philosophy*, p.233.

虔诚派主要强调对神或梵的虔诚信仰。他们反对种姓的不平等，反对对妇女及首陀罗的歧视，认为在神面前灵魂（小我）是平等的。吠檀多派的限定不二论思想家罗摩努阇公开斥责所谓的婆罗门"神圣"，要求废除他们的特殊地位。[1]

婆罗门教哲学系统中的弥曼差派也有一定程度上的平等观念，如该派的根本经典《弥曼差经》中就有相应的内容。《弥曼差经》第 6 节 1.8—25 说："根据跋达罗衍那的观点，在祭祀资格上是没有性的种类区分的。因此，女人也适于作祭祀。之所以如此，还因为不同种类的性要达到的目的是相同的。""圣典表明，女人可获得祭祀的果报。""（反对者认为:）四种姓（都有资格作祭祀），因为不存在差别。"[2] 可以看出，《弥曼差经》的作者引了跋达罗衍那[3]的观点，即认为女人也有资格做祭祀，因而在这一点上表现出一定的平等意识，而《弥曼差经》的作者应该是同意了这种观点。此经中引的反对者的观点则具有更为突出的平等意识，因为反对者认为四种姓都有资格作祭祀，不存在差别。这说明古印度当时的确有人明确反对种姓歧视、反对不平等观念。

古印度的种姓制度根深蒂固，一直到今天在印度社会中还有重要影响，因而婆罗门教或印度教的不平等观念在印度历史上持续了很长的时间。在后来的宗教与社会改革运动中，思想界普遍产生了反对种姓歧视、反对男女不平等的思想，但这样的思潮产生较大影响时已经是近代了。

二、欧洲经典的平等观念

古代欧洲是世界文明的重要发源地，也是较早提出平等观念的地区，在古希腊哲人中，已有这方面的思想。

早期一些古希腊哲人有一些平等观念的意识，但不是很明确。如毕达

---

[1] 黄心川：《印度哲学史》，第 446 页。
[2] 姚卫群编译：《古印度六派哲学经典》，第 230 页。
[3] 跋达罗衍那为吠檀多派的创立者。

哥拉斯，他曾经和其支持者建立了一个团体，这个团体男女都可以参加，财产是共有的，而且有共同的生活方式，甚至于科学和数学的发现也被认为属集体的，这些做法就蕴含某种平等观念。毕达哥拉斯曾说："首先，灵魂是个不朽的东西，它可以转变成别种生物；其次，凡是存在的事物，都要在某种循环里再生，没有什么东西是绝对新的；一切生来具有生命的东西都应该认为是亲属。"[1]这里表述的就是一种平等观念，他的说法实际上超越了人类的平等。

古希腊大哲学家柏拉图也有这方面的思想。他在论述其"理想的国家"时说："公道就是做自己的事情而不干预别人的事情……国家里每一个人各做各的事、不干预别人的事这一条，看来是与国家的智慧、节制、勇敢旗鼓相当的。""这个国家里面的统治者，是不是那些受任审理诉讼案件的人呢？""他们审判的目的，不就是禁止任何人侵犯别人的财产，保护每个人的财产不受侵犯吗？"[2]柏拉图在这里虽然没有提"平等"一词，但已经有他那个时代的平等意识了。

亚里士多德是大哲学家，也是政治思想家，他涉及平等的思想主要表现在其政治理论中。亚里士多德在其著作《政治学》中说："一个城邦应该尽可能由平等和相同的人们组成；而这种人一般地就是中等阶级。因此，那以中等阶级的公民组成的城邦，在成分方面，即在我们认为国家的结构自然地由之构成的成分方面，可以说是组织得最好的了。这个阶级乃是一个国家中最安稳的公民的阶级，因为他们不像穷人那样觊觎邻人的东西；别人也不觊觎他们的东西，像穷人觊觎富人的东西那样；既然他们不谋害别人，本身又不遭别人谋害，所以他们很安全地过活。"[3]亚里士多德在这里将中产阶级视为"平等和相同的人们"，实际也就是认为，人们相互间处于一种平等的状态是最有利于社会稳定与安宁的。

希腊罗马时期的斯多葛派发展时间较长，此派早期受此前的希腊哲学影响较大，但后来有很大变化，受神学影响越来越大。此派也论及平等方

---

[1] 参见罗素：《西方哲学史》上卷，第59页。
[2] 《西方哲学原著选读》上卷，第116—117页。
[3] 同上书，第158页。

面的思想,如宣称:"我们个人的本性都是普遍本性的一部分,因此,主要的善就是以一种顺从自然的方式生活,这意思就是顺从一个人自己的本性和顺从普遍的本性;不作人类的共同法律惯常禁止的事情,那共同法律与普及万物的正确理性是同一的,而这正确理性也就是宙斯,万物的主宰与主管。"[1] 这里实际论及了一个人的本性与人类本性的一致性,认为它们都要顺从万物的正确理性,而正确的理性也就是宙斯,万物的主宰,这显然是讲人在应该顺应神的正确理性方面是平等无别的。此处实际已经初步有了一种在神主导下的平等意识。

总的来说,在古希腊罗马时期,虽然存在平等观念,但在奴隶主和贵族的眼中,事实上的不平等(贵族和平民的不平等)就是他们眼中的平等。而在基督教神学流行之后,在神学家的眼中,虔诚地信奉神就是人神之间的平等,信教的人们在上帝面前也是平等的。神学家奥古斯丁(354—430)在其《上帝之城》中说:"在最高的上帝那里是没有不公正的事的。只有最高上帝才最明白怎样对人的犯罪施行适当的惩罚。"[2] 按照这里的说法,实际就形成了在上帝面前人人平等的观念。在后来欧洲中世纪神学和经院哲学中,这种认为上帝是公正的,上帝对于所有人所起的作用(惩罚或褒奖)是公正的理论极为普遍。上帝面前人人平等的思想在基督教神学中成了一个普遍被接受的观念。

在14—16世纪,欧洲社会发生了较大的变化,产生了人文主义的思潮。许多人文主义者重视世俗教育,重视研究古典人文学科,这与传统的神学形成了鲜明的差别。人文主义者提出了自由和平等的口号。被称为"人文主义之父"的意大利诗人弗朗西斯科·彼特拉克(1304—1374)说:"不认识自己,决不能认识上帝。"[3] 这实际是号召人们从对神的研究转向对人自己的研究。另一位意大利人文主义者乔万尼·薄伽丘(1313—1375)说:"我们人类是天生平等的。"[4] 这些自由平等方面的口号主要针

---

[1]《西方哲学原著选读》上卷,第182页。
[2] 同上书,第222页。
[3]《欧洲哲学史》,第224页。
[4] 同上。

对欧洲社会中长期存在的传统观念（即将贵族和平民间的等级差别视为合理的，将信奉神视为理所当然的，认为神对人一视同仁）。人文主义者提出的这些思想在欧洲历史的发展中明显起到了积极的作用。

17—18世纪是欧洲资产阶级革命时期，平等观念得到确立与完善。英国的霍布斯和洛克在这方面颇有代表性。

霍布斯（1588—1679）在论述他的国家形成理论时涉及了平等的观念。他在《利维坦》一书中说："人的状况是一种每一个人对每一个人战争的状况；在这种情况下，每一个人都是为他自己的理性所统治。凡是他所能利用的东西，都可以帮助他反对敌人保全自己的生命。因此，在这种情况下，每一个人对每一样事物都有权利，甚至对彼此的身体也有权利。所以，只要每一个人对每一样事物的这种自然权利继续下去，任何人（不管如何强悍或如何聪明）都不可能完全地活完自然通常许可人们生活的时间。"[1] 霍布斯在这里说的"自然权利"实际就是人生来平等拥有的权利。但如果人人都不加限制地使用这种权利，那么社会将陷入混乱，最后是谁的自然权利都得不到保证，谁都可能受到伤害。霍布斯论述了解决问题的办法，他在《利维坦》中又说："如果别人也愿意这样做时，一个人在为了和平与保卫自己的范围内，会想到有必要自愿放弃这种对一切事物的权利；他应该满足于相对着别人而有这么多自由，这恰如他愿意相对着他自己允许给别人的自由那样多。因为只要每个人都保有凭自己喜好做任何事情的权利，人们就永远在战争状态之中。""公共权力可以保护他们不受外人侵略以及彼此伤害，从而使他们获得安全，可以靠自己的劳力和大地的生产品养育自己，并且过着满意的生活。建立这种公共权力的唯一方法，就是把他们所有的权力与力量交付给一个人或者由一些人组成的会议，根据多数赞成，把他们大家的意志变为一个意志。这就等于说，指定一个人或者由一些人组成的会议担当起他们的人格，这个担当起他们的人格的人在公共和平与安全的事务方面所作的或指使人作的事，每个人都是

---

[1]《西方哲学原著选读》上卷，第397页。

有份的，都承认自己是它们的主人。"[1]霍布斯在这里讲的是每个人必须让出一些人人自然平等拥有的权利来形成公共的权利，这样才能保障每个人平等权利的真正实现。

洛克（1632—1704）进一步阐述了人生而自然平等的思想。他说："众人遵循理性一起生活，在人世间无有共同的长上秉威权在他们之间裁决，这真正是自然状态。""为正确地理解政治权力，并且追溯到它的本源，我们必须考察人类天然处于何种状态；那状态即是：在自然法的限度内，人有完全自由规定自己的行动，处理自己的财物和人身；不请求许可，也不依从任何旁人的意志。""那也是平等的状态，其中一切权力和支配权都是相互的，谁也不比谁多持有；有件事最明白不过：同样品类的被造物，无分彼此地生来就沐浴着完全同样的自然恩惠、就运用同样的官能，那么互相之间也应当平等，无隶属服从关系；除非他们全体人的上神主宰明显宣示意志，将其中一人拔举在他人之上，作出明白清楚的任命，授予他对统治与主权的不容置疑的权利。""自然状态有自然法支配它，这自然法强制人人服从；人类总是要向理性求教的，而理性即该自然法，理性教导全人类：因为人人平等独立，任何人不该损害他人的生命、健康、自由或财物。"[2]洛克的这些论述与霍布斯叙述的基本精神是一致的，他的叙述对于自然状态下人的平等权利与人能够实现这种权利的途径做了更为细致的分析。

18世纪的法国思想家也很关注平等问题，其中较著名的有孟德斯鸠、伏尔泰以及卢梭。他们论述平等问题有一个共同点，即侧重从法律或契约的角度出发。

孟德斯鸠（1689—1755）就特别关注所谓"法"的问题。他在《论法的精神》一书中说："法，就最广的意义来说，就是由万物的本性派生出来的必然关系：在这个意义之下，一切实体都有它们的法；神有神的法，物质世界有物质世界的法，在人之上的天使有天使的法，禽兽有禽兽

---

[1]《西方哲学原著选读》上卷，第398、400页。
[2] 罗素：《西方哲学史》下卷，马元德译，商务印书馆，1976年，第157—158页。

的法，人有人的法。""有理智的特殊实体可以有他们自己制定的法；但是他们也有并非他们自己制定的法。在有理智实体之前，他们是可能的理智实体，因此他们有着可能的关系，并因而有着可能的法。在有制定的法之前，已经有可能的公道关系。说除了制定法规定或禁止的以外根本没有什么公道不公道，那就等于说在人们画出圆形以前所有的半径并不相等一样。因此必须承认公道关系先于确定这些关系的制定法：例如，假定有了人类社会，遵守这些社会的法才是公道的。"[1] 孟德斯鸠这里提及的所谓"公道"实际上指的就是"平等"，他所理解的公道或平等是与法律联系在一起的，这和先前的思想家有明显差别。

伏尔泰（1679—1778）的思想受洛克影响较大。他认为，一切统治只有符合人的"自然权利"才是合理的，所谓自然权利根据他的解释主要是"人身和财产的自由"[2]。但伏尔泰对于"人生而平等"的思想是有摇摆的，他说："平等既是一件最自然不过的事，同时也是最荒诞不经的事。"[3] 伏尔泰虽然不完全是一个无神论者，但他对当时的天主教教会和封建专制进行了抨击，他提出要"打倒卑鄙无耻的东西"的口号，反对当时享有特权的僧侣贵族对人民"自然权利"的蹂躏。[4]

卢梭（1712—1778）对平等问题有专门的研究，他著有《论人类不平等的起源和基础》和《社会契约论》等著作。他在《社会契约论》中说："人生下来是自由的……人人共有的自由，是人的本性的结果。人的第一条法则是维护自己的生存，人最先关怀的是他自己；人一达到理性的年龄，单凭自己来判别适合于自保的手段，就立即从而成为自己的主宰。"[5] 卢梭还说："契约的条款是由缔约的本性严格规定了的，稍加改变就会使它们流于空洞，归于无效；因此，这些条款虽然也许从来没有正式宣布过，却到处都一样，到处都得到无言的接受和承认，以致于社会公约一旦

---

[1] 北京大学哲学系外国哲学史教研室编译：《西方哲学原著选读》下卷，商务印书馆，1982 年，第 37—39 页。
[2] 《欧洲哲学史》，第 430 页。
[3] 同上书，第 430 页。
[4] 同上书，第 426—430 页。
[5] 《西方哲学原著选读》下卷，第 66—67 页。

受到破坏,每一个人就马上恢复了他原有的权利,收回了他的天然的自由,而丧失掉他放弃天然自由而获得的那种约定的自由。"[1] 在《论人类不平等的起源和基础》中,卢梭说:"如果我们就这些不同的变革来追溯不平等的发展进程,我们可以发现,法律和所有权的制定是它的第一个阶段,官职的设立是第二个阶段,最后的第三个阶段则是合法的权力变为专制的权力。因此,贫与富的状态是第一个时期所认可的,强与弱的状态是第二个时期所认可的,第三个时期所认可的则是主与奴的状态,这是不平等的最后阶段,也是其他各个阶段最后结束的阶段,一直到一些新的变革把这个政府完全打碎,或者使它重新恢复合法的制度为止。"[2] 卢梭对平等原则的叙述,对契约与平等自由的关系以及对不平等现象的分析对欧洲思想界有重要影响。他及其当时欧洲其他一些思想家关于平等问题的论述对后来西方世界政治制度的确立起了极大的作用。

三、比较分析

古代印度和欧洲的平等观念是两地政治制度形成和发展的重要基础,是两地社会形态状况的直接反映。这方面的思想是世界政治思想史的重要内容,也是两地哲学观念的重要组成部分。两地的平等观念有相同之处,也有差别点,比较和分析二者之间这方面的内容对于我们认识人类社会和人类思想的发展规律有重要价值。

两地平等观念的相同之处主要表现在:

第一,两地的平等观念都与各自的社会变化密切相关。例如,古代印度佛教的平等观念是在印度社会中出现反婆罗门教或非婆罗门教的思潮后兴起的;印度教的一些平等观念是在中世纪印度社会中兴起虔诚派运动之后显露出来的。欧洲的平等观念是文艺复兴和资产阶级革命的产物。不少

---

[1]《西方哲学原著选读》下卷,第72页。
[2] 同上书,第77—78页。

欧洲思想家的平等观念常常为欧洲出现的政治变革或政坛变化做了思想准备。

第二，两地的平等观念多涉及宗教的观念。如古印度的平等观除了顺世论的思想外，其他都是宗教派别内部的主张，最为突出的是佛教的平等观。欧洲的平等观也常常与宗教相关，如在基督教神学流行之后，在神学家的眼中，虔诚地信奉神就是人神之间的平等，他们认为信教的人们在上帝面前是平等的，上帝是公平的，上帝对于所有人所起的作用（惩罚或褒奖）是公正的。

第三，两地的平等观念最终都在近代前夕在社会中逐步获得较多支持，影响扩大。如古代印度的平等观念在近代前夕逐渐增强，印度近代的宗教和社会改革运动也树起了反对种姓歧视和追求男女平等的旗帜。欧洲的平等观念在资产阶级革命前夕明显地突显起来，自由平等的口号是欧洲资产阶级进行革命的重要思想武器。

两地平等观念的差别点主要表现在：

第一，欧洲的平等观念论及天赋人权多一些。如意大利人文主义者薄伽丘讲人类是天生平等的，洛克认为人人生而自然平等；而印度的平等观在这方面的论述要少一些。欧洲后来的平等观念强调法律面前人的平等，强调契约或公约等的重要性，而古印度的平等观在这方面的论述则较少。印度近现代这方面的思想主要是受西方思想影响的产物。

第二，印度的平等观念与种姓问题联系紧密。如佛教平等观的提出主要与其反对种姓歧视相关，是为了反对社会中存在的"婆罗门至上"的种姓特权思想；顺世论的平等观主要也体现在其反对种姓的分别上。而欧洲的平等观念则与种姓问题无关，但欧洲的平等观念也与社会的等级差别有关，只是表现形式与印度不同。印度的种姓等级划分与人的出身关系密切，而欧洲的社会等级划分则并不都与出身有关。

第三，古印度的平等观念主要是某一派或某一派分支的主张，从古至今相对变化不大。如古印度的平等观主要是佛教、顺世论等派的主张，这种主张从相关派别产生后一直存在，变化是相当小的。佛教在产生时主张四姓平等，发展到后来较为普遍地强调众生平等，顺世论在产生之后也一直反对种姓不平等。而欧洲的平等观念相对印度来讲变化较大，各个时期的平等观念主要是由社会中一些主张变革的人提出的。如欧洲基督教神学流行时期，在神学家那里强调的是信教之人在上帝面前的平等，而在文艺复兴和资产阶级革命时期的平等观念主要是天赋人权和法律或契约面前的人人平等。在这方面古代印度和欧洲是不同的。

平等观念在古代印度和欧洲的思想史上都有重要的影响，两地这方面思想的提出反映了当时社会不同阶层之间的利益冲突和政治诉求。梳理分析这方面的内容，找出其中一些规律性的东西，对我们认识人类社会的发展历程，继承以往思想史中的宝贵遗产，服务于现在，放眼于未来有着积极意义。

第十章　古代印度和欧洲关于神的观念

神的观念在世界各国的古代历史上都存在，是宗教史的重要内容，也是思想史的重要内容。人类迄今为止所提出的许多重要哲学思想、文化观念有许多最初的形态都是与宗教思想混杂在一起的，这些思想的许多萌芽形态最初就产生在古代印度和古代欧洲。在印度文明和欧洲文明中，宗教文化占有相当大的比重，而在宗教文化中，神的观念又占有重要地位。本章对古印度和古欧洲神的观念进行粗略梳理，努力理出一些头绪，并对这两地主要的神的观念进行对比，找出二者的相同点和差别点。

一、古印度关于神的观念

印度从古至今都是一个信仰神的国度，神的观念在印度有文字记载以来的历史中就一直起着重要作用。古印度不同时期神的观念有所不同，但对民众的影响和在社会生活中的作用是始终存在的。

现在所知的古印度最早的文明是印度河文明。在这一文明遗址出土的大量考古材料中，有许多"印章"，这些印章上刻有许多神像，这些神像给我们提供了关于远古印度宗教的一些信息和当时印度先民神的观念的一些形态。

现存大量记述印度宗教历史情况的最早文字材料是吠陀文献，在这些文献中，出现了大量有关神的内容，而这些神的出现也分为不同的阶段。

第一个阶段是多神崇拜阶段。这一时期的神主要是印度先民向许多对其生活影响较大的自然现象的崇拜，如太阳神、火神、风神、雷神、河神等。当时的人们对有关自然现象印象深刻，感觉新奇或充满敬畏，但又不能解释这些现象的产生原因，因而对这些现象心生敬畏，将其想象或解释成一些力大无比，能左右人们生活的神。如关于火神，《梨俱吠陀》第 1 节 1.3—4 说："通过（火神）阿耆尼，（人们）获得财富，日日幸运，（并具有）英雄的荣耀。（火神）阿耆尼，崇拜（与）祭祀（的对象）！你环绕一切（方面），在众神中亦是如此。"[1] 关于太阳神苏里亚，《梨俱吠陀》第 7 节 63.4 中说："天空中的金色瑰宝，远远地升起。目标遥远，迅速向前照耀。让依（太阳神）苏里亚而起的人们达到他们的目的并劳动吧！"[2]

这种对神的崇拜可以被称为自然神崇拜和多神崇拜，它们是在大量群居部落中出现的。

第二阶段是主神崇拜或尊一神崇拜阶段。随着人类社会从一般的小的群体生活向部落生活的过渡、从小的部落生活向小的国家的过渡、从小的国家逐渐相互兼并向大的国家的过渡，人们崇拜的神也在发生变化。在小的群居生活和小的部落生活中，人们崇拜的神是多样的，常常是某一群居生活团体有其崇拜的神，另一群居生活团体有另外崇拜的神，许多小部落中有各自崇拜的神，种类和名目繁多。但随着部落兼并规模的扩大，出现了最初的国家，各小的国家间也经常发生战争，获胜的国家疆土扩大，统治的民众人数增多。那些被兼并的部落或小的国家中原来信奉的神的影响越来越小，逐步被大的部落或国家中信仰的神所取代，因而，神的数目越来越少，旧的部落的神被一些国家中信奉的神所取代。这时古印度的信仰

---

[1] Macdonell, *A Vedic Reader*, pp.5-6.
[2] Ibid., p.127.

从多神崇拜向尊一神崇拜过渡,过去的一些神在一些民众中还存在,但影响越来越小,其地位逐渐被取代。虽然还有多神,但其中仅有很少的神或某一神起着主导作用,许多人仅仅尊崇那些影响较大的神。这一时期人们崇拜的神中,因陀罗神影响较大,他既被视为雷神,也被视为战神,如《梨俱吠陀》第2节12.2—9说:"他使动荡的大地坚定,他使颤抖的群山安宁;他赋予人们更广阔的空间;他支撑着天。人们啊!他就是因陀罗。""马、牛、部族、一切战车都在他的控制之下;他创造了太阳,创造了黎明;他是水的引导者。人们啊!他就是因陀罗。没有他,人们不能获胜;当战斗时,人们寻求他的帮助;他敌得过任何对手,他可以移动(本来)不能移动之物。人们啊!他就是因陀罗。"[1]

第三阶段是抽象观念的神的崇拜阶段。随着时间的推移、生产力水平的提高,人们的思维能力也相应增强,这时古印度的神崇拜现象也发生了一些变化。人们从崇拜具体可见的自然事物或生活中的物体,逐渐过渡到崇拜一些抽象的概念的神。如语言神,《梨俱吠陀》第10节125.5说:"我自己说出和发出那神与人都欢迎的言语,使我喜欢的人超强,使他成为圣贤。"[2] 此外,这一时期的神中还有不少人们想象出来的在现实世界并不存在的一些威力较大的神,如恶神阿修罗、死神阎魔、魔神罗刹等,这类神后来在印度也有较大的影响。这些神在生活中往往没有对应的具体事物,是人们对一些自己想象的能左右自己生活的超自然体所产生的崇拜。在这个阶段,人们信奉的神还是有多种,但大量的神已没有多大影响,或影响的范围有限,而那些将哲学实体神化后出现的神影响越来越大。只是在印度历史上一直没有出现全民都信奉的神,一些信奉者众多的神也不过仅在某些区域内流行。

古印度虽然对神的信仰非常普遍,但也并不是没有对神存在的怀疑或无神论的思想。在吠陀文献中,就有对神怀疑的内容,如《梨俱吠陀》第8节89说:"因陀罗不存在。谁见过他?"[3] 还有一些吠陀赞歌祈祷让人

---

[1] Macdonell, *A Vedic Reader*, pp.49-51.
[2] Radhakrishnan and Moore, *A Source Book in Indian Philosophy*, p.16.
[3] Ibid., p.34.

们忠实对神的信仰,这反而说明当时有不少人对神的信仰有所动摇。因为如果所有人都有坚定的对神的信仰,那么也就不会出现祈求人们对神忠实信仰的赞歌了。[1]

古印度的婆罗门教后来受多种其他印度宗教的影响,逐步转变成印度教。印度教中包含了古代印度许多宗教的信仰,但其中的主干或核心成分仍然是婆罗门教的理论。印度教中信奉的神也极多,这一宗教流行于印度众多地区,而此教中信奉的神在不同区域是有差别的。但总起来说,印度教信奉的神主要是所谓"三大主神",即梵天、毗湿奴、湿婆。

梵天(Brahmā)在婆罗门教或印度教中被认为创造之神,他一般被认为古代婆罗门教哲学中的最高实体"梵"的神格化的产物。他常被描述为有四个头,分别用于掌握宇宙的四分之一,婆罗门教圣典"四吠陀"被说成是源于这四个头。在印度教的三大主神中,梵天不仅能创造世间一般事物,还被认为可以造出世间的魔鬼和灾祸等。梵天在"奥义书"中实际就有提及,如《鹧鸪氏奥义书》(Taittirīya Up.)第2节8.1说:"众神的百喜是因陀罗神的一喜……因陀罗神的百喜是毗诃跋提神(虔诚和信仰之神)的一喜……毗诃跋提神的百喜是生主(创造之神)的一喜……生主的百喜是梵天的一喜。"[2] 在印度近现代,相对于印度教另外两大主神的信众,崇拜梵天的人要少。

毗湿奴(Visnu)在印度教三大主神中被认为保护之神,据说他有一千多个称号,如"世界之主""诃利"等。这一神在吠陀文献中就被多次提到,如《梨俱吠陀》第1节154.4说:"只有他(毗湿奴神)支撑着宇宙。宇宙划分为三种:大地、天空和被创造的万有。"[3] 毗湿奴常被描述成大慈大悲之神,当世界受到恶魔等的威胁,要被毁坏时,毗湿奴就以某种化身的形态出来救世。通常的毗湿奴形象有四只手,分别拿着轮宝、法螺、仙杖和莲花,他的坐骑是金翅鸟迦楼罗。毗湿奴救世时的化身很多,主要的有十个,即鱼、龟、野猪、人狮、矮人、持斧罗摩、罗摩、黑天、佛陀、伽

---

[1] *A Source Book in Indian Philosophy*, p.34.
[2] 《鹧鸪氏奥义书》第2节8. S. Radhakrishnan, *The Principal Upanisads*, pp.550-551.
[3] 《梨俱吠陀》第1节154.4. A. A. Macdonell, *A Vedic Reader*, p.34.

尔基,这些化身都有惩恶扬善、救世济民的能力。如毗湿奴曾变为鱼在洪水泛滥时救出人类始祖摩奴;毗湿奴曾变为龟与恶神阿修罗战斗;毗湿奴曾变为野猪战胜恶魔黄金眼;毗湿奴曾化作人狮将为非作歹的恶魔毗罗尼亚伽西婆杀死;毗湿奴曾变为矮人,与恶魔战斗,夺回了天、空、地三界;毗湿奴曾变为持斧罗摩,消灭了一些傲慢的刹帝利族;毗湿奴曾变为《罗摩衍那》中的主人公罗摩,除掉了魔王罗瓦那;毗湿奴曾变为《摩诃婆罗多》中描述的英雄人物黑天,除去了凶暴的国王及其派来的恶魔;毗湿奴曾变为佛教创始人释迦牟尼,借助一些理论,使罗刹等恶人失败;毗湿奴曾变为救世主伽尔基,使世界免遭毁灭。印度教中崇拜此神的人很多。

湿婆(siva)在婆罗门教或印度教中被认为毁灭之神,通常认为,此神由吠陀文献中提到的楼陀罗神演化而来。[1]"奥义书"中即提到过湿婆神。湿婆神能毁坏所有事物,并能伏魔降妖,他常被描绘为有五个头、三只眼、四只手,并具有神螺、三股叉、水罐与鼓,颈部挂着骷髅。他有许多变形,如时母、无头者、星星、十臂者等。舞蹈湿婆是其重要的表现形象,他表演的舞蹈有一百多种,据说狂舞时可最后导致世界毁灭。湿婆还被描述为常年在喜马拉雅山上苦行,居于阴暗和充满灾难之处,雪山女神是其妻,象头神是其子。男性的生殖器(林伽)常被作为湿婆的象征,湿婆崇拜在印度教中极为流行,信奉湿婆神的印度教信徒也很多。

在印度教的三个主神中,比较来说,在后世影响较大的是毗湿奴神和湿婆神。印度教的三大派别中有两个就是直接崇拜毗湿奴神和湿婆神的,还有一个主要派别的崇拜也与这三个神有关。印度教三大派是毗湿奴派、湿婆派、性力派,毗湿奴派与湿婆派从名称即可看出是分别信奉毗湿奴神和湿婆神的,性力派主要崇拜的是湿婆的配偶难近母与乌摩妃、毗湿奴的配偶吉祥天女、梵天的配偶辩才天女以及黑天的配偶罗陀等。

古印度历史上信奉神的民众众多,绝大多数思想流派在其理论体系中纳入了神的概念,但神在各派中的地位是有差别的。大致来说,神在各派中的地位可以分为四种情况:第一种情况是神在有关派别中占有较高地

---

[1] 参考黄心川主编:《世界十大宗教》,东方出版社,1988年,第84—88页。

位；第二种是神在有关派别中有较低地位；第三种是神在有关派别中具有名义上的地位；第四种是神在有关派别中没有地位。

第一种情况在印度宗教哲学中较为普遍，是印度神观念中的主流，这种情况主要体现在"奥义书"和吠檀多派中，二者中的神基本就是最高的哲学本体梵。"奥义书"和吠檀多派都主张梵为最高，是万有的本体。梵既是哲学上的最高实体，也是宗教上的最高神，它是一切的根本，世界的主宰。"奥义书"和吠檀多派的核心思想是印度文化中的主导性理论，这种理论中的神的观念也就是印度宗教哲学中影响最大的神的观念。

第二种情况在印度不少思想流派中都存在，如印度佛教就属于这种情况。佛教中也讲神，但佛教中讲的神地位很低，这些神数量很多，但神力却十分有限。如许多天神只是比一般的人能力强一些，他们一般住在天上，能在天上行走，形象也十分威武，但也仅此而已。其功力完全比不上大部分佛和菩萨，而且也要受制于业报轮回的规律，生命有限，并不能真的创造这个世界和毁灭整个世界。这些神与佛祖和许多菩萨等完全不在一个等级上。在佛教中，这些天神往往也参加佛教的重要活动，聆听佛的教诲，通常所作出的反应就是欢喜奉行，而且，按照佛教主流的思想，这些神等实际也是性空的。因此，神在佛教中虽然存在，却没有什么地位或地位低下。再者，按照佛教的根本理论缘起观，没有什么东西永恒常在，因而，永恒存在的最高神在佛教中实际也是不存在的。

第三种情况在印度不少思想流派中都存在，如正统派哲学系统中的胜论派、正理派、数论派、瑜伽派等就属于这种情况。胜论派在印度主要阐述一种自然哲学，此派论述了其对世界各种现象的类别划分，区分出事物自身和事物的属性、形态等相互之间的关系。此派在发展过程中也曾提出神的观念，如胜论派在6世纪左右的重要文献《摄句义法论》第3节40中说："四种粗大元素被产生，仅仅从最高神的精神凝定中创造出了来自火极微与地极微混合的宇宙金卵。"[1] 但胜论文献中这种论神的叙述较少，而且主要是在后期。总体上，胜论派在其体系中没有对神特别倚重。

---

[1] *A Source Book in Indian Philosophy*, p.401.

正理派主要论述逻辑和辩论问题。此派中虽然论及神,但实际上神的概念对其整个逻辑辩论体系不起多大作用,神在其中出现也主要是为了应付古印度大的有神论的思想环境——作为婆罗门教哲学派别之一,要象征性地表示对神的敬意——在论证其理论的过程中,这一概念没有多少实际意义。数论派和瑜伽派的情况也大致如此。数论派关注的是物质实体"自性"在精神实体"神我"观照下如何转变出世间事物的问题,瑜伽派关注的是如何进行瑜伽修行,以达到三昧状态的问题。两派中神的概念实际也起不了多大作用,也是要迎合古印度大的有神论的思想环境。

第四种情况的代表性派别是顺世论和弥曼差派。顺世论完全否定创世神的存在,如《摄一切见论》记述顺世论认为:"除了荆棘等纯粹世俗的原因造成的世俗的痛苦之外,没有其他世界的地狱,最高神只是人们看到的世间公认的帝王。"[1]这实际是完全否定神的存在。弥曼差派的早期文献中很少提到神,后期文献持坚定的无神论思想,如此派后期的思想家枯马立拉在《颂释补》中就曾质疑神造世的理论。《颂释补》第52节说:"(如果认为生主出于怜悯而创造世界,那么我们则说,)当不存在怜悯的对象时,生主的怜悯是不可能出现的。而且,如果他纯粹被怜悯所驱动来创造,那么,他将仅创造幸福的生物。"[2]《颂释补》第60节说:"这些生物根据这(创造者)自己(关于他是创造者的)断言所得到的观念也不能完全相信。因为,即便(创造者)这样(说),他仍可能未创造世界,他会为了显耀他的巨大力量而说他创造了世界。"[3]

二、欧洲古代关于神的观念

神的观念在欧洲历史上很早就出现了,这在《荷马史诗》中就有显露。《荷马史诗》中论及的神观念,应该说是一种多神论,如古希腊神话

---

[1] *A Source Book in Indian Philosophy*, p.230.
[2] Ibid., p.499.
[3] Ibid., p.500.

中有太阳神、海神等多种与自然现象相对应的神。著名的神不止一个，如太阳神阿波罗、女神雅典娜等。虽说是多神崇拜，但有些神的地位比一般神要高一些，如为了获得象征最美女神标志的"金苹果"，三位女神（赫拉、雅典娜、阿佛罗狄忒）之间发生冲突，争执不下，于是到宙斯那里去寻求裁决，这说明宙斯是这些神中地位较高的。因而希腊神话中的多神形态在发展过程中实际是向最终尊一神教过渡，即这一地区的神的崇拜最初形态是多神崇拜，后来出现了某些或某种神居于主导地位的情况。但这一时期没有绝对的一神教，而是处在一个较长时期的从多神崇拜向尊一神崇拜的演化过程。这种情况恐怕在各世界文明古国中是较为一致的。

古希腊出现较早的一批哲学家中有各种关于神的观念。这些人中有些怀疑神的存在，有些在无法解释当时人们不能理解的自然现象时借助神的概念，有些哲学家将其神的观念与其自然哲学的观念并行纳入自己的思想体系中。但总体上来说，神的观念一般不是在这一时期哲学家的思想体系中占主导地位的观念。

被称为"智者"的古希腊哲人普罗泰戈拉（前480—前408）就曾怀疑神的存在。他说："至于神，我们既不知道他们是否存在，也不知道他们像什么东西。有许多东西是我们认识不了的。"[1]他虽然不知神是否存在，对其存在表示怀疑，但他最终还是确认应当崇拜神。[2]这种态度恐怕是古希腊不少哲人在对待神的问题上所持的态度。

古希腊哲学中的爱利亚学派对神的问题有不少叙述，其中的克塞诺芬尼是这方面的代表。克塞诺芬尼在其《讽刺诗》中说："凡人们幻想着神是诞生出来的，穿着衣服，并且有着同凡人一样的容貌和声音。可是假如牛、马和狮有手，并且能够像人一样用手作画和塑像的话，它们就会各自照着自己的模样，马画出、塑出马形的神像，狮子画出、塑出狮形的神像了。"[3]在这里，他把神的出现看成是人想象出来的产物，这种观点有合理成分。

---

[1]《欧洲哲学史》，第66页。
[2] 罗素：《西方哲学史》上卷，第112页。
[3]《西方哲学原著选读》上卷，第29页。

但克塞诺芬尼在其另一部著作中所述的神是另一种样态。他在《论自然》中说："有一个唯一的神，是诸神和人类中间最伟大的；他无论在容貌上或思想上都不象凡人……神是全视、全知、全闻的……神毫不费力地以他的心思左右一切。"[1] 这种对神的描述是一种最高神或主神的描述。但他的这种神观念应当说不是当时主流的思想，或并不是广为流传的思想。

克塞诺芬尼对于神也有怀疑主义的论述。同样在《论自然》中，他说："至于诸神的真相，以及我所讲的一切事物的真相，是从来没有、也决不会有任何人知道的。即便他偶然说出了最完备的真理，他自己也还是不知道果真如此。各人可以有各人的猜想。"[2] 他的这些前后不很一致的说法表明，当时有不少哲人的思想实际处在变动之中，他们表述的思想有些是确定的，有些则不很确定。这种情况的出现应当说也是很自然的。

柏拉图是欧洲哲学史上的一位影响深远的哲学家。他提出了著名的"理念论"，较早就关注事物的共相问题，在政治学、数学等方面也卓有建树。尽管如此，在柏拉图的思想体系中也有神学的内容，这主要表现在《蒂迈欧篇》中。这一篇主要讲述了他的宇宙生成论，在讲述过程中论及了其有关神的思想。柏拉图吸收了毕达哥拉斯的数创造世界的理论，在此基础之上又提出了神造世的思想。在《蒂迈欧篇》中，柏拉图转述了毕达哥拉斯派的天文学家蒂迈欧论述的世界生成和人类创造方面的说法，文中实际上也就是柏拉图在接受蒂迈欧的观点后表述的他自己的观点。他所说的涉及神或神造世的理论的主要内容是：

世界既然是可感的，就不能是永恒的，而一定是被神所创造出来的。而且神既然是善的，所以他就按照永恒的模型来创造世界。神希望一切事物都应该是尽可能地好，而没有坏。神从无秩序中造出秩序。柏拉图的神并不像犹太教与基督教的上帝；他的神不是从无物之中创造出世界来，而只是把预先存在的质料重新加以安排。神把理智放在灵魂里，又把灵魂放

---

[1]《西方哲学原著选读》上卷，第29页。
[2] 同上书，第30页。

在身体里,他把整个世界创造成一个既有灵魂又有理智的活物。仅有一个世界。火、气、水、土四种元素每一种都显然各为一个数目所代表而构成等比例,火比气等于气比水,等于水比土。神用所有的元素创造了世界,因此它是完美的,而不会有衰老和疾病。神首先创造了灵魂,然后创造身体。[1] 柏拉图认为神并没有创造万物,而只创造了美好的事物。在他那里,理念或许不是被神所创造出来的,而是神的本质之组成部分。这样,理念论所包含的多元主义就不是最根本性的,最根本的只有神,或者说善,理念则是形容神的。[2]

柏拉图这种神以及神造世的理论对于欧洲后世的神学发展有着深刻的影响,尽管柏拉图本人主要以哲学家著称于世,他本人不是一个神学家。

亚里士多德是欧洲哲学史上的伟大思想家,提出了庞大的思想体系。在这一体系中,也包含神学的内容,他将其哲学与神学联系在一起。亚里士多德在《形而上学》中说:"我们也想不出哪门学问比哲学更可贵。因为最神圣的学问也是最可贵的,而从两个方面看,只有哲学才最神圣。因为最适于神具有的学问是神圣的学问,研究神圣对象的学问也是神圣的学问,而这两种资格哲学都具备。因为(1)神被认为是万物的原因,而且是本原,(2)哲学这门学问,要末是只有神才能具有,要末是首先为神所具有。其他的科学虽然比哲学更必需,却没有一门比哲学更优越。"[3] 亚里士多德的这种论述一方面将哲学神圣化,另一方面又将神披上了科学的外衣。但在他生存的年代,希腊思想界盛行的是哲学的思想,神学的概念只有在当时的哲学或科学认为难以说明某些问题时才被拿出来作为一种解释。

亚里士多德的神学观念与其"四因说"有一定关系,这四因是质料因、形式因、动力因、目的因。质料因是构成事物的材料,如雕铜像用的铜;形式因是质料被做成东西的形式,即构成事物所依据的形式或原则;动力因是推动质料成为有一定形式的东西的动力;目的因是使质料成为某

---

[1]《西方哲学史》上卷,第189—190页。
[2]同上书,第174页。
[3]《西方哲学原著选读》上卷,第119—120页。

种形式的目的,即构成推动某种事物形成的目的和行为。[1] 这里面的目的因与神学关联较大,因为从逻辑上说,这目的应该是有理智者的思想活动,而涉及世界所有事物构成的有目的者是很容易与神等同的。当然,亚里士多德这种目的论涉及的神的观念在他的体系中是一个逻辑推论的产物,他实际并没有完全以这个逻辑上的有目的者或神为一切的中心。

在亚里士多德之后,新柏拉图派对于神学在欧洲的发展也有一定作用。此派的代表人物普罗提诺,他在哲学上继承了柏拉图的理念论,在宗教思想方面则更进一步论及了神的观念。他在其著作《九章集》中说:"灵魂很自然地对神有一种爱,以一个处女对她的高贵的父亲的那种爱要求与神结合为一体……即便在这个世界里,在肉体中间,我们也可能用这样的方式来看神和我们自己,因为我们这样看是合法的。我们看到自己沐浴在光明之中,充满着灵明事物的光辉,甚至可以说充满了光明本身,纯净,毫无重量,一直向上升。我们把自己就看成这个样子,不,就看成神自身。使我们燃烧起来的就是神。可是当我们又下沉到地上时,我们就脱离这种境界了。"[2] 普罗提诺把哲学上的理念论与神学上的神观念结合在一起,都作为形成事物或人的主要来源。这种哲学与神学的结合在其后的欧洲哲学中得到了重要发展。

欧洲思想史中神学的重要发展与基督教的产生同《圣经》的传播有较大关联,与后来天主教的形成和发展也有重要关联。

基督教中的重要成分与柏拉图和新柏拉图派中的一些思想有关,也与其吸收的犹太人的历史和道德概念有关。基督教的核心思想之一是上帝创造一切。基督教还认为有一部分人是上帝特别宠爱的。此外,基督教还提出行善、慈爱、施舍等道德伦理观念。基督教亦提出了来世及天国的概念,这些概念都成为与基督教神观念有直接联系的思想。[3]

奥古斯丁为北非塔迦斯特人,是欧洲基督教神学思想家的主要代表。他把欧洲的思辨哲学引入神学,其主要著作有《忏悔录》《教义手册》

---

[1] 参考《西方哲学原著选读》上卷,第134页;《西方哲学史》上卷,商务印书馆,1981年,第220页。
[2]《西方哲学原著选读》上卷,第217—218页。
[3] 参考《西方哲学史》上卷,第383—384页。

《上帝之城》等。奥古斯丁的主要神学思想是：一切存在物都是上帝创造的，上帝所造的一切都是好的，上帝能从恶事中结出善果来，人获救全靠上帝的恩典，上帝之光能使人认识真理等。[1]

在《教义手册》中，奥古斯丁说："宇宙间除了上帝之外，没有任何存在者不是由上帝那里得到存在；上帝是三位一体的——即'父'，由父而生的'子'，和从父出来的'圣灵'，这圣灵就是父与子之灵……一切事物都是由那具有至上、同等、永不改变之善的三位一体的神所造成的。"[2]

在《上帝之城》15 中，奥古斯丁说："在最高的上帝那里是没有不公正的事的。只有最高上帝才最明白怎样对人的犯罪施行适当的惩罚。"[3]

在欧洲中世纪，经院主义神学思想盛行，其中的一个重要人物是安瑟尔谟（公元 1033—1109 年），他是意大利人，主要著作有《宣讲》等。他也将思辨哲学引入神学，吸收了柏拉图的理念论，提出了著名的上帝存在的本体论证明，认为从上帝的性质是一种完全的存在这个定义就可以得出上帝存在的结论。在《宣讲》中，他说："我决不是理解了才能信仰，而是信仰了才能理解……有一种不可设想的无与伦比的伟大的东西，它就不能仅仅在心中存在，因为，即使它仅仅在心中存在，但是它还可能被设想为也在实际上存在……上帝的存在，是那么真实无疑，所以甚至不能设想它不存在。"[4] 安瑟尔谟这种对上帝的论证实际就是将类似于柏拉图理念这样的概念放在了事物之前，这种信仰尽管是加上了哲学论证，但其论证是极为简陋的。

托马斯·阿奎那（1225—1274）为意大利人，是欧洲 13 世纪以来影响最大的经院哲学家。他的主要著作有《神学大全》《反异教大全》等。

在教授哲学的天主教机构中，托马斯·阿奎那的思想体系占据了主导地位。他吸收改造了亚里士多德的有关理论，提出了自己的思想。他的神

---

[1] 参考《西方哲学原著选读》上卷，第 219—224 页。
[2] 同上书，第 219 页。
[3] 同上书，第 222 页。
[4] 同上书，第 240—242 页。

学理论有很多，其中较著名的是其对上帝存在的五个证明。在其《神学大全》中，阿奎那说："上帝的存在，可从五方面证明：首先从事物的运动或变化方面论证……凡事物运动，总是受其他事物推动……最后追到有一个不受其他事物推动的第一推动者，这是必然的。每个人都知道这个第一推动者就是上帝。第二，从动力因的性质来讨论上帝的存在……有一个最初的动力因，乃是必然的。这个最初动力因，大家都称为上帝。第三，从可能和必然性来论证上帝的存在……有某一东西：它自身就具有自己的必然性，而不是有赖于其他事物得到必然性，不但如此，它还使其他事物得到它们的必然性。这某一东西，一切人都说它是上帝。第四，从事物中发现的真实性的等级论证上帝的存在……世界上必然有一种东西作为世界上一切事物得以存在和具有良好以及其他完美性的原因。我们称这种原因为上帝。第五，从世界的秩序（或目的因）来论证上帝的存在……必定有一个有智慧的存在者，一切自然的事物都靠它指向着他们的目的。这个存在者，我们称为上帝。"[1]

托马斯·阿奎那这种对上帝的论证比安瑟尔谟的论证精细一些，但这一理论表露出来的本质仍是一种虔诚的信仰。

阿奎那的理论形成后，一直盛行在许多神学家与哲学家中。他对上帝存在的论证等思想为欧洲后来著名的哲学家高度重视，如笛卡尔、莱布尼茨、康德、黑格尔等伟大的哲学家都关注了他的神学与哲学思想，或修改，或补充，或批驳，或吸收他的有关理论。[2]

三、比较分析

古代印度和欧洲的"神"的观念是世界宗教史和思想史中的重要内容。这两大诞生重要人类文明的地区中的神学思想与哲学思想是人类文化

---

[1]《西方哲学原著选读》上卷，第261—264页。
[2] 参考《西方哲学史》上卷，第508—511页。

发展的重要展现。两地这方面的思想直到今天仍然对人类社会产生着重大影响。比较和分析二者之间的共同点与差别点对于我们认识人类思维的发展规律有积极意义，对我们现在开展文化交流和文明互鉴也有促进作用。

两地这方面思想的相似处或共同点主要表现在：

第一，两地神的观念与哲学思想常常交织在一起。印度哲学主要派别中一般都有神的位置，一些派别中的最高实体也常被认作神，完全否定神的存在的印度哲学派别极少（仅有顺世论一派）。许多古代欧洲的著名哲学家在其体系中往往提出创造世界的最终原因是神或上帝，将世间事物的最终根本原因推到神或上帝那里，如柏拉图、亚里士多德的理论体系都给神留了位置。后来的欧洲著名神学家往往吸收前代哲学家理论中这方面的思想，加以改造利用，使之成为论证神或上帝存在的根据。

第二，两地神的观念的产生一般都经历了多神崇拜（多种自然神崇拜）的最初阶段，都由此逐步过渡到一神崇拜或主神崇拜阶段。古印度较早的神的崇拜即是多神崇拜（多种自然神崇拜），如火神、雷神、太阳神等；古代欧洲的早期神崇拜也是多神崇拜，如太阳神、海神等。两地的多神崇拜后来都向主神崇拜或尊一神崇拜过渡，印度后来出现了对印度教的三大主神的崇拜，而欧洲后来出现了对上帝的崇拜。

第三，两地神的观念都对各自所处的社会历史产生了极大的影响。古印度的神的信仰从古至今一直较盛，无论是早期的多神崇拜还是后来的主神崇拜在百姓中都有广泛的影响。古代欧洲的神的信仰也有相当影响，古希腊时期的主要哲学家一般都有对神的论述，在中世纪之后，欧洲的思想界中神学的影响一直存在，对社会民众的精神面貌、社会活动等起着很大的作用。在这一点上，两地神的观念的情况类似。

两地这方面思想的不同处或差别点主要表现在：

第一，古印度的最高神往往与最高实体相对应，古欧洲的神虽然也有这方面的情况，但不突出。如"奥义书"中的最高实体梵被明确认为就是神，吠檀多派中的毗湿奴神也被认为最高实体梵，宗教上的最高神往往也是哲学上的最高实体。古代欧洲主要哲学家的思想体系中虽有不少神的位置，但多数哲学家并不将其哲学核心概念与神等同。

第二，古印度神的崇拜现象贯穿于整个印度的主要发展历史中，而古欧洲的神的崇拜现象主要是在中世纪影响较大，中世纪之前和之后的欧洲神的观念影响很有限。古希腊的哲学和文艺复兴后的欧洲哲学与神学的关系没有古印度哲学与神学结合得那样紧密。

第三，古印度神的崇拜现象中的主神最后主要是三个，即毗湿奴神、湿婆神和梵天神。这三大主神在印度的不同区域影响有差别，但在总体上说，印度的主神崇拜不是单一的神主导整个国家神的崇拜。而欧洲神的崇拜发展到后来，占主导地位的是一神教，主要崇拜一个上帝，这与印度有一定差别。

总体上说，古印度和古欧洲神的观念有其共同点，这反映了人类思想发展到一定程度后所普遍产生的变化，但不同区域人们的思想文化的发展也有其自身的一些特色，这在宗教的发展上也有所体现。梳理和分析这种发展的基本线索，找出一些规律性的东西，对于我们的精神文明建设，促进不同文明的思想互鉴有着积极意义。

第十一章　古代印度和欧洲的无神思想

古代印度和欧洲的哲学和宗教都很发达。两地都有神的观念，也有无神的思想。神的观念在两地古代历史上的影响要大于无神的思想，但无神的思想也有悠久的历史，并且亦有过不小的影响，在两地的思想史上占有重要地位。本章侧重对这两大文明发源地和发达区域的无神思想进行梳理，并加以对比分析。

一、古代印度的无神思想

古代印度是一个神的信仰极为发达的地区，但并非没有无神的思想，而且无神的思想在古印度很早就有显露，在现存较早记述印度宗教历史的文献"吠陀"中，就有相关内容。

吠陀文献中提及了大量当时人们信奉的神。这些神中较早出现的是一些与自然现象对应的神，如太阳神、风神、火神、雨神、水神等；接着出现了一些在大部落或早期小国中信仰的神，如因陀罗神（雷神或战神）等；后来又出现了一些抽象概念的神，如语言神、信心神等；还出现了一些在现实世界中无对应事物的神，如恶神阿修罗、死神阎魔、魔神罗刹等。

但吠陀时期也并不是所有人都对神怀着敬仰或虔诚的心态。随着人们思维能力的增强,随着人们对事物本质认识的深化,一些人对神的存在或神的力量产生了怀疑。有"吠陀"赞歌在提及神时不再持坚信的态度,即这种信仰有所动摇。如《梨俱吠陀》第 10 节 129.7 说:"这造作是从哪里出现的?或是他(神)造的,或不是。他是这(世界)在最高天上的监视者,仅他知道,或(他也)不知道。"[1] 此首赞歌没有明确否定神的存在,但显然已经有了对神的存在或神的作用怀疑的意识或倾向。

还有的赞歌直接否定某些神的存在,如《梨俱吠陀》第 8 节 89.3 说:"因陀罗不存在。谁见过他?"[2] 这种明确怀疑神存在的赞歌虽然数量不多,但也还是有,而且恐怕曾一度使一些崇神论者产生担忧。"吠陀"中产生了一些祈祷人们忠实于对神信仰的赞歌,从这也可以反推出当时有否定神存在的思想,因为如果当时没有人怀疑神的存在,那么也就没有必要祈祷人们忠实于对神的信仰了。[3]

在"吠陀"之后,古印度形成了不少哲学或宗教派别。这些派别主要分为两大类:一类是尊崇吠陀权威的正统派,如婆罗门教系统的六派哲学,包括胜论派、正理派、数论派、瑜伽派、弥曼差派、吠檀多派;另一类是不承认吠陀权威的非正统派,包括顺世论、耆那教、佛教。无论是在正统派中,还是在非正统派中,都有无神的思想。

在各哲学派别中,反对有神论思想最为坚定的是顺世论。此派在古印度是一个特立独行的派别,它反对各种宗教思想,否定因果报应,不承认天堂和地狱的存在,因而在神的问题上持坚决否定的态度。

记述顺世论思想较多的一部著作《摄一切悉檀》第 5 节说:"谁装饰孔雀?谁使布谷鸟歌唱?这里除自然而外,不存在其他的原因。"[4] 这里否定的"其他的原因"主要是指创世神等。《摄一切悉檀》第 8 节说:"没

[1] Macdonell, *A Vedic Reader*, p.211.
[2] Radhakrishnan and Moore, *A Source Book in Indian Philosophy*, p.34.
[3] Ibid.
[4] Ibid., p.235.

有不同于此（世）的世界，没有天堂，没有地狱。湿婆的区域一类地方是由其他思想派别的愚蠢骗子们编造出来的。"[1] 这里说的"湿婆"是印度教中的主要神之一。顺世论否定这种神及与之相关的各种说法。

另一部记述有顺世论思想的著作是《摄一切见论》。该论说："除了荆棘等纯粹世俗的原因造成的世俗的痛苦之外，没有其他世界的地狱，最高神只是人们看到的世间公认的帝王。"[2] 这里不仅否定最高神的存在，甚至还分析了这种神的本质。

佛教虽然是宗教，但实际有无神的倾向。佛教中经常提到神，但这些神地位很低，一般都不是造世神，而且受业报规律制约，生命有限。佛教在产生时提出的基本理论中有缘起、无常和无我理论，这就决定了佛教不可能信奉实有的、永恒存在的最高神。因为古印度人一般认为只有单一的和不可分解的东西才可能是实在的或永恒的东西，佛教强调缘起，就是认为事物都是依他的，认同至少存在两种以上成分的东西，认可了事物的差别和可分解，这种存在就不是永恒的东西了。最高神是不能分解和不能依他的，因而佛教不承认最高神。佛教中的大乘一般都强调万法皆空，而最高神是不能空的，因而大乘佛教也不承认实有及永恒的最高神。

古印度对神的崇拜十分流行，这里面婆罗门教和后来的印度教是最突出的。婆罗门教或印度教崇拜的神主要是所谓"三大主神"，即梵天、毗湿奴、湿婆。梵天不仅被认为能创造世间一般事物，还被认为可以造出世间的灾祸等；毗湿奴一般被认为保护之神；湿婆一般被认为毁灭之神。佛教不崇奉婆罗门教或印度教的这些神，不承认其威力。佛教的文献中常提到的神是"大自在天"神，对其活动范围和威力有种种说法。这种"大自在天"神实际是佛教改造或吸收上述婆罗门教或印度教的神的说法而来的，不少佛典中虽提到大自在天等神，但也经常贬低或否定其功力，甚至否定其最终实在性，这在大乘佛教的文献中有明确的表述。

---

[1] *A Source Book in Indian Philosophy*, p.235.
[2] Ibid., p.230.

例如，大乘中观派的根本论典《中论》中就有这方面的论述。在《中论》卷第一中，中观派在破斥种种"生"的观念时，实际也有破最高神或创世神生成万物的思想。中观派人物青目在解释龙树思想时提到"有人言万物从大自在天生，有言从韦纽天生"[1]，将这些都列入谬论或邪见，加以破斥。这里说的"大自在天"和"韦纽天"都是婆罗门教或印度教的神。中观派否定"生"也就是否定这些神的基本功能，这些神如果不能"生"实际也就不是创世神或最高神了。

再如，《成唯识论》中也曾批判大自在天创造万物并为世界根本因的思想。如该论卷第一说："若法能生，必非常故；诸非常者，必不遍故；诸不遍者，非真实故。体既常遍，具诸功能，应一切处时顿生一切法。待欲或缘方能生者，违一因论，或欲及缘亦应顿起，因常有故。"[2]意思是说，这些能创造万物的根本因（最高神）是不能成立的，因为一物如果能生，那它就不是常住的；而非常住的东西则必定不是遍在的；不是遍在的东西就不是真实的。如果一物的体是常恒和遍在的，并具有各种功能，那么它就应在一切处所和一切时间一下子生出一切事物。如果说要依赖于其他的欲望或条件才能产生，那就违背了自己主张的一因论；或者，如果有其他的欲望和条件，那么也应一下子（立时）就产生，因为是常有的。但在现实生活中，人们看到的却不是这样，因而这类关于大自在天或大梵等造世神的说法是不能成立的。

佛教中对造世神概念或最高神概念的排斥，与此教基本教义的倾向（强调缘起、强调无常等）是直接相关的，这在早期佛教和大乘佛教中都是如此。

婆罗门教和印度教系统的哲学派别一般来说，持有神论观点的派别居多，或持有神论的是这类派别中的主流，但也有一些属此系统派别的文献或哲人对有神论或造世神进行批判的理论。这方面较突出的是数论派和弥曼差派后期的一些文献或思想家。

---

[1]《大正藏》第30册，第1页。
[2]《大正藏》第31册，第3页。

数论派在后期的主要经典《数论经》中就有否定神和神造世理论的内容。如《数论经》第 1 节 93 说："这（自在天）不是（被）证明的（对象），因为它既不是解脱的，又不是受束缚的，也不是别的什么东西。"[1] 此经古印度的注释者阿尼鲁达说："这（自在天）是受束缚的还是解脱的？如果是受束缚的，他就不能是自在天了，因为（他）与法和非法相关联。如果是解脱的，他就不能是动因或作者，因为不存在要行动和努力的特殊认识及欲望。因此，自在天是超越证明的。"[2]《数论经》第 1 节 94 说："（用说自在天是解脱的或说他是受束缚的这）两种方式都不能（表明自在天）对事物（起）作用。"[3] 此经古印度的另一注释者吠若那比柯宿说："如果这（自在天）是解脱的，他将不能胜任创造等工作，因为他不具有想成为什么和想做什么的意愿和欲望等。如果这（自在天）是受束缚的，那他将处于迷惑等中，不能胜任创造的工作。"[4]

数论派的这种论述是从逻辑上论证神造世理论不能成立，实际是否定神存在的概念和神造世的功能。此种理论主要在后期数论派中表现较为突出，这和当时的数论派更重视自性和神我结合而产生万物的思想有关，从而对于神造世理论产生了一定程度上的排斥心理。

弥曼差派在早期论及神的言论很少，而在后期则十分坚定地否定有神论及神造世的理论。这主要表现在此派在公元 7—8 世纪的枯马立拉的思想中，他十分激烈地批判了最高神及神造世的理论。枯马立拉的主要著作《颂释补》中有很多这方面的内容，它对有神论的批判主要是从逻辑上表明有神论及神造世说不能成立。枯马立拉的批判主要有八大观点。

批判观点一：在神创造世界前众生不存在。但若众生当时不存在，后人如何能知道世界是神创造的？

《颂释补》第 46 节说："在那时（无人存在时），谁知道生主并把他的特点告知其后来创造的人们呢？如果谁也没有感知过他，那么怎么确定他

---

[1] *A Source Book in Indian Philosophy*, p.448.
[2] Ibid.
[3] Ibid.
[4] Ibid.

的存在呢？"[1]

《颂释补》第 58—60 节说："即便神在形态上可以认知，他作为创造者这一事实也是不能确认的。因为在世界创造的初期，一开始出现的众生能够知道什么呢？他们不能知道自己是从哪里产生的，他们不能知道世界被创造之前的状态，他们也不能知道生主是造世者。这些生物根据这（创造者）自己（关于他是创造者的）断言所得到的观念也不能完全相信。因为，即便（创造者）这样（说），他仍可能来创造世界，他会为了显耀他的巨大力量而说他创造了世界。"

批判观点二：世界不可能是神的欲望之产物。

《颂释补》第 47 节说："世界以何种方式在时间上有开端呢？（如果认为是生主的欲望带来的，那么）由于生主被认为没有物质身体等，他怎么会有对创造的任何欲望呢？"

批判观点三：若有造世神，他就应有其身体，但他的身体不可能是他自己造的，因而造世神不存在。

《颂释补》第 48—49 节说："如果认为生主有身体，那么这身体肯定不能是他自己创造的。这样我们就不得不设想（有创造这身体的）另外一个创造者。如果生主的身体被认为永恒的，那么，（我们问:）既然地（水等元素）还没有创造出来，那么生主的身体是由什么构成的呢？"

批判观点四：世界若是由充满怜悯的神造的，那他应仅造快乐的生物，世界上不应有痛苦。

《颂释补》第 52 节说："（如果说生主创造世界是出于怜悯，那么）在没有怜悯对象时，他怎么可能有这种怜悯呢？即便他纯粹被怜悯所驱使来创造世界，那他将仅创造快乐的生物。"

批判观点五：若神是为了娱乐而创造世界，那创造工作会给他带来无穷的烦恼。

《颂释补》第 56 节说："如果造世者的活动仅仅是为了娱乐的欲求，那这样说将与他的永远满足的特性相抵触，而且大量创造工作将会成

---

[1] *A Source Book in Indian Philosophy*, pp.498—503，下引《颂释补》出处同此。

为其无穷烦恼的来源。"

批判观点六：若是神创造世界，就也需要材料，不能无中生有。

《颂释补》第51节说："即便是蜘蛛织网也不被认为无需任何（物质）基础。因为蜘蛛织网的唾液来自被其吃掉的小动物的身体。"

批判观点七：古代文献也未证明神造世。

《颂释补》第61—63节说："吠陀是永恒的，吠陀怎么能提及生物等的被创造及其有关过程呢？如果吠陀在被创造的事物之前就存在，那么在吠陀和被创造之物之间就没有关联。因而，吠陀中出现的一些似乎是描述创造过程的句子，就必须要解释为在赞扬别的什么东西（如祭祀的教令等）。普通人中出现的一些观念（即认为吠陀提及了生主的创造）实际是错误的，这些观念实际上由某种赞扬一些教令的告别辞引起，因为每当一个句子不能与其前后出现的文句适当地一起考虑和解释时，就必定要产生错误的观念。"

批判观点八：说神创造世界就如同陶工制作陶罐一样，是矛盾的。

《颂释补》第79—80节说："如果在陶罐等的事例中，你们举出陶工等的作用，那么神的控制就不能适用它们。如果另一方面，你们想说陶罐的制造是由神控制的，那么你们就会产生大的（论证）错误。如果你们使用一般都承认的（陶罐等作为）喻，那么将与要论证的命题发生冲突，因为在（喻）的那种场合，（表明的是）身体等不是由神造出来的，而且制造者（陶工等）自身也是要毁灭的。"

弥曼差派对有神论的批判与此派的核心理论有关。弥曼差派在古印度主要是一个致力于祭祀活动的派别，此派认为祭祀活动是有功效的，"吠陀"中有关祭祀的言语是神圣的，祭祀活动中说的特定言语能自动获得祭祀者希求的结果。在祭祀时说的特定言语和祭祀结果之间起根本作用的是"无前"（即在说特定言语前不存在的力量，说了之后则存在），而有神论者认为，行为产生的果报是神的力量在起作用，不是"无前"在起作用，因此，弥曼差派坚决反对有神论。这在后期弥曼差派中表现得尤为突出。

二、欧洲经典的无神思想

无神的思想在欧洲哲学中也有悠久的传统，这在古希腊哲人中即可看到一些最初的形态。

古希腊哲人普罗泰戈拉就曾怀疑神的存在。他说："至于神，我们既不知道他们是否存在，也不知道他们像什么东西。有许多东西是我们认识不了的。"[1] 他在这里没有明确肯定神的存在，也没有否定神的存在，而是多少持有一种怀疑态度。但对神的崇拜是人类早期思想发展的一个必然经历的阶段，即便有对神的怀疑，多数人也还是会不由自主地产生对神的崇拜，因为当时的人们有太多不能解释的自然现象，而推到神那里去，用神的作用来加以解释是最为方便省事的做法。因而普罗泰戈拉在这方面虽然有怀疑，但最终还是确认应当崇拜神。[2]

古希腊不少哲人论及了神，对神的出现所作的解释有很多合理成分，克塞诺芬尼就是这方面的代表。他在其《讽刺诗》中说："凡人们幻想着神是诞生出来的，穿着衣服，并且有着同凡人一样的容貌和声音。可是假如牛、马和狮子有手，并且能够像人一样用手作画和塑像的话，它们就会各自照着自己的模样，马画出、塑出马形的神像，狮子画出、塑出狮形的神像了。"[3] 在这里，他把神的出现看成是人想象出来的产物，这种见解值得肯定，因为他强调了所谓神是人为造就的，而不是本来就有或真实存在的。

克塞诺芬尼讨论过神的全知全能，如他在《论自然》中说"神毫不费力地以他的心思左右一切"[4]。但他也有表示怀疑的论述，同样是在《论自然》中，他说："至于诸神的真相，以及我所讲的一切事物的真相，是

---

[1]《欧洲哲学史》，第66页。
[2] 罗素：《西方哲学史》上卷，第112页。
[3]《西方哲学原著选读》上卷，第29页。
[4] 同上。

从来没有,也决不会有任何人知道的。即便他偶然说出了最完备的真理,他自己也还是不知道果真如此。各人可以有各人的猜想。"[1] 他的这些前后不很一致的说法表明,当时有不少哲人的思想实际是处在变动之中的,他们表述的思想有些是确定的,有些则不很确定。

古希腊哲人中的原子论者明显否定神或神的作用。如伊壁鸠鲁在论述其理论时说:"不能认为天体的运动和旋转、日月蚀、升起、降落以及与这些相类的现象,是由于某种实体使然,这个实体管制、规定或者曾经规定过它们。"[2] 伊壁鸠鲁这里说的"实体"就是指神。他否定天体等事物是由神支配的,而认为事物都是由原子构成的,事物的运动是由原子的运动产生。这对神的基本作用的否定实际也就是否定最高神的存在。

卢克莱修是伊壁鸠鲁的弟子,他在这方面的观点与伊壁鸠鲁类似,反对有神论的思想更为明确。他在《物性论》中较为清晰地表述了原子论的思想并否定神的作用。他认为,世界是由原子运动形成的,自然是自动的,不受神的支配。《物性论》提出:"从任何主宰解放出来而自由了的自然,就能被看到是由自己独立地作它所有的事情,摒弃一切神灵的干预。"[3]

欧洲哲学在新柏拉图学派之后,神的信仰大为增强,上帝创造一切的思想广为流传。基督教的传播使得欧洲对神的崇拜达到了前所未有的热度,普罗提诺、奥古斯丁、安瑟尔谟都极大地推动了欧洲神学的发展,托马斯·阿奎那更是为欧洲中世纪的经院哲学提供了重要的理论基础。在这个时期,基督教神学或经院哲学占据了欧洲思想界的主导地位,但在这个历史发展阶段,也有无神思想的存在,这种思想多以所谓"异端"或非正统的方式来解释神学思想。

伊里吉纳(约生于公元 800—815 年,约死于公元 891 年)是爱尔兰人,曾在爱尔兰修道院学习。他虽然也讲上帝,但其解释与正统的基督教神学理论不同。他在其著作《论自然的区分》中说:"当我们听见说上帝

---

[1]《西方哲学原著选读》上卷,第 30 页。
[2] 同上书,第 172 页。
[3] 同上书,第 208—209 页。

创造万物的时候,我们只应理解为上帝是在万物之中,亦即是万物的本质。只有上帝自在地是真实的,它就是万物中真实的存在本身。""在它创造万物之前,上帝并不存在。……它的创造与上帝是同在和同质的。""万物在上帝中乃是永恒的创造物。"[1] 这种解释就是一种所谓"异端"的解释,因为它否定了上帝是从无中创造出世界万物的正统说法。而且,如果万物是永恒的,那么从逻辑上说,万物就不是被上帝造出来的,传统的上帝造万物的说法就不能成立了。这类非正统或"异端"解释在其出现的年代是受到神学势力压制的,并未成为思想界的主流。

在欧洲中世纪,经院主义神学家安瑟尔谟将思辨哲学引入神学,提出了著名的上帝存在的本体论证明,认为从上帝的性质是一种完全的存在这个定义就可以得出上帝存在的结论。而这种理论受到了中世纪法兰西哲学家高尼罗(11世纪人)的批判。高尼罗在其主要著作《为愚人辩》中说:"关于那个可设想的无与伦比的伟大存在者,据说它就是上帝本身,但当我听到有人讲到它的时候,我不论用我所知的'种'或'类'的对象,都不能设想到这个存在者,或者把它留在心中,像我所能想到的上帝本身那样。因此,我甚至能设想它不会存在。因为我既不知道这现实本身,也不能拿某些相似的东西去构造一个观念。"[2] 高尼罗还说:"假如有某一个甚至不能用任何事实来设想的东西,一定要说它在心中存在,那末,我也不否认这个东西也在我心中存在。但是,从这事实,我们却万万不能得出结论:这个东西也存在于现实中。"[3] 高尼罗对本体论证明的这种批判是十分有力的,但在当时的影响十分有限。这一时期的有神论思想主导着欧洲的思想界。

邓斯·司各脱(1266—1308)是爱尔兰僧侣,但提出了一些反对正统基督教神学的主张。他认为哲学并不能证明上帝的存在,人也不能认识上帝的真相。[4] 这种观念也是对安瑟尔谟等从哲学上论证上帝存在做

---

[1]《欧洲哲学史》,第171页。
[2]《西方哲学原著选读》上卷,第246—247页。
[3] 同上书,第248页。
[4] 同上书,第279—281页。

法的否定。

14—16世纪，欧洲掀起了所谓"文艺复兴"运动。思想界在复兴古希腊罗马的哲学和科学思想的旗号下提出了许多新思想。这些思想中有很多内容都是新出现的反对传统基督教神学观念的。

库萨的尼古拉（1401—1464）是文艺复兴时期较早的一位自然哲学家。他提出了有泛神论色彩的理论。他在《论有学识的无知》中说："上帝创造万物和说上帝是万物乃是一回事。"[1] 他虽没有把上帝和万物完全等同，但他的说法还是与正统的宗教神学不同，也属于一种"异端"的解释。

伊拉斯谟（1469—1536）为荷兰人，是文艺复兴时期的著名思想家。他著有《愚人颂》，坚决反对神学。他在《愚人颂》中说："基督教似乎是和某种愚蠢同类的，和智慧没有任何渊源。"[2] 这种思想在文艺复兴时期对神学有明显的冲击。

布鲁诺（1548—1600）为意大利人，也是文艺复兴时期的著名思想家。他著有《论原因、本原和太一》等著作，十分排斥传统的基督教神学思想。在《论原因、本原和太一》中，他说："宇宙是统一的、无限的、不动的……因为它是一切。它不生，因为没有别的存在是它能够希望和期待的，因为它占有全部存在。它不灭，因为没有别的事物是它能够变成的，因为它是任何事物。"[3] 他的这种观念未给神留下任何位置，也完全否定了神造万有的理论。

16—18世纪欧洲思想界的神学思想有所发展，但非神学的思想也得到空前的发展。

这一时期的重要哲学家有英国的培根（1561—1642），他在阐述其哲学和科学思想时对神学思想也加以反对。在其著作《新工具》中，他分析了哲学家的类型。在分析第三类哲学家时，培根说："他们由于对神学与传统思想的信仰和崇敬而把他们的哲学和这些东西混合起来。在他们中

---

[1]《欧洲哲学史》，第245—246页。
[2]《西方哲学原著选读》上卷，第316页。
[3] 同上书，第331页。

间,有一些人竟听任其幻想驰骋,要想在神灵鬼怪中去寻求科学的起源。"[1] 培根在这里显然是把神等同于鬼怪一类说教,认为它是一种幻想的观念,将其看作与科学格格不入的东西。

霍布斯也是这一时期的重要哲学家,他是英国人,著有《论物体》等著作。他认为:"哲学排除一切凭神的灵感或启示得来的知识,排除一切并非由理性引导给我们、而是在一刹那间凭神的恩惠、也可以说凭某种超自然的感觉获得的知识……敬神的学说也排除在哲学以外,因为这不是通过自然的理性、而是通过教会的权威而认识到的,因为这种学说是信仰的对象,而不是知识的对象。"[2] 霍布斯的这类叙述将神学与科学的界线明确地划了出来。

18世纪的法国哲学是近代欧洲无神思想所达到的高峰。这一时期,出现了不少无神论思想家,他们从各个方面对有神论进行批判,并论述了他们对神学本质和来源的看法。这些哲学家中较著名的有贝尔、梅利叶、拉美特里、霍尔巴赫等。

贝尔(1647—1706)是法国哲学家,他有明显的无神论倾向,著有《历史的和批判的辞典》。在《历史的和批判的辞典》的"皮罗"条中,他说:"怀疑论对于那门神圣的学问(神学)是危险的,可是对于自然科学和国家似乎并不如此。"[3] 在该书的"第一项辩明"中,他说:"对上帝的畏惧和爱慕并不是人们行动的唯一动力。""拜偶象者应当是由他们自己的宗教驱使着去干坏事的。他们应当相信,为了活得同他们的神一样——这是宗教的目的和核心——,就必须充当恶棍、争风吃醋、未婚私通、已婚犯奸、将男作女等等……我们为什么一定要指望在异教的拜偶象者身上找到道德,而认为在不信宗教的无神论者身上找不到道德呢?"[4] 贝尔这些话语清楚地表明了他对宗教神学的态度。

---

[1]《西方哲学原著选读》上卷,第354页。
[2] 同上书,第386页。
[3]《西方哲学原著选读》下卷,第3页。
[4] 同上书,第10—11页。

梅利叶（按：又译梅叶）（1664—1729）是法国乡村教士，他也较坚定地反对神学理论。他在其著作《遗书》中说："任何宗教仪式、任何敬神行为都是谬误、舞弊、错觉、欺骗和奸诈行为。所有利用上帝和诸神名义、以及利用他们的声威发布的规则和命令，都不外是人捏造出来的东西，这正和为庆祝诸神而举行的盛大祝典、祭典及其他宗教性及宗教祭祀性活动都是人捏造出来的一样。我已说过：所有这一切都是先由奸猾狡诈的阴谋家虚构出来，继而由伪预言家、骗子和江湖术士予以渲染扩大，而后由无知无识的人盲目地加以信奉，最后由世俗的国王和权贵用法律加以维持和巩固。他们这班人利用这些捏造出来的东西很容易迫使人民就范，很容易为所欲为。"[1] 梅利叶这些论述几乎接近一些现代无神论者的基本观念了，在当时提出这样一些观点是要有相当勇气的。

拉美特里（按：又译拉·梅特利）（1709—1751）是法国哲学家，著有《灵魂的自然史》《人是机器》《人是植物》等著作。他在《人是机器》中说："任凭是全宇宙的重量，也动摇不了一个真正无神论者，更不必说粉碎他了；所有这些重复了千万遍的创世主的征象，这些超出象我们这样的人的思想方式很远的征象，尽管人们怎样详加论证，除了反怀疑主义者，或者那些充分信任自己的理性，认为只要根据某些现象就可以下判断的人之外，是没有人把它当作明确的真理的；而对于这些现象，大家都知道，无神论者却可以提出许多别的也许同样有力而完全相反的例子来反证。"[2] 这些论述也表明了当时的无神论者在理论上所具有的主要思想。

霍尔巴赫（1723—1789）是德国血统的法国人，他对宗教和神学作了深入的分析，著有《自然的体系》《社会的体系》《揭穿了的基督教》《神圣的瘟疫》等著作。在《神圣的瘟疫》中，他说："人之所以迷信，只是由于恐惧；人之所以恐惧，只是由于无知。人对自然力量缺乏认识，于是设想自然受一些看不见的势力支配，认为自己为这些势力所摆布，想象它们可以发起脾气来对自己不利，也可以有利于自己的族类。因此他就在这

---

[1]《西方哲学原著选读》下卷，第26页。
[2] 同上书，第121页。

些势力和自己之间想象出一些关系来……人一旦找出了这些关系以及他的各种办法,就象下级对待上级,臣民对待君主,儿子对待父亲,奴才对待主子,弱者对待拥有使他害怕的权利和意志的人那样去对待他的神……他的崇拜,亦即他对待一个神的行为体系,是必然符合于他为神制造出来的那些概念的,正如这个神本身是按照他自己的感觉方式塑造出来的一样。当人感到很大的痛苦时,他就给自己画出一个可怕的、见了就发抖的神。"[1]霍尔巴赫对神的本质及来源的这些论述是十分精辟的,几乎达到了现代无神论者的认识水平。

三、比较分析

古代印度和欧洲都有频繁的崇拜神的现象和神学发展历史,伴随着神学观念的强势发展,思想界也同时出现了无神的思想。两地的无神思想都是各自文化发展史上的重要内容。二者之间有共同处,也有差别点。

共同处主要表现在:

第一,两地的无神思想的渊源都很久远。古印度在吠陀时期就有此种思想的萌发,后来的主要流派中也不同程度地有无神的思想。欧洲在古希腊时就有无神思想,如古希腊的原子论者中就有无神的思想,后来的一些欧洲思想家也在不同程度上有无神思想。可以说,两地的无神思想都曾在历史上与有神论的观念进行过对峙或交锋,都在各自的思想发展史上有重要影响。

第二,两地的无神思想都与相关哲人或派别的主要哲学体系或哲学倾向密切相关。古印度顺世论的无神思想与其"四大"为万物因的主导理论直接相关;佛教中的无神思想与其"诸行无常"和"诸法无我"的基本教义直接相关。古希腊的伊壁鸠鲁和古罗马的卢克莱修的无神思想与他们阐述的原子论思想直接相关。

---

[1]《西方哲学原著选读》下卷,第198页。

第三，两地的无神思想中都有对神学产生的根源的分析。如古印度的顺世论就认为最高神只是人们看到的世间公认的帝王，即认为最高神实际是世俗帝王在宗教信仰上的形象的反映。古希腊的克塞诺芬尼认为所谓神是人为造就的；法国的霍尔巴赫认为由于无知，人对自然力量缺乏认识，于是设想自然受一些看不见的势力支配，认为自己为这些势力所摆布，这是神产生的原因。

差别点主要表现在：

第一，古印度的无神思想更多是从逻辑上分析有神论或神造论不能成立。例如，古印度的数论派就从逻辑上论证神造世理论或造世神是不能成立的，因为如果这神是解脱的，他将不能胜任创造等工作，因为他不具有想成为什么和想作什么的意愿和欲望等；如果这神是受束缚的，那他将处于迷惑中，不能胜任创造的工作，因而有神论不能从逻辑上自圆其说。弥曼差派提出世界若是由充满怜悯的神创造的，那他应仅创造快乐的生物，世界上不应有痛苦，这实际否定了神造世之说。欧洲的无神思想相对来说从逻辑上论证有神论不能自圆其说的内容少些，较为侧重从有神论的产生根源方面来论述。

第二，古印度的无神思想基本反映在某一派别中，如顺世论的无神论、数论派的无神论、佛教中的无神论等。而欧洲的无神思想则基本是各主要思想家提出的，作为派别提出无神思想虽有，但不如古印度那么多。

第三，古印度的无神思想的支撑点主要是有关派别的基本理论倾向，甚至是由宗教派别的基本教义推动的，如佛教的无神思想是由其缘起论和无我论等基本教义推动的，弥曼差派的无神论是由其"祭祀万能"教义推动的。而欧洲的无神论思想的提出主要是科学和人文思想发展的结果。

古代印度和欧洲的无神思想是人类在探索自身及自然界来源和本质过程中提出的重要观念。这方面的思想是在与有神论的对立或交锋中产生和发展起来的，是随着自然科学的进步和人认识能力的提升而逐步增强的。对此类内容的梳理和分析，有助于我们认识人类思想的形成过程和演变规律，对于我们现代的思想文化建设有着积极的意义。

第十二章　三大文明古国的"中道""中庸"和"适中"思想

古代中国、古代印度和古代希腊是世界三大文明古国，三地在人类历史上绽放出璀璨的文明之花，绵延发展了数千年。在这些文明古国的众多思想遗产中，涉及人的思维方法和行事原则方面的理论很多，其中印度人提出的"中道"思想、中国人提出的"中庸"思想、希腊人提出的"适中"思想有很大的关联性，而且在各自的国度中有不同程度的影响，值得分别梳理和比较分析。

一、古代印度的"中道"思想

古代印度的"中道"思想主要指一种思维方式或行事准则，它要求人们在思考和解决问题时不落两边，不走极端。这种思想在古代印度的主要倡导者是佛教，但它的萌生却早于佛教。有关中道的最早意识在"吠陀"中就能见到，后来的"奥义书"进一步推动了它的发展，而在佛教产生后，这一思维方法得到了广泛推行和流传。

"吠陀"是现存古印度最早的宗教历史文献，在吠陀赞歌中，已可以看到印度"中道"思想的一些萌芽。如其中的"无有歌"说："那时，既没有'无',也没有'有';既没有空(气),也没有空(气)之外的天。什么被包含着?在什么地方?在谁的庇护之下?是否有深不可测的水?那时,既没有死,也没有不死。没有夜(与)昼的标记。太一靠自己的力量无风地呼吸。""这造作是从哪里出现的?或是(他)造的,或不是。他是这(世界)在最高天上的监视者,仅他知道,或(他也)不知道。"[1]这里,作者同时举出了几组相对立的概念——无与有、死与不死、是与不是、知与不知,这里已些许表现出一种不落两边或取中的意识。这种表述在"吠陀"的其他赞歌中不多见,但却是与"中道"思想最为接近的表述,而且是在现存文献中能够看到的古印度最早的相关表述。

"奥义书"从广义上讲也属吠陀文献,但它与《梨俱吠陀》等早期吠陀文献在内容上已有很大差别。"奥义书"虽然也论及宗教问题,但哲学思想在这些文献中开始大量出现。

在一些"奥义书"中,已经可以看到明确地及有意识地提出的"中道"观念。不少"奥义书"在表述婆罗门教哲学的最高哲学概念"梵"时采用一种"遮诠"的方式,即不断否定梵有具体属性,以此来让人们在否定中体悟"梵"究竟是什么。如《广林奥义书》第3节8.8说:"(不灭者梵是:)不粗,不细……非影,非暗……无内,无外。"[2]这里,作者通过一系列的否定(使用"不""无""非"等)来否定梵有具体的属性,而且不少是同时否定对立的两个概念,以此来表明梵的至高无上,表现出作者不走极端的意识。

《广林奥义书》第4节5.15说:"那阿特曼(应被描述)为'不是这个,不是这个'……不被系缚的,因为不能被系缚,(它)是自由自在的,不遭受(痛苦)的,不被伤害的。"[3]这里所用的"不是,不是"就是不断地否定。在"奥义书"的哲人看来,只有经过这不断否定极端的方式,才能体悟出梵究竟是什么。

《由谁奥义书》所论:"那些(说他们)理解了(梵或阿特曼)的

---

[1] Macdonell, *A Vedic Reader*, pp.207-211.
[2] Radhakrishnan, *The Principal Upanisads*, p.232.
[3] *The Principal Upanisads*, p.286.

（人）并没有理解（它）；那些（说他们）没有理解（梵或阿特曼）的（人）却理解了（它）。"[1] "奥义书"这种遮诠法或否定形态的思维方式实际也展示出了一种"中道"的意思，即反对各种极端，要不落两边，这样才能展示出事物的本来面目。

"吠陀""奥义书"虽然初步展露了"中道"的意识，但却没有明确提及"中道"一词。明确提出"中道"一词并大力推行的是佛教。

释迦牟尼创立佛教之初就明确提出了"中道"的概念，他是在给其最初的五个弟子（五比丘）传法时提及"中道"的。较多记述早期佛教的阿含类经典中有相关内容，如《中阿含经》卷第五十六中记述了释迦牟尼对其弟子讲述中道的内容："五比丘当知，有二边行，诸为道者所不当学：一曰著欲乐下贱业，凡人所行；二曰自烦自苦，非贤圣求法，无义相应。五比丘，舍此二边，有取中道，成明成智，成就于定，而得自在，趣智趣觉，趣于涅槃，谓八正道，正见乃至正定，是谓为八。"[2] 释迦牟尼在这里批判了两个极端，一个极端是偏于讲苦行，另一个极端是偏于讲享乐。在古印度除佛教外还有很多派别，与佛教思想不合。其中的耆那教偏于苦行，在释迦牟尼看来这种苦行是自烦自苦、没有必要，是一个极端。另一个极端是顺世论，此派被认为贪图享乐、"著欲乐贱业"，是凡夫俗子所为，也是一个极端。释迦牟尼认为极端化的苦行和极端化的享乐都是不可取的，他要求弟子"舍此二边，有取中道"。这是佛教"中道"概念最初的含义，后人称其为"苦乐中道"。

但佛教的"中道"概念后来的含义远不止离苦离乐，而是涉及范围更加广泛。在早期佛教时期就有"有无中道""断常中道"等含义。

所谓"有无中道"主要是针对所谓"外道"的种种偏执而说的。在佛教产生时，"外道"数目众多，因而所谓"有"与"无"的含义就较复杂，内容较多。如婆罗门教就有梵为世界根本因之说，亦有造世神（自在天）之说，这是主"有"的。而顺世论则认为一切世间现象是自然而有

[1] *The Principal Upanisads*, p.585.
[2] 《大正藏》第1册，第777—778页。

的，没有什么"神"一类造物主，世间现象没有什么主宰体，而且人的生命现象或意识现象中也不存在主体，不存在"阿特曼"，也没有轮回解脱，这是主"无"的。佛教对这些观念都加以批判，提出了"有无中道"的观念，即把诸"外道"提出的"有"与"无"的理论均看成极端，并提出本派的不同于这些"有"与"无"观念的居"中"理论。

所谓"断常中道"主要是反对当时外道中存在的"断见"和"常见"。"断见"认为没有轮回解脱，人死后断灭消失，无物存在，这主要是顺世论的观点。所谓"常见"认为人死后还存在一个轮回主体"阿特曼"或宇宙本体"梵"，永恒存在。这都不符合佛教的思想，佛教要求"离断离常"，取中道。如《别译杂阿含经》卷第十说："复次，阿难：若说有我，即坠常见；若说无我，即坠断见。如来说法，舍离二边，会于中道。以此诸法坏故不常，续故不断，不常不断，因是有是，因是生故，彼则得生，若因不生，则彼不生。"[1] 在早期和部派佛教的文献中，还有其他一些有关中道的表述，但"中道"在佛教中被普遍作为一种思维方法突出起来，还是在大乘时期。

大乘佛教最初明显突出中道思想的是小本（小品）《宝积经》。如《佛说摩诃衍宝严经》说："真实观者，谓不观色有常无常，亦不观痛想行识有常无常，是谓中道真实观法……有常是一边，无常为二边[2]，此二中间无色，不可见亦不可得，是谓中道真实观法。有我是一边，无我为二边。此二中间无色。不可见亦不可得，是谓中道真实观法……有者是一边，无者为二边。此二中间，无所有亦不可得，是谓中道真实观法。"[3] 像小本（小品）《宝积经》这样把大量问题集中起来按"中道"的观点来解释，并把"中道"视为"真实观法"，在大乘佛教早期经典中是较突出的。这可以说是在大乘佛教形成后，中观派产生之前，大乘"中道"理论的较明确、较集中的论述。

中观派是大乘佛教中明确将"中道"作为该派基本指导思想的派

---

[1]《大正藏》第2册，第444页。
[2]《佛说遗日摩尼宝经》中将与此经的"二边"对应的部分译为"一边"。
[3]《大正藏》第12册，第196页。

别,这从此派的名称即可看出。此派的根本论典是龙树的《中论》,这是一部将"中道"贯穿全部论述的著作。《中论》在分析一系列的问题时都带有中道的意识,但此论最典型的论述是在《中论》卷第四中的一颂(一般称为"三是偈"或"三谛偈"):"众因缘生法,我说即是无(空),亦为是假名,亦是中道义。"[1] 此颂意为:事物都是由众多的因缘条件产生的,因此说事物是空;虽说是空,但也不能说是绝对的虚无;因为还存在缘起的假名;只有看到这"空"和"假名"两方面,才能理解中道的含义。从此颂中可以看出,中观派的"中道"的意义,最主要还是表现在其对"空""有"问题的解释上。中观派的"空"是指"性空",亦指"假有"(假名),此派认为对缘起的事物既不能极端化地讲"无",也不能极端化地讲"有",要把二者结合起来,才不片面,这也就是"中道"的根本含义。

瑜伽行派是大乘佛教中的另一重要派别,此派在论述其唯识理论的过程中也强调中道的思想,其中较典型的论述是瑜伽行派的非空非有的中道说。非空非有的中道说是瑜伽行派在论述有无问题时表现出来的,《成唯识论》卷第七说:"是故一切皆唯有识,虚妄分别有极成故。唯既不遮不离识法,故真空等亦是有性。由斯远离增减二边,唯识义成,契会中道……于唯识应深信受。我法非有,空识非无。离有离无,故契中道。"[2] 显然,此派是要表明,所谓"空"指我与法(外境)不实在(我法非有),此即真空;所谓"有性"指识非无(空识非无)。这样,就成了非空非有的中道。这种中道,说到底,是一种"唯识中道"。

中道观念在印度后期佛教中亦有不同程度的表现,具体事例不胜枚举。此外,"中道"观念也随佛教的其他思想传入中国,在中国形成的许多佛教宗派中有重要表现,如中国佛教中的天台宗、三论宗等都对这一观念极为重视,并有大量论述。

---

[1] 《大正藏》第30册,第33页。
[2] 《大正藏》第31册,第39页。

二、古代中国的"中庸"思想

中国也是世界文明的发源地之一,中国古代哲人提出的大量哲学思想是世界文化宝库中引人瞩目的瑰宝,在这之中,"中庸"是一种值得关注的思想。"中庸"是中国历史上儒家思想中的一种道德标准与处事原则。这一思想较早集中出现在儒家著作《中庸》中,在战国至汉代的思想界中流传,后经后世儒家思想家大力弘扬,特别是宋代的程颐(1033—1107)和朱熹(1130—1200)等人写了大量注释性或发挥性著作,进一步丰富和发展了这一思想。

《中庸》原为《礼记》中的一篇。朱熹把《礼记》中的《中庸》《大学》两篇与《论语》《孟子》两书编在一起加以注解,称为《四书章句集注》。有人认为《中庸》是孔子的孙子子思所著,但无论此书实际为何人所著,它都是儒家的重要文献,在中国思想史上有重要影响。

《中庸》说:"天命之谓性,率性之谓道,修道之谓教。道也者,不可须臾离也,可离非道也。是故君子戒慎乎其所不睹,恐惧乎其所不闻。莫见乎隐,莫显乎微。故君子慎其独也。喜怒哀乐之未发,谓之中;发而皆中节,谓之和。中也者,天下之大本也;和也者,天下之达道也。致中和,天地位焉,万物育焉。"[1]

这段话的意思是说,人的天赋本性称为"性",顺着这种本性行事称为"道",依道而修持称为"教"。"道"是不可须臾离开的,若离开,就不是"道"了。因此,君子在没有人看见的地方也是谨慎的,在没有人听见的地方也是有所戒备和畏惧的。越是隐蔽处越显露,越是微细处越显著。因此,君子在一人独处时亦谨慎。喜怒哀乐没有表露出时称为"中";表露出后符合节度,称为"和"。"中"是天下人之根本;"和"是天下人遵循的原则,达到"中和"的境界,天地就各在其位了,万物就成长生育了。

---

[1]《中国哲学史教学资料选辑》上册,第274—275页。

这里强调了人控制喜怒哀乐是一种"中",表露出来时适度称为"和"。"中和"为人之根本和行事原则。

《中庸》还说:"仲尼曰:'君子中庸,小人反中庸。君子之中庸也,君子而时中;小人之反中庸也,小人而无忌惮也。'"[1]

这段话的意思是说,君子是奉行中庸的,而小人是违背中庸的。君子之所以是中庸的,是因为君子时时都坚持行为适中的原则;小人之所以违背中庸原则,是因为小人行为毫无顾忌,肆意而行。

这里把是否执行中庸原则作为区分君子与小人的重要标志,强调君子注重行为适中,而小人则对自己的行为没有任何节度,率性而为。

《中庸》又说:"子曰:"'舜其大知也与!舜好问而好察迩言,隐恶而扬善,执其两端,用其中于民,其斯以为舜乎!'"[2]

这段话的意思是说,孔子说:"舜是有大智慧的人!他好向人发问并善于观察分析别人言语的含义。隐蔽别人的坏处,宣扬别人的好处。对事物两端的意见他都把握,并将中庸之道用于民众。这即为舜之所以为舜之处吧!"

这里讲的是要把握事物的两个极端,而又不走极端,将中庸的方法用于民众之中,就能实现最理想的社会或说实现圣人的社会。

《中庸》还说:"子路问强。子曰:'南方之强与?北方之强与?抑而强与?宽柔以教,不报无道,南方之强也,君子居之。衽金革,死而不厌,北方之强也,而强者居之。故君子和而不流,强哉矫!中立而不倚,强哉矫!国有道不变塞焉,强哉矫!国无道至死不变,强哉矫!'"[3]

这段话的意思是说,子路问什么是强。孔子说:"南方强,还是北方强,或是你认为的强呢?用宽容和柔和的精神去教人,别人对我无道我也不报复,这是南方之强,君子之强。以兵器甲盾为枕席,视死如归,这是北方之强,是勇武之人的强。因此,君子和顺而不随波逐流,这才是真强!保持中立而不偏不倚,是真强!国家治理清正时不改变志向,是真

---

[1]《中国哲学史教学资料选辑》上册,第275页。
[2] 同上书,第275—276页。
[3] 同上书,第276页。

强!国家政治黑暗时坚持操守,至死不变,是真强!"

这里也是教人不要走极端,要宽柔相济,以德报怨,这是君子之强。勇于斗争,视死如归,这是勇者之强。君子不随波逐流,行事不偏不倚,国政清明时和黑暗时坚持初心,至死不变,这是真强的表现。

《中庸》亦说:"诚者,天之道也。诚之者,人之道也。诚者不勉而中,不思而得,从容中道,圣人也。诚之者,择善而固执之者也。博学之,审问之,慎思之,明辨之,笃行之。有弗学,学之弗能,弗措也。有弗问,问之弗知,弗措也。有弗思,思之弗得,弗措也。有弗辨,辨之弗明,弗措也;有弗行,行之弗笃,弗措也。人一能之,己百之;人十能之,己千之。果能此道矣,虽愚必明,虽柔必强。"[1]

这段话的意思是说:真诚是上天之道,追求真诚是做人之道。真诚的人,不用勉强就能做到,不用思考就能得到,自然而然地符合上天之道,这样的人是圣人。追求真诚的人,要选择美好的目标努力追求。广泛学习,详细审察,认真思考,清晰辨别,坚定实行。除非不学,学了没学会则不罢休;除非不问,问了没懂则不罢休;除非不想,想了未想通则不罢休;除非不分辨,分辨了未明确则不罢休;除非不实行,实行了无成效决不罢休。别人用一分力能做到的,我用百分力去做;别人用十分力做到的,我用千分力去做。若真能这样做,即便愚笨也一定可聪明起来,即便柔弱也一定可刚强起来。

这里是强调做事要认真和诚心诚意。如果能做到诚心诚意,愚笨的人可以聪明,柔弱的人可以刚强。因而可知,愚笨与聪明,柔弱与刚强都不是绝对的,这两端也是可以转化的。这里面也有"中"的含义。

《中庸》还说:"自诚明谓之性,自明诚谓之教。诚则明矣,明则诚矣。唯天下至诚,为能尽其性。能尽其性,则能尽人之性;能尽人之性,则能尽物之性;能尽物之性,则可以赞大地之化育;可以赞天地之化育,则可以与天地参矣。其次致曲。曲能有诚,诚则形,形则著,著则

---

[1]《中国哲学史教学资料选辑》上册,第276—277页。

明,明则动,动则变,变则化,唯天下至诚为能化。"[1]

这段话的意思是说:由真诚而明理,此为天性;由明理而真诚,此为教育。真诚可明理,明理后也会真诚。只有天下最真诚的人能充分展示其本性;能充分展示其本性的人,才能充分展示人的本性;能充分展示人的本性之人,才能充分发挥物之本性;能充分发挥物之本性,才可参与天地教化培育生命;可参与天地教化培育生命,则可与天地并列。其次,有人能在某一具体事物上真诚,能在具体事情上真诚,真诚就会表现出来,表现出来会逐渐显著,显著了就会突出,突出了就会感动他人,感动他人了会引起转变,转变了则能化育万物。仅天下最真诚之人可化育万物。

这里论述了真诚和明理的关联,也论述了人之本性和物之本性的关联,强调了它们有互相关联或互相促进的关系。

《中庸》又说:"至诚之道,可以前知。国家将兴,必有祯祥;国家将亡,必有妖孽。见乎蓍龟,动乎四体。祸福将至:善必先知之,不善必先知之。故至诚如神。"[2]

这段话的意思是说:极真诚可预知未来之事。国家将要兴旺,必有吉瑞;国家将要衰亡,必有不祥之兆。能见之于蓍草和龟甲上,表露在手脚动作上。祸福将临时,是福可先知,是祸也可先知。因此,极真诚就如同神灵一样奇妙。

这里谈及真诚时论及了国家的兴与亡、人之祸与福、妖孽与祥兆这些两端及相互的关联。

《中庸》还说:"诚者自成也,而道自道也。诚者物之终始,不诚无物。是故君子诚之为贵。诚者非自成己而已也,所以成物也。成己,仁也;成物,知也;性之德也,合内外之道也。故时措之宜也。"[3]

这段话的意思是说:真诚是自我成立的,而道是自我引导的。真诚是事物的开端和归宿,无真诚就无事物。所以君子以真诚为贵。但真诚并不

---

[1] 《中国哲学史教学资料选辑》上册,第277页。
[2] 同上书,第278页。
[3] 同上。

是自我成立就够了,而是还要使事物完善。自我成立是仁,完善事物是智。它们是出于本性的德行,是融合自身与外物之道,因此任何时候实施都是适宜的。

这里强调了自我和事物的完善,论述了仁和智的关系,认为它们是人及事物的本性。

《中庸》还说:"唯天下至诚,为能经纶天下之大经,立天下之大本,知天地之化育。夫焉有所倚?肫肫其仁,渊渊其渊,浩浩其天。苟不固聪明圣知达天德者,其孰能知之!"[1]

这段话的意思是说:(孔子)是天下最真诚之人,能通达天下万物之理,确立天下人们所遵循的根本大法,明了天地一切的教化和培育。他处事怎么会有偏袒呢?他的诚挚是多么的仁厚,犹如潭水之深厚!就像天空之浩荡!若不是长期听闻圣人之知来通达其天性,怎么能够知晓呢!

此处赞颂了孔子的真诚和不偏不倚,点出了中庸之道在孔子智慧和品德中的重要性。

中国春秋时期儒家思想家提出的中庸之道在后代受到中国思想界的高度重视。宋代理学家对此思想作了大量注释,有进一步的弘扬和发展。这一思想在中国历史上有重要影响。

三、古代希腊的"适中"思想

古希腊哲人在分析事物的本质和世界的本原问题时也关注人的行为准则或处事态度问题。这方面较突出的哲人就是亚里士多德,他明确提出了"适中"(有时称为"中道")的思想。

亚里士多德关于"适中"思想较集中的论述是在其关于"美德""艺术"和"国家"的见解中。

---

[1]《中国哲学史教学资料选辑》上册,第278—279页。

亚里士多德在《尼各马可伦理学》中说:"人的美德也将是既使一个人本身好,又使他把自己的工作做好的那种性格状况。如何获得美德,我们在上面已经说过,但是也可以由下面对于美德的特性的考察来把这一点弄清楚。在每一种连续而可分的事物里面,都能够多取、少取或取一均等的量,并且这样做可以是就该事物本身而言,也可以是就其相对于我们而言;所谓相等,就是过多和不足之间的居间者,我的意思是指与两极端距离均等的、对于一切人都相同的东西;所谓相对于我们的居间者,我是指既不太多也不太少的东西,——而这不只是一个,也不是对一切人都相同的。""美德必定就有以居间者为目的这个性质。我是指道德上的美德;因为正是它才与主动和被动有关,而正是在这些里面,有着过多、不足和中间。例如,恐惧、信心、欲望、愤怒和怜悯,以及一般说来愉快和痛苦等感觉,都可以太过或太少,而这两种情形都是不好的;但是,在适当的时候、对适当的事物、对适当的人、由适当的动机和以适当的方式来感受这些感觉,就既是中间的,又是最好的,这乃是美德所特具的。关于行动,同样地也有过多、不足和中间。可是,美德就是涉及激情和行动的,在其中过多乃是一种失败的形式,不足也是这样,而中间则受称赞,是一种成功的形式;受称赞和成功,都是美德的特性。因此,美德是一种适中……再者,失败可能有多种方式(因为恶属于无限那个类,像毕泰戈拉派所说的,而善则属于有限那一类);反之,成功只可能有一个方式(因此为恶是容易的,为善则是困难的——射不中目标很容易,而射中目标则很难);也是由于这些缘故,所以过度和不足是恶行的特性,而适中则是美德的特性……恶行不是做得不够,就是做得过分。而美德则既发现又选取了中道。因此,就其实质和就表述其本质的定义而言,美德是一种中道。"[1]

亚里士多德这里的"适中"原则是在考察人的善恶行为时提出的。在他看来,人的行为应当有合适的"度",任何极端的行为都是不合适的,而位于不足和过度之间的"中道"或"适中"则是他所赞赏的。他

---

[1]《西方哲学原著选读》上卷,第154—156页。

引述了毕达哥拉斯派的观点，认为善属于有限那一类，而恶属于无限那个类。无限实际上将导致极端，而有限则能避免极端，在一个适度（适中）之处停下来。因此极端是恶，而适中则为善。

亚里士多德在论述艺术问题时也提及了"适中"的原则。他在《尼各马可伦理学》中说："任何一种技艺的大师，都避免过多或不足，而寻求那居间者并选取了它——不是就事物本身而言的，而是相对于我们而言的居间者。那么，如果是这样，即每一种技艺之所以做好它的工作，就在于选择居间者，并以它为标准来衡量其作品（正因为如此，我们在谈起某些艺术的好作品时，常说它们不能增减任何东西，意思就是说过多和不足都会破坏艺术作品的优点，而执中则保存了这优点；而好的艺术家，我们说，在他们的工作中所寻求的正就是这个），如果美德比任何技艺都更精确、更好，正如自然也比技术更精确、更好一样，那么，美德必定就有以居间者为目的这个性质。"[1]

亚里士多德在这里说的"执中"也就是"适中"，他将其立为艺术品优劣的一个标准，即在艺术品的制作上，人工添加的成分要适度，不能过分或不足。他说的"自然也比技术更精确、更好"其暗含的意思是这自然的一般都是"执中"或"适中"的，因为它不会显露刻意或人为的痕迹，而这种"执中"或"适中"的自然现象往往也是美的，是一种自然美。

亚里士多德还试图将这种适中的原则应用到其国家观念上，具体来说，他将此种原则应用到其对社会形态的观察和对国家的治理上。亚里士多德在评价一个国家或社会形态的好坏时也将"适中"的原则作为一个评判标准。他在其著作《政治学》中说："在任何国家中，总有三种成分：一个阶级十分富有，另一个十分贫穷，第三个则居于中间。既然已经认为居中适度是最好的，所以很显然，拥有适度的财产是最好的；因为，在那种生活状况中，人们最容易遵循合理的原则。""最好的政治社会是由中等阶级的公民组成的。这样的国家很有希望能治理得很好：即在其中中等阶

---

[1]《西方哲学原著选读》上卷，第155页。

级人数很多,并且在可能时还比其他两个阶级合起来更强,或者至少比两者中的任何一个都更强;因为中等阶级加入某一边,就会使势力发生变化,这样就能阻止两个极端阶级之一占统治地位。所以,一个国家里面如果公民具有一份适当而充足的财产,这个国家就有很好的运气;因为在某些人占有很多而其他的人则毫无所有的地方,就很可能产生一种极端的民主政治或一种纯粹寡头政治;或者从这两极端之一很可能产生一种暴君政治——它或者从极跋扈的民主政治产生出来,或者从一种寡头政治产生出来;但是暴君政治从那些中等的法制或近似的法制中就不会这么容易产生出来。"[1]

从以上引文可以看出,亚里士多德这种"适中"的观念并不是仅仅运用在某一种特定的事情或某一类事物上,而是使用得十分广泛。他将此原则应用到对国家的治理上和对社会生活的调控方面,在对国家体制之优劣和社会形态之好坏的评判方面都引入了"适中"的原则,可见这一原则在他那里运用之广。

但运用广并不等于在任何场合都可以运用,亚里士多德也论及了"适中"或"中道"不适用的场合。他在《尼各马可伦理学》中说:"并非一切主动和被动都可以有一个中道;因为有些是名称就已经蕴涵着坏的性质,例如怨毒、无耻、妒嫉,在行为方面,则例如通奸、盗窃、谋杀;因为所有这些以及诸如此类的事情,名称已经蕴涵着它们本身就是坏的,而非它们的过度或不足才是坏的。所以,在这些方面,好或坏并不取决于是否与恰当的女人、在恰当的时刻、以恰当的方式去通奸,只要有任何这样的行为,就是错了。所以,要想在不义、卑怯、淫佚的行为中发现一种中道、一种过度与不足,也是同样荒谬的;因为,循这条路走去,就会有一种过度的适中,一种不足的适中,一种过度的过度和一种不足的不足了。但是,正如并没有什么节制和勇敢的过多与不足一样,由于居间者在某种意义上是一个极端,同样地也没有上述各种行为的适中或过度与不足,只要一有这样的行为,那就是错了;因为,一般来说,既没有一种过度和不

---

[1]《西方哲学原著选读》上卷,第157—158页。

足的适中,也没有一种适中的过度与不足。"[1]

亚里士多德这种对"适中"或"中道"的适用范围的论述是十分合理和令人信服的。但他关于"适中"或"中道"的论述在欧洲哲学史上似乎没有被人特别注意,并未作为一种行事准则或思维方法被后来重要的欧洲哲学家所特别推崇、大力推广或进一步丰富发展。

四、比较分析

世界三大文明古国中哲人们所提出的"中道""中庸"和"适中"思想在人类哲学思维的发展中有重要的价值,它具有哲学思想中的方法论意义,这方面的内容在指导古代先哲分析问题和解决问题时起了重要的作用。三地哲人提出的这种思想在理论形态上有很多相似处,也有一些不同点。

相似处主要表现在:

第一,这方面思想的主要内容都由相关国家的大思想家或大哲学家做了最初的论述。例如,对古印度"中道"思想最初做出明确和重要表述的是释迦牟尼;古代中国的"中庸"思想最初是由儒家代表人物孔子及其弟子提出的,后来的主要弘扬者程颐和朱熹也是大思想家;古代希腊的"适中"原则是由大哲学家亚里士多德提出的。

第二,三地这方面的理论都强调不走极端。如释迦牟尼既反对极端化的苦行,也反对极端化的享乐,后来的佛教徒强调"不二"中道的思想;古代中国的儒家思想家也强调"中立而不倚",反对走极端;古希腊的亚里士多德强调走极端是恶,而在行事上的"适中"则为善。

第三,三地这方面的理论都在不同程度上为古代哲人提供了方法论方面的指导。如古印度的释迦牟尼提出的"中道"思想成为后来佛教徒的基本思维方法和行为准则;古代中国的"中庸"思想也深深影响了后代中国儒家思想家,成为他们著述和行为的重要指导;古希腊的亚里士多德在论述许多事

---

[1]《西方哲学原著选读》上卷,第156—157页。

情时都强调"适中"的原则,"适中"成为其行为准则和方法论指针。

不同点主要表现在:

第一,古印度的"中道"思想适用范围最为广泛,既是思维方法,也是行为准则,影响面也较大。古代中国的"中庸"思想主要是人的处事原则和行为规范,作为思维方法没有古印度的"中道"涉及范围广。古希腊亚里士多德的"适中"思想主要是行为准则,作为思维方法应用的范围也没有古印度的"中道"广。

第二,在历史上古代印度的"中道"和古代中国的"中庸"思想在各自国内影响都很大。在国外,古印度的"中道"传入中国、韩国、日本等地,影响是世界性的。中国的"中庸"思想在世界儒家文化圈有重要影响。但古代希腊的"适中"思想影响相对来说小一些,在欧洲范围内没有明显的推广或影响,对后代欧洲哲学家的影响也不大。

第三,古代印度的"中道"思想虽然在"吠陀""奥义书"中就萌发或表露,但此种思想的主要倡导者是佛教,而印度古代的其他哲学派别一般没有论述或没有明显提倡,严格来说,它是一种宗教体系中提出的思维方法或行事准则。但古代中国的"中庸"思想和古代希腊的"适中"原则则主要是由哲学家或思想家提出的,宗教的色彩不明显或不突出。这也是三地这方面思想所具有的差别。

古代印度、中国和希腊提出的"中道""中庸"和"适中"思想是世界文化宝库中的闪亮珍宝。它们是三地哲人的重要思维方法和行为指南,是古代哲人在观察自然和指导自身行为中得出的宝贵思想结晶,长期指导三地广大民众和哲人们在历史上探索前行。直至今天,这方面的思想对人们仍有重要的启示和帮助,为人们创造美好的未来起着积极作用。

第十三章 三大文明古国的万物生成理论

古代中国、希腊和印度三地的哲人很早就在思考世间事物的形成问题，提出了关于事物产生的种种观点。这方面的理论是世界哲学的重要组成部分，极大地促进了人类文化的发展。本章对三地此类理论进行梳理，并对东西方哲人们在这方面的思想进行分析比较。

一、古代印度的万物生成理论

古代印度最早论及宗教哲学的文献是"吠陀"和"奥义书"。吠陀中主要的内容侧重宗教思想，"奥义书"则开始大量论述哲学理论。两大类文献都论及了事物的生成问题。

吠陀赞歌有数千首，但论及哲学思想的赞歌不多，其中有一些赞歌的内容涉及了事物的生成问题。

"原人歌"是"吠陀"中明确论述事物生成的一首赞歌。该赞歌（《梨俱吠陀》第10节90.11—14）说："当分解原人时，他可分成多少块？他的嘴是什么？双臂是什么？两腿和两足称为什么？婆罗门是他（原人）的嘴；他的双臂成为刹帝利；他的两脚是吠舍；他的两足生出首陀罗。月亮由（原人的）心（意）产生；太阳由（其）两眼产生；由（其）嘴生出因陀罗（雷）和阿耆尼（火）；由（其）气息生出伐由（风）。由（原人的）肚脐生出空（气）；由（其）头演化出天；由（其）两足（出现）地；由（其）耳（出现）方（位）。世界就这样形成了。"[1]

这首赞歌中说的"原人"是产生一切事物的根本，既产生风、火、雷、空气，也产生日月和天地，还产生人类社会。这是古印度较早提出的一种万物生成理论。

"造一切者之歌"是另一首论及事物生成的赞歌。该赞歌（《梨俱吠陀》第10节82.5—7）说："在天、地、阿修罗和神之前……洪水怀着胚胎……那里聚集着存在的一切东西。你不能感知创造这一切生物的那（太一），在你们中产生另外的东西。为迷雾所笼罩的诗人的嘴结结巴巴，他们彷徨不满。"[2]

这首赞歌认为，水中有一种产生事物的胚胎，这胚胎安放在"太一"之上，胚胎中聚集着存在的一切东西，而创造一切的是"太一"。诗中结尾说"诗人的嘴结结巴巴"，这表明赞歌的作者对这一问题还不十分确定。这应该是吠陀时期赞歌作者们的一种状况，对许多哲学问题有猜测，但又不十分肯定。

"奥义书"从广义上说也属吠陀文献，但它与《梨俱吠陀》等早期吠陀文献有明显不同，是古印度较早大量提出哲学思想的文献。现存"奥义书"约二百多种，这些"奥义书"中有不少都论及了世界的生成问题。

《广林奥义书》第2节2.20说："如同丝从蜘蛛（口中）吐出，小火花从火（中）产生一样，从这阿特曼产生一切气息、一切世界、一切神、一切存在（物）。"[3]

此"奥义书"中说的"阿特曼"也可以称为"梵"或"大我"，它被认为能产生世间一切事物，产生一切世界，一切存在物。这种梵生成世间万有说是"奥义书"中较为流行的说法。

---

[1] Macdonell, *A Vedic Reader*, pp.200-202.
[2] Radhakrishnan and Moore, *A Source Book in Indian Philosophy*, p.18.
[3] Radhakrishnan, *The Principal Upanisads*, p.190.

《歌者奥义书》第 3 节 19.1—2 说："最初,此处是无。它成为有,并成长,变成一个'安荼'(卵状物),它周年成熟后破开,出现两片卵壳,一片是银的,另一片是金的。银的那卵壳是大地,金的那卵壳是天空,外膜为群山,内膜为云雾,脉管为河流,液汁为海洋。"[1]

这段引文认为,世间事物是这卵状物裂开后生成的,生成物包括大地、天空、群山、云雾、河流、海洋。这种世界生成说也是印度很流行的一种说法。

"奥义书"中还提出了水、火、空间等物质元素产生事物的理论,[2]这种世界生成说对印度后世的哲学有重要影响。

在"吠陀""奥义书"之后,古印度形成了不少思想流派。这些流派都有各自的事物生成理论,我们不一一列举,但可以归纳出这方面学说的一些重要类型:转变说、积聚说、缘起说、幻变说、神变说。

转变说主要是古印度哲学中数论派的理论。数论派认为,世间事物和人生现象的生成与两个实体有关,一个是物质性或阴性的"自性",另一个是精神性或阳性的"神我"。当神我作用于自性后,自性开始转变出事物。自性先转变出"觉"(亦译"大",指事物的知觉作用),觉生"我慢"(自我意识),我慢一方面生出"十一根"(眼、耳、鼻、舌、皮、发声器官、手、足、生殖器官、排泄器官、心),另一方面生出"五唯"(香、味、色、触、声),五唯又生"五大"(地、水、火、风、空)。[3] 这种转变说的理论认可一个转变的实体(自性),但又认为事物不完全是这一实体转变的结果,因为自性还要有神我的作用才能开始转变,因而这转变说并不是依靠完全的单一转变因,它有某种二元论的性质。

积聚说主要是古印度哲学中胜论派的理论。胜论派认为,事物的生成依赖于众多极微的聚合,这些极微分为地、水、火、风四个主要的种类,人无法感知单个的极微,但众多极微聚合在一起,就形成了人们可以感知的各种事物。关于极微的存在,胜论派的根本经典《胜论经》有具体

---

[1] *The Principal Upanisads*, p.399.
[2] "奥义书"中对此的详细论述,参见本书第 17 页第二章本原论部分。
[3] 参见《数论颂》22 颂及《金七十论》卷上中对此颂的注释。《大正藏》第 54 册,第 1250 页。

论述，[1] 胜论派认为极微是无因的，所谓"无因"就是说极微自身就是事物的最终因，是不可分的。所谓"常住的"是说极微是不能毁灭的。所谓"这（极微的）果是（其存在）标志"，意为单个的极微是不可感知的，只有其积聚成果人们才能感知，因而这果可以用来反推极微存在。非常住的果是对常住东西的否定状态，从这种否定状态可以推出不可感知的常住极微的存在。极微的理论在古印度不止一派主张，佛教、耆那教、正理派等也有极微说，具体的解释和对极微本质的看法各派不完全相同，但这些理论都认为具体的世间事物由极微积聚而成。

缘起说主要是佛教的理论。这种理论在本质上并不认为有真正的从无到有的事物生成，而是认为人们一般说的"生"实际是一种因缘形态的变化。记述较多佛教早期情况的《杂阿含经》卷第十二说："此有故彼有，此起故彼起。"[2]《中阿含经》卷第二十一说："若有此则有彼，若无此则无彼，若生此则生彼，若灭此则灭彼。"[3] 阿含类经典中论述了作为缘起观具体形态的"十二因缘"的基本内容，即无明、行、识、名色、六入、触、受、爱、取、有、生、老死。[4] 这十二个生命环节是一种因果关系的变化系列，其中前一环节为后一环节的因或缘，后一环节为前一环节的果，又为下一环节的因。这所有环节都不是永恒不变的单一实体，而是生命链条中的一种因缘。具体的生命形态也就是一种因缘关系的形态，它是非永恒的，某一具体的生命形态不过是新的十二因缘的轮转。旧的轮回形态灭亡，是一种因缘系列的解体，新的生命形态由于新的无明的生成而又产生，只要人没有消除无明，这十二因缘就会再次生起。

幻变说在印度哲学中主要代表是吠檀多派的不二一元论和大乘佛教的理论。吠檀多派中的不二一元论的主要代表人物是商羯罗，他认为，唯一实在的是梵，而其他的东西都是不实的，人们之所以把本来不实的东西看作实在的，是由于人的无明（无知）。这种无明在商羯罗等

---

［1］关于《胜论经》的论述内容参见本书第四章，第45页。
［2］《大正藏》第2册，第86页。
［3］《大正藏》第1册，第562页。
［4］参见《杂阿含经》卷第十二中关于十二因缘的内容。《大正藏》第2册，第80页。

不二一元论思想家那里也被称为"摩耶"。摩耶是一种力量（幻力），能使人们把本来不实在的东西看成是实在的，或者说，摩耶能使梵幻变出梵之外的事物。商羯罗在《梵经注》第1节4.22中说："小我（众多个别的我或现象界）与最高我（梵）的差别是由限制性因素，如身体等造成的。它们（身体等）由无明幻变出来的名色构成。差别是不真实的。"[1]

大乘佛教也认为事物是缘起的，因而没有实在的自性，不存在真正的从无到有的生，所谓生只是人的幻觉。如《小品般若波罗蜜经》卷第十说："一切法性空，一切法无我无众生，一切法如幻如梦如响如影如炎。"[2]《华严经》卷第二十五说："三界虚妄，但是心作。"[3] 大乘佛教的代表人物龙树在《中论》卷第四中说："未曾有一法，不从因缘生，是故一切法，无不是空者。"[4] 中观派人物青目在注释《中论》卷第一时说："于一切法虽有所见，皆如幻如梦。"[5] 因而，可以说，大乘佛教幻变说的理论基础还是佛教的缘起论。

吠檀多派与大乘佛教在幻论上的主要区别在于：吠檀多派的不二一元论认为一切事物为对一实在体梵的错觉造成，而大乘佛教则不认为有一实在体，一切事物为缘起的事物的变化而形成，缘起中不存在一个实在体，因而事物从根本上说是性空的。

神变说主要是印度教中一些教派的主张。印度教的一些主神，如梵天等，就被赋予一定的创造世界事物的能力。通常提及较多的神在印度被称为"大自在天"，它是一个造世神，世间许多事物由它创造。古印度哲学派别之一的胜论派的一些文献中也有关于神生成事物的说法，如其6世纪左右的重要文献《摄句义法论》第3节40说："四种粗大元素被产生，仅仅从最高神的精神凝定中创造出了来自火极微与地极微混合的宇宙金

---

[1] Gambhirananda: *Brahma-Sūtra Bhāṣya of Śaṅkarācārya*, pp.286-291.
[2]《大正藏》第8册，第580页。
[3]《大正藏》第9册，第558页。
[4]《大正藏》第30册，第33页。
[5] 同上书，第8页。

卵。"[1] 在神变说中，印度哲学一些派别中的最高实体也常常被视为神，如"奥义书"和吠檀多派中的一些文献就常把梵视为最高神，认为世间事物产生于作为最高神的梵。

二、古代中国的万物生成理论

古代中国的哲人也关注万物的来源问题，较早提出的思想是阴阳五行生万物的说法。

"五行"也称为"五材"。如《国语·郑语》中说："夫和实生物，同则不继。以他平他谓之和，故能丰长而物归之；若以同裨同，尽乃弃矣。故先王以土与金、木、水、火杂，以成百物。"[2]

这段话意为：一种元素和另一种不同的元素相合则能产生新的东西。完全相同的两个元素相加则不能生物，得不到新东西。以不同的元素相合，称为"和"，就能使事物生成和发展。如果以相同的事物相加，则得不到什么新东西。先王以土与金、木、水、火相合，以产生百物。

这里展示的就是一种"五行"（土与金、木、水、火）生物的思想。

《易传·系辞上》说："刚柔相摩，八卦相荡，鼓之以雷霆，润之以风雨，日月运行，一寒一暑。乾道成男，坤道成女。乾知太始，坤作成物。"[3]

这段话的意思是说：阳刚和阴柔两种势力相互作用，八卦相激荡形成六十四卦。就事物而言是天、地、雷、山、火、水、泽、风相互激荡。得乾道的成为男性，得坤道的成为女性。乾道主管事物的开端，坤道主管事物的成形。

这里论及的乾道和坤道实际就是阴阳。阳刚和阴柔两种势力相互作用，产生出男女。事物的出现和成形与阴阳的相互作用直接相关。这里讲

---

[1] *A Source Book in Indian Philosophy*, p.401.
[2] 《中国哲学史教学资料选辑》上册，第 8 页。
[3] 同上书，第 204 页。

的实际就是阴阳或乾坤产生人类世界及各种事物的理论。

老子的《道德经》中也有不少论述万物产生的理论。如《道德经》第四十二章说："道生一，一生二，二生三，三生万物。万物负阴而抱阳。"[1]

这段话的意思是：道产生一这个概念，一产生二这个概念，二产生三这个概念。三这个概念产生万物。万物都是背负着阴并怀有阳。

根据此说，道就是产生事物的根源。这里说的"道"既有法则、真理、规律的含义，也有事物本原的含义，它实际上就是指具有万物规律的事物本原。世上万事万物均产生于"道"。

《道德经》第二十五章则说："有物混成，先天地生，寂兮寥兮，独立而不改，周行而不殆。可以为天下母。吾不知其名，字之曰道，强为之名曰大。大曰逝，逝曰远，远曰反。故道大、天大、地大、王亦大。域中有四大，而王居其一焉。人法地，地法天，天法道，道法自然。"[2]

这段话的意思是说：有物混合而成，先于天地而生，寂静而无声，独立存在而无变动，周而复始而不尽。可以视其为天下万物之源。我不知其名，就给它一个字"道"吧。勉强称其名为"大"。大就是发展而去，发展而去可以说是远离，远离后还会返回。因此说，道是大的，天是大的，地是大的，王（人）也是大的。宇宙中有这四个大，而王（人）居其中之一。人以地为法则，地以天为法则，天以道为法则，道以自然为法则。

这里，作者把天地等万物和人合在一起论述，认为事物是混合而生的，这万物之源是道。人、地、天、道、自然依次后为前之法则，最后是"道法自然"。因而这自然也就是根本的，无论是人还是天地等都是自然的产物。

战国中后期出了一部书《管子》（具体年代不详），此书是一部论文集，包括《心术》上下、《白心》《内业》。书中也有关于事物生成的理

[1]《中国哲学史教学资料选辑》上册，第78—79页。
[2] 同上书，第74页。

论，如该书《内业》说:"凡物之精,比则为生。下生五谷,上为列星;流于天地之间,谓之鬼神;藏于胸中,谓之圣人。是故名气。"[1]

这段话的意思是说:一切事物中的"精"与物的形体相合就能生长。向下说可以产生五谷;向上说则为列星;流行于天地之间的,称为鬼神;能使其藏于胸中的人,称为圣人。因而它也可称为"气"。

此处的"精"能和物的形体相合,产生具体的事物,可为五谷,也可为星辰,还可为鬼神、圣人。这种"精"基本上是物质性的,又被称为"气"。

《内业》中还具体论述了人的产生,文中说:"凡人之生也,天出其精,地出其形。合此以为人。和乃生,不和不生。"[2]

这段话意思是说:人是由天地相合而生的,天出人身上的"精",地出人身的形态。二者相合则人生,不合则不生。

将人说成是天地相合的产物,并分析说人身上的"精"和"形"分别来自天地,这是一种很有特色的事物和人产生的理论。

董仲舒(前179—前104)是汉代著名的政治家,他也有关于事物生成的理论。他在《春秋繁露·王道通三》中说:"天覆育万物,既化而生之,有养而成之。"[3]

这段话的意思是说:天下万物是由天生育的,既变化而使其产生,又抚育而使其成长。

董仲舒还认为世间的规律,人的行为准则也是天规定或制定的。他在《举贤良对策》中说:"道之大原出于天,天不变,道亦不变。"[4]

这意思是说:作为世界事物规律和人行为准则的"道"原本出于天。天如果没有变化,这"道"也就不会变化。这种以"天"为根本的说法后来在中国极为流行。

---

[1]《中国哲学史教学资料选辑》上册,第128页。
[2] 同上书,第135页。
[3] 同上书,第297页。
[4] 同上书,第307页。

魏晋玄学的创立者之一王弼（226—249）也在万物生成问题上表述过自己的观点。他在《老子》一章注中说："凡有皆始于无，故未形无名之时，则为万物之始；及其有形有名之时，则长之育之，亭之毒之，为其母也。言道以无形无名始成，万物以始以成，而不知其所以，玄之又玄也。"[1]

这段话的意思是说：凡存在的事物都始于"无"。所以在没有形和没有名时就是万物的开端。在事物有了形和名时，生其之母就使之生长并养育它，使其安定并得到治理。说"道"是无形无名才成立的，万物以其开始并成立，但不知道为什么会这样，这真是玄之又玄的事情！

王弼这里说的"无"实际并不是空无，而是指"道"，这在他的其他论述中可以知晓，如他在《老子》五十一章注中说："道者，物之所由也。"[2]

王弼还论述了"无"与"有"的关系。他在《老子》四十章注中说："天下之物，皆以有为生；有之所始，以无为本；将欲全有，必反于无也。"[3]

这段话的意思是说：天下万物都以"有"为其存在形式。"有"的初始，以"无"为根本。如果要保全这"有"，那就必须返归于"无"。

每种事物在产生之前都是"无"，而这"无"并不就是完全的虚无，而是一种本体。"以无为本"是王弼的重要哲学思想。

魏晋时期，也有人反对王弼这种"以无为本"的思想，比如裴頠（267—300）《晋书》卷三十五中记述裴頠认为："夫至无者，无以能生，故始生者，自生也。自生而必体有，则遗而生亏矣；生以有为己分，则虚无是有之所遗者也。"[4]

这段话的意思是说：绝对的无是什么也生不出来的。因此，一开始的生，就是自己产生自己。自己产生自己，那么自己的体就是必然存在

---

[1]《中国哲学史教学资料选辑》上册，第363页。
[2] 北京大学哲学系中国哲学史教研室编写：《中国哲学史》上册，中华书局，1980年，第257页。
[3] 同上书，第255—256页。
[4]《中国哲学史教学资料选辑》上册，第420—421页。

的，如果有消失了，那生也就不能存在，有的存在是以自身为体的，而虚无不过是有的消失。

裴頠否定了王弼的"以无为本"思想，强调事物的存在以"有"为根本。他写了《崇有论》一文，说："夫总混群本，宗极之道也；方以族异，庶类之品也；形象著分，有生之体也；化感错综，理迹之原也。"[1]

这段话的意思是说：总括混杂的各种事物的根本，是最终的道。各种形式的不同种类的事物，区分为不同的类别，这就是事物的品类。形象变化显著的事物种类，以有为其生长之根本。万有的变化和相互感应是错综复杂的，这种复杂的情况正是其条理和规则形成的根源。

裴頠在这里强调了事物的"有"是根本的，事物本身中存在着道。这种理论与王弼对事物形成的分析根本不同。

佛教传入中国后，与中国原有文化相融合，产生了不少中国特色的佛教学派或宗派。隋唐之后中国形成的佛教宗派，虽有许多中国特色，但在万物产生的问题上，实际是受制于印度佛教的缘起说和性空说，基本上没有提出关于事物实在的从无到有的生成理论。

宋代及其之后中国思想界在事物生成方面讨论的重要概念是"气""理"和"心"。

认为"气"形成万物的主要是宋代的张载（1020—1077）。他在《正蒙·太和篇》中说："天地之气，虽聚散、攻取百途，然其为理也，顺而不妄。气之为物，散入无形，适得吾体；聚为有象，不失吾常。太虚不能无气，气不能不聚而为万物，万物不能不散而为太虚。"[2]

这段话的意思是说：天地的气虽然有聚有散，流向各处，途径虽然很多，但其变化都遵循其规律而不乱。气变化事物，散开进出事物是无形的，是事物本然的状态；聚合成有相状的事物，不失去其变化的正常规律。太虚不能没有气，气不能不聚集为万物，万物不能不最后散入太虚。

---

[1]《中国哲学史教学资料选辑》上册，第412页。
[2] 北京大学哲学系中国哲学史教研室选注：《中国哲学史教学资料选辑》下册，中华书局，1982年，第28页。

张载在这里将气作为事物产生的根本,认为太虚不能没有气。这里说的太虚充满气,实际就成了相同的东西。张载在《正蒙·太和篇》中还说:"太虚即气,则无无。"[1] 意思是说,太虚就是气,因而无所谓无。这种理论与先前一些思想家"以无为本"的思想是完全对立的。

认为"理"为万物根本的是宋代的程颢(1032—1085)、程颐(1033—1107)和朱熹(1130—1200)。

程颢在《遗书》卷十一中说:"万物皆有理,顺之则易,逆之则难。各循其理,何劳于己力哉!"[2]

此话意为:一切事物都有"理",顺着这理做事就容易,逆着做事就困难。做事各依其理,哪用得着费力气!

程颢在《遗书》卷十一中还说:"天者,理也。"[3] 这"天"或"理"在程颢那里实际成了万物的根本。

程颐也讲"理",他在《遗书》卷十五中说:"万物……至如一物一事虽小,皆有是理。"[4]

程颐在这里将理与万物联系在一起,视其为一切的根本。

朱熹也十分推崇"理",《朱子语类》说:"未有天地之先,毕竟也只是理,有此理便有此天地,若无此理便亦无天地,无人无物。"[5] 这实际也是将"理"作为事物的根本。

认为"心"为万物根本的是宋代的陆九渊(1139—1193)和明代的王守仁(1472—1528)。

陆九渊在《杂说》中说:"四方上下曰宇,往古来今曰宙。宇宙便是吾心,吾心即是宇宙。千万世之前,有圣人出焉,同此心同此理也。千万世之后,有圣人出焉,同此心同此理也。东南西北海有圣人出焉,同此心同此理也。"[6]

---

[1]《中国哲学史教学资料选辑》下册,第31页。
[2] 同上书,第74页。
[3] 同上。
[4] 同上书,第80页。
[5] 同上书,第105页。
[6] 同上书,第129页。

这段话表明，陆九渊将心视为宇宙的根本，认为心就是宇宙，宇宙也就是心。他还认为，能将心与理相符的就是圣人。这种心学思想是与理学思想紧密相关的。

王守仁也是著名心学家，他在《传习录》上篇中说："心即理也，天下又有心外之事，心外之理乎？"[1]

王守仁在这里实际是强调"心外无物"和"心外无理"的思想，那么，心也就是包括人在内的世间万物的根本。

三、古代希腊的万物生成理论

古代希腊是西方文明的主要发源地，希腊哲人也很早就开始关注万物的生成问题。

较早论及这一问题的哲人是泰勒斯。"泰利士就把水看成本原（因而宣称地浮在水上）。"[2] 这也认为西方最早的一种事物生成理论。

阿那克西美尼认为"气"是生成万物的基础。这也是将万物的生成归结到一种物质元素的理论。

毕达哥拉斯也是另一位较早论及事物生成问题的哲人。以他为中心所形成的毕达哥拉斯派认为"数"是事物产生的源头。

赫拉克利特是著名的辩证法思想家。他也考察了万物的生成问题，认为世界"过去、现在、未来永远是一团永恒的活火……一切转为火，火又转为一切。"他还认为"一切都遵循着这个道"[3]。这是一种同时将万物产生归结为某种物质元素和抽象概念的理论。

在古希腊，原子论是一种重要的万物生成理论，不止一位哲人有这方面的主张，其中较著名的是留基波、德谟克利特、伊壁鸠鲁和卢克莱修。

关于留基波的原子论，留基波认为"宇宙是无限的，其中一部分是充

---

[1]《中国哲学史教学资料选辑》下册，第189页。
[2]《西方哲学原著选读》上卷，第16页。
[3] 同上书，第21—22页。

满的,一部分是空虚的。这[充满和空虚],他说就是元素。无数世界由这些元素造成,又分解为元素"[1]。《亚里士多德〈物理学〉注》说留基波"假定无数个永远运动的元素,即原子。而且他认为原子的形状无限多,没有理由说明它们为什么应该是这一类而不是那一类的,因为他看到事物中有不断的生成变化。并且他主张存在者并不比不存在者更实在,认为这两者同样是产生出来的事物的原因;因为他断言原子的实质是致密的、充满的,称之为存在者,然而原子是在虚空中运动,他把虚空称为不存在者,却肯定它同存在者同样实在"[2]。

关于德谟克利特的原子论,《著名哲学家的生平和学说》记述德谟克利特认为:"一切事物的本原是原子和虚空……火、水、土、气……其实是某些原子集合而成的;原子由于坚固,是既不能毁坏也不能改变的。"[3]

留基波与德谟克利特的这种原子论是古希腊人关于万物生成理论的重要早期形态,这一理论在后来得到一些人的继承和发展。

柏拉图的事物生成理论与其"理念论"有关。柏拉图将事物的存在寄托于分有理念的基础之上,他的这种事物生成理论与一般的物质元素或原子论的说法明显不同,在当时和后来被不少人质疑,甚至柏拉图晚年对自己理念论中的"分有说"也开始反思,并动摇。

柏拉图的思想体系在论及事物生成的根本时,除了提出理念论外,还有其他的说法,这就是他的神造世的思想。他在这方面的思想主要见之于《蒂迈欧篇》中,此文主要讲述了宇宙生成论,在讲述过程中论及了其有关神的思想。柏拉图吸收了毕达哥拉斯的数创造世界的理论,在此基础之上又提出了神造世的思想。在《蒂迈欧篇》中,柏拉图转述了毕达哥拉斯派的天文学家蒂迈欧论述的世界生成和人类创造方面的说法,文中实际也就是柏拉图他自己的观点。柏拉图接受的神造世思想主要是:世界既然是可感的,就不能是永恒的,而一定是被神所创造出来的。而且神既然是善的,所以他就按照永恒的模型来创造世界。神

---

[1] 《西方哲学原著选读》上卷,第45页。
[2] 同上书,第47页。
[3] 同上。

期望一切事物都应该是尽可能地好，而没有坏。神从无秩序中造出秩序。柏拉图的神并不像犹太教与基督教的上帝；柏拉图的神不是从无物之中创造出世界，而只是把预先存在的质料重新加以安排。神把理智放在灵魂里，又把灵魂放在身体里。他把整个世界创造成一个既有灵魂又有理智的活物。仅有一个世界。火、气、水、土四种元素每一种都显然各为一个数目所代表而构成等比例。火比气等于气比水，等于水比土。神用所有的元素创造了世界，因此它是完美的，而不会有衰老和疾病。神首先创造了灵魂，然后创造了身体。[1]

亚里士多德也有关于事物根本的理论。他对柏拉图的理念论表示反对，认为柏拉图设定与事物分离的理念是不妥的。[2]

伊壁鸠鲁是德谟克利特之后希腊讨论原子论问题的重要哲学家。伊壁鸠鲁的原子论除了关于原子的运动等的表述，在作为形成事物的基础方面与德谟克利特等的原子论是一致的。

卢克莱修在《物性论》中较为清晰地表述了原子论的思想。他认为：万物都由原始的物体构成；原始物体是不可毁灭的；世界是由原子的偶然运动形成的；原子是不断运动的；原子会从轨道上稍稍偏斜；自然是自动的，不受神的支配。[3] 卢克莱修也认为万物以活动着的原子为基础。这种将万物的生成以物质元素或原子作为基础的理论是古希腊一种流行的事物生成观念。

柏拉图的理念论在后来也有影响。如新柏拉图派的代表人物普罗提诺在《九章集》中说："'太一'是一切事物，而不是万物中的一物。因为一切事物的来源是它本身，而不是它们自己；万物有其来源，因为它们都可以回溯到它们的源头去。"[4] 这种"太一"的理论是从柏拉图的理念论上发展变化而来的。

---

[1] 罗素：《西方哲学史》上卷，第189—190页。
[2] 关于亚里士多德对柏拉图的反驳，参见本书第二章"古希腊的本原理论"部分。
[3] 《西方哲学原著选读》上卷，第195—209页。
[4] 同上书，第215页。

四、比较分析

万物生成理论是中、希、印三大文明古国哲学中的重要内容。这方面的理论反映了人类在最初形成哲学思维时一般都会想到的问题，即我和周围的事物是从哪里来的？什么是世间万有的根源？世界和人的本质是什么？等等。三地的哲人在这方面的观点有相同处，也有不同点。

相同处主要表现在：

第一，三地这方面的理论中都有物质要素聚合成万物的思想，如古印度的"四大"理论和"极微"理论，古希腊的原子论，古代中国的"五行"理论等。这些理论是三大文明古国在哲学思想形成之初就明确提出的，是古代哲人普遍产生的一种思想。

第二，三地这方面的理论中都有非物质实体生成万物的思想。如古印度的"梵天"生出事物的理论；古代中国的"道"生成事物的理论；古希腊的"数"生成事物以及"太一"生成事物的理论。这种观念的产生反映了古代人类已经开始摆脱仅仅在直接可感的事物中探究事物根本因的状况，而是能够在抽象的概念中寻求事物的根本，这反映了人们思维能力的增强。

第三，三地这方面的理论中都有认为世间一般事物与人的来源相同的思想。如古印度的不二一元论认为人与自然现象的根本都是梵的观念；古代中国有"天人合一"的思想；古希腊的毕达哥拉斯派认为，由数等产生出水、火、土、气，这四种元素创造出有生命的、精神的、球形的世界，以地为中心，在地上住着人，这也是一种认为一般事物与人的根本来源相同的思想。

不同点主要表现在：

第一，宗教思想对三地的这方面理论的影响程度不同。古印度的关于事物形成的理论受宗教影响最大。古印度这类理论中除了顺世论的"四大"说外，其他这方面的理论都有宗教的背景，如古印度的神造万物思想是印度教的思想；自性转变万物是婆罗门教中数论派的思想；缘起说是佛教的思想。古希腊中也有神造世的思想，但影响有限，多数论及万物生成理论的哲人没有很强的宗教意识或背景。中国古代的万物生成理论虽有佛教和道教提出的一些思想，但影响也不大，多数论及这方面思想的哲人也没有很强的宗教意识或背景。

第二，对是否有真实生成，三地的看法有所不同。在古印度，主流思想的吠檀多不二论派和大乘佛教都否定有真实的从无到有的事物生成。如吠檀多派认为世俗的所谓"生"其实是一种幻觉，因为唯一实在的仅有"梵"，而"多"或生成的多种事物不过是人对"梵"的不正确认识，并没有真的生出"梵"之外的各种事物。佛教主张"缘起观"，大乘佛教认为所谓"生"也是不实在的，实在的是原有的各种"缘"的重新组合，并没有真实的从绝对的无产生出来的事物。古希腊这方面的思想一般认为有真实的产生，认为产生出来的事物是真实的。古代中国哲人这方面的思想也是一般认为有真实的产生，产生出来的事物是真实的，而中国佛教的生成理论主要受印度的缘起观和性空理论的影响，除了东晋时期的"六家七宗"里的一些流派外，一般都不认为有实在的从绝对的无产生出来的东西。

第三，对生成事物的单一根本因，三地的主流看法有所不同。古印度的主流思想提出"梵"为根本因的思想、"自性"是生成事物的根本因的思想。古希腊中有"数"产生事物的思想、"理念"为事物根本的思想。古代中国有"道""气"为事物根本因的思想。这方面的理论差别展现出三地哲人对于事物产生问题上的多样性的思考。

万物生成问题是三大文明古国早期哲人普遍思考的问题，也是后来哲学研究中被人们持续关注的问题。三地的哲人们对这一问题提出了种类繁多的思想。古人对这一问题的关注反映了人类思维能力的逐步增强。对这方面问题的梳理与分析有利于我们知晓早期人类哲学思维的一些共同性，以及不同地区的人们在这一问题上提出的各种理论的特色。这种探索有助于我们明了先前人类思维发展的基本场景，使我们更好地认识世界及人自身。

第十四章　三大文明古国对人与自然现象分析的异同

古代中国、印度和希腊的哲学思想构成了现代世界哲学的重要理论源头，在三地哲学中，哲学家们普遍开展了对人与自然现象的分析，但三地哲人在这方面的理论又有各自的特点。对这些特点的梳理和分析将有助于我们更好地认识人类思想的发展历程和规律，回顾过去，放眼未来，更好地推动我们当代的文化建设。

一、古代印度对人与自然现象的分析

古代印度哲学很早就表现出一种分析人与自然现象间紧密联系的倾向，这在"吠陀"和"奥义书"中有表现，在后来出现的各派哲学中也有表现。

吠陀赞歌中有少量所谓"哲理诗"。论及人与自然现象的是著名的"原人歌"，该赞歌说："原人有千头、千眼和千足。他在各方面都覆盖着地，并超出地十指。原人就是这一切，（是已经）存在的（事物）和（将要）存在的（事物），还是主宰不朽者，并且超越依食物成长者。这就是他的伟大，而且原人甚至比这更强。他的四分之一是所有存在物，他的四分之三是天上的不朽。"[1]

这首赞歌中说的原人既是世间一切事物,也是人本身。原人的身体部位分别是社会中的不同阶层,即婆罗门、刹帝利、吠舍和首陀罗,也是日月大地和空气,还是风、火等物质元素,并且是方位。总之,原人既是人类,也是世界。这一赞歌明显把对人的分析和对自然的分析紧密联系在了一起,这在印度后来形成一种传统。

吠陀赞歌中还提到"法"或"理法"(rta),这种概念也与当时人们理解的人与自然现象有关。如《梨俱吠陀》第9节113.4说:"通过理法变得辉煌!表明理法,说真话,在你的劳作中真诚。"[2] 这里表达的意思是:说真话和真诚被鼓励,是善行。而所谓"法"或"理法"就是善的准则,人们做事以它为标准就是善,相反则是恶。

"吠陀"中说的"理法"不仅是人的行为准则,而且也是自然界的法则,遵循它,就会给人们带来好处。如《梨俱吠陀》第4节23.8说:"永恒的理法带来食物和力量,理法的思想消除一切邪恶。"[3] 按这里的说法,理法是在自然界起作用的力量,同时也适用于人类社会。

"奥义书"从广义上讲也属吠陀文献,但狭义上说的"吠陀"则不包括"奥义书"。现存"奥义书"有二百多种,这些文献中也有对世界和人趋同性的分析,其中影响最大的就是"梵我同一"理论。所谓"梵"被认为世界的本体。所谓"我"(即"阿特曼")一般被认为人生命现象中的主体。梵有时也称为"大我"。作为生命现象主体的"我"也称为"灵魂"或"小我"。"奥义书"的主流观点认为,梵是唯一实在的,我(小我)并不实在,无论是人还是其他自然现象都以梵为根本,梵(大我)和我(小我)是同一的,人的主体与世界的本体是同一的。《蛙氏奥义书》说:"一切确是此梵,此阿特曼(即)是梵。"[4] 《广林奥义书》第1节4.10说:"最初,此(处)唯有梵。他仅这样理解自己:'我是梵。'因

---

[1] Macdonell, *A Vedic Reader*, pp.195-202.
[2] Radhakrishnan and Moore, *A Source Book in Indian Philosophy*, p.28.
[3] Ibid., p.25.
[4] Radhakrishnan, *The Principal Upanisads*, p.695.

此,他成为一切。哪个神领悟了这,就成为他,仙人也如此,人也如此……谁认识到了'我是梵',就成为这一切。"[1]《广林奥义书》第4节4.8说:"认识梵者,直升天界,达到解脱。"[2] 这里对梵的认识,就是指对梵我同一的认识。

奥义书哲人中的这种对人与自然现象的趋同性分析在后来的印度思想史上影响极大,成为后世印度正统派思想中的主流观念。

数论派和瑜伽派是理论相近的一组派别,两派对人与自然的生成问题看法一致,都认为有两个根本性的实体跟人与自然现象的生成有关。一个是物质性或阴性的实体"自性",另一个是精神性或阳性的实体"神我"。当神我与自性结合时,自性就能生出人与自然现象。数论派的主要文献《数论颂》中关于这种生成过程的偈颂为:"自性次第生,大我慢十六,十六内有五,从此生五大。"[3]

这一颂中的"自性次第生,大我慢十六"是说"自性"先生出"大"(亦译觉,指自性产生人的知觉作用和世间现象中的意识),"大"再生出"我慢"(指人的自我意识),"我慢"又生出"十六"(这里的十六包括:眼、耳、鼻、舌、皮、手、足、口、生殖器官、排泄器官、心、色、声、香、味、触)。颂中的"十六内有五,从此生五大"指"十六"中的色、声、香、味、触这"五唯"生出地、水、火、风、空这"五大"。自性在神我作用后所生出的各种事物既是人的生命现象,也是自然的现象,由此可知,数论派对自然现象和人的分析是紧密联系在一起的。瑜伽派主要侧重探讨瑜伽修持的问题,在世界和人的问题上与数论派的观点相同。

胜论派和正理派是关系紧密的一组,胜论派侧重探讨自然现象的类别区分,正理派侧重探讨逻辑推理和辩论规则问题。两派的主要经典中都有论述自然现象的部分,也有论述人生现象的部分。

胜论派的根本经典《胜论经》说:"至善来自对真理的认识,来自特别的法,并借助关于实、德、业、同、异、和合句义的相似与差别(的知

---

[1] Radhakrishnan, *The Principal Upanisads*, pp.168-169.
[2] Ibid., p.274.
[3] 参见《数论颂》22颂及《金七十论》卷上中对此颂的注释。《大正藏》第54册,第1250页。

识）获得。"[1] 这里谈到的六个"句义"（指与概念相对应的实在物）主要是胜论派对自然现象的分析，但其中也有涉及生命现象的成分，如实句义中的我和意，德句义中觉、乐、苦、欲、瞋都是生命现象，而且此经中说的"至善"主要是人的一种解脱状态。因此，胜论派中对人与自然的分析虽然联系不如数论派紧密，但也是有联系的。

正理派的主要经典《正理经》说："至善来自对量、所量、疑、动机、实例、宗义、论式、思择、决了、论议、论诤、坏义、似因、曲解、倒难、堕负这些谛的认识。"[2] 此经提出了"十六谛"的概念，这些概念主要是论述人的逻辑推理和辩论规则方面的内容，但也有论及自然现象的成分，如其中的"所量"实际即涉及了各种自然现象，而且，这里说的"至善"也是指人对自然现象和人自身的真理性认识。因此，正理派对人与自然的分析也是有关联的。

弥曼差派与吠檀多派是关系紧密的两派，二者都是正统派中的纯正统派，但弥曼差派侧重论述婆罗门教的祭祀，吠檀多派则侧重探讨婆罗门教的哲理。

弥曼差派主要关注祭祀问题，但后期此派吸收改造了胜论派的句义论，因而，此派对自然现象与人生现象也有综合探讨。

吠檀多派是正统派中直接继承"奥义书"思想的派别，此派分支众多，影响最大的是不二一元论。这种理论认为，作为世界本体的梵（大我）和作为人生命现象主体的我（小我）是一个东西。此派较早的代表人物乔荼波陀在其主要著作《圣教论》中认为，梵（大我）与现象界（小我）的关系就如同瓶中的小虚空和瓶外的大虚空的关系一样，仅仅由于身体的限制，它们才显得不同，两者实际上是同一物。[3] 吠檀多派的这种不二一元论与"奥义书"中的梵我同一论在本质上是相同的，二者都对人与自然现象做了趋同性的分析。

---

[1] Gough, *The Vaiśeṣika Aphorisms of Kaṇāda*, p.4.
[2] Vidyābhuṣana, *The Nyāya Sūtra of Gotama*, pp.2–3.
[3] 参考乔荼波陀：《圣教论》第 3 节 1—10，第 103—114 页。

佛教在产生时侧重分析人生现象，但实际上也是联系其他自然现象来论述的。如释迦牟尼创立佛教时提出的一个基本理论是缘起论，认为人生现象中没有一个唯一实在的本体，人是由多种成分（诸缘）相互作用而产生的。早期佛教的"五蕴说"和"十二因缘说"等都是讲述人由多种成分相互作用而生。不过，早期佛教在论述人生问题时也离不开其他各种现象。较多记述印度早期佛教思想的《杂阿含经》卷第十二说："此有故彼有，此起故彼起。"[1]《中阿含经》卷第二十一说："若有此则有彼，若无此则无彼，若生此则生彼，若灭此则灭彼。"[2] 这里说的事物相互依存而生就是既指人的生命现象，也指其他自然现象。后来的部派佛教和大乘佛教在展示其哲学理论时也都是既论述生命现象，也论述其他世间事物。因而，应该说佛教也是一个将人与自然现象紧密联系在一起考察分析的派别。

耆那教的教义体系中有较多的思辨性成分，有较完整的对人与自然现象分析的理论。此教认为，事物中均有"命我"（灵魂），无论是人还是世间的山石草木及地水等物中都有"命我"。因而此教对自然世界的分析与对人的分析也是紧密联系在一起的。此教的主要经典《谛义证得经》认为"命我"的解脱需要"正智"和"完美的正见"，而这两者中就包括此派对人本身和自然现象的认识，这两种（对人与自然现象的）认识是紧密联系在一起的。

顺世论对人的分析与对世界的分析有一个共同点，即认为无论是人的身体还是自然界的各种其他物体，都是由"四大"（地、水、火、风）和合而成的。记述此派观点较多的《摄一切悉檀》第1节说："根据顺世论者的观点，唯有四元素——地、水、火、风是最终的本原，不存在其他的可作为本原之物。"[3] 另一部较多记述此派观点的著作《摄一切见论》说："地等四元素是本原，仅仅当这些（元素）构成身体时，意识才从它

---

[1]《大正藏》第2册，第84页。
[2]《大正藏》第1册，第562页。
[3] *A Source Book in Indian Philosophy*, p.234.

们中产生。"[1] 由此可见，顺世论认为人与自然现象的基础唯有"四大"，此派对自然现象和人的分析也是密切联系在一起的。

二、古代中国对人与自然现象的分析

古代中国哲人既对人自身相当关注，也注重探索其他事物，而且对这二者的分析经常密切联系在一起，这在许多中国古代的重要文献中都有表现。

《易传·系辞上》说："刚柔相摩，八卦相荡，鼓之以雷霆，润之以风雨，日月运行，一寒一暑。乾道成男，坤道成女。乾知太始，坤作成物。乾以易知，坤以简能。易则易知，简则易从。易知则有亲，易从则有功。有亲则可久，有功则可大。可久则贤人之德，可大则贤人之业。易简而天下之理得矣，天下之理得而成位乎其中矣。"[2]

这段话的意思是说：阳刚和阴柔两种势力相互作用，八卦相激荡形成六十四卦。就事物而言是天、地、雷、山、火、水、泽、风相互激荡。得乾道的成为男性，得坤道的成为女性。乾道主管事物的开端，坤道主管事物的成形。乾以平易为主，坤以简易为能。平易则易于知解，简易则容易遵从。平易使人了解则有人亲附，容易遵从，则行之有功。有人亲附则可以持久，能成功则可成就大事业。可以持久则是贤人的功德。可成大事业则是贤人的功业。《易经》的道理简明易懂，使人明了天下的道理。能明了天下的道理，就能在天地中占有一定的地位。

在这段文字中，作者论及了乾道与坤道和男人与女人的关系，从刚柔相摩、八卦相荡、日月运行等现象谈起，认为乾道成男，坤道成女，还认为乾道主管事物的开端，坤道主管事物的成形，这就将一般事物与人联系在了一起。这段文字还认为，人如果可以明了天下的道理，就可以在天地

---

[1] *A Source Book in Indian Philosophy*, p.229.
[2] 《中国哲学史教学资料选辑》上册，第204页。

中占有一定地位，这种说法也是明显将人与天地这种自然现象关联在了一起。

《易传·系辞下》说："天地之道，贞观者也，日月之道，贞明者也，天下之动，贞夫一者也。夫乾，确然示人易矣；夫坤，隤然示人简矣。爻也者，效此者也，象也者，像此者也。爻象动乎内，吉凶见乎外，功业见乎变，圣人之像见乎辞。天地之大德曰生，圣人之大宝曰位，何以守位曰仁，何以聚人曰财，理财正辞、禁民为非曰义。"[1]

这段话的意思是说：天地之道，以正而观照显明。日月之道，以正而光明呈现。天下的事物变化无穷，却有恒常的规律。乾道造化自然，很刚健地昭示众人，易于了知。坤道很柔顺地示人，亦为简易。卦爻的制作，便是效法乾坤之理而作。卦象的设置，则为仿乾坤之形迹而立。卦爻卦象先在内部有变化，后就可见到其外部之吉凶，成就功业则表现在其变通，圣人的情怀可见之于卦辞爻辞。天地之大德即为万物之生生不息，圣人之大宝，就是其崇高的地位。怎么能守其位呢？那就要靠仁爱。如何聚揽众人呢？那就要有财。理财并正言行，禁止老百姓做坏事，就称为道义。

此处也是将天地之道与事物变化和人的吉凶等联系起来，表明天地的变化与乾道和坤道的展示有关，卦爻的制作与乾坤之理相关，卦辞爻辞可显示圣人的情怀，也可展示天地之大德，这些与万物的变化有关，也与人的吉凶有关。此处也是将对自然现象的分析与对人的分析综合在一起来论述。

《易传·系辞下》还说："古者包牺氏之王天下也，仰则观象于天，俯则观法于地，观鸟兽之文与地之宜，近取诸身，远取诸物，于是始作八卦以通神明之德，以类万物之情。"[2]

这段话的意思是说：古代包牺氏治理天下，向上则观天象，向下则观地上运行之法则，又观鸟兽皮毛之色彩及山川之地利，近的取象于人的身

---

[1]《中国哲学史教学资料选辑》上册，第209页。
[2] 同上。

体,远的取象于世间诸物,于是就创作出八卦,以融通神明之德性,以比类万物之情状。

这里作者提及了包牺氏上观天上运行的各种宇宙现象,下观地上运行的事物法则,将二者结合起来,既观察人的身体,也观察世上的其他事物,由此创立了八卦,而八卦的作用是既可通神明之德,又可类比万物之情。这实际上既说明世间人的活动状况,又表述事物的运行变化,也是一种天人合一的观察。

老子的《道德经》中也有很多将人与自然现象联系起来的分析论述。如《道德经》中,老子把天地等万物和人合在一起论述,认为事物是混合而生的。而人、地、天、道、自然依次后为前之法则,最后是自然是根本的,一切都是自然的产物。这种说法也可以说是中国较早的一种"天人合一"的说法。

中国后代思想家继承了春秋时期就存在的对人与自然的综合观察分析的传统。如汉代董仲舒在他的《春秋繁露·深察名号》中说:"受命之君,天意之所予也,故号为天子者,宜视天如父,事天以孝道也……事各顺于名,名各顺于天。天人之际,合而为一。"[1]

这段话的意思是说:受命为国君的人,是天意所给予的。因此被称为天子的人应该对待天如同对待自己的父亲一样,对待天要行孝道。凡事要和名目相顺应一致,名称都要与天相顺应。天和人之间是合而为一的。

这段话中讲了君权天授,表明了一种天与人的关系。文中第一次明确提出了天与人"合而为一"的思想。

董仲舒还把四季的变化及阴阳之法与人联系起来。他在《春秋繁露·王道通三》中说:"天有寒有暑。夫喜怒哀乐之发,与清暖寒暑,其实一类也。喜气为暖而当春,怒气为清而当秋,乐气为太阳而当夏,哀气为太阴而当冬……四时之行,父子之道也;天地之志,君臣之义也;阴阳之理,圣人之法也。"[2]

---

[1]《中国哲学史教学资料选辑》上册,第302页。
[2] 同上书,第298—299页。

这段话意思是说：上天分了寒季和暑季。人的喜怒哀乐的产生与清暖寒暑实际是一类。喜气为温暖遇春天，怒气为清冷则遇秋天，乐气为太阳遇夏天，哀气为太阴遇冬天。这四时的运行是父子相处的方法；天地的意志是君臣相处的道义；阴阳的道理是圣人的法则。

董仲舒这里的论述也完全是把天与人视为一体，认为从天的变化中能看到世间的变化，从天的变化规律中能看到世间不同人之间的关系与相处之道。

在宋代，理学家也继承了前代中国思想家对人与天关系的论述思路。如程颐在《遗书》卷十五中说："视听言动，非理不为，即是礼。礼即是理也。不是天理便是私欲……无人欲即皆天理。"[1]

这段话的意思是说：视听和言行举止，不符合理的不做，这就是礼。礼也就是道理。不是上天的道理就是私欲。没有人欲的都是上天的道理。

这里程颐讲的是封建社会的伦理道德方面的内容，他实际也是把人的行为准则与天理紧密联系在一起，这也是一种将人与世界混合在一起分析的论述。

可以说，这种将人与世界联系起来思考和分析的思维方式在中国也是历史悠久和根深蒂固的。

三、古代希腊对人与自然现象的分析

古希腊的哲人很早就开始对世界的本原等问题进行探索，提出了大量这方面的思想。但在探讨世界的本原等问题的同时，哲人们也有对人自身的观察和思考，也提出了一些这方面的思想。

阿那克西美尼是较早论及生命现象和物质元素的人。他认为："我们的灵魂是气，这气使我们结成整体，整个世界也是一样，由气息和气包围

---

[1]《中国哲学史教学资料选辑》下册，第79页。

着。"[1] 这里提到了"灵魂",而灵魂通常被认为人等有生命之物才有,而这里提到的"气"可以视为自然世界的一种元素。将灵魂与气放在一起论述,应该说是古希腊较早的一种涉及人与物质世界关系的观念。

古希腊哲学派别毕达哥拉斯派在论述世界的产生时也提及了物质元素和人及生命,此派认为,这些都源于"数"。毕达哥拉斯派认为"万物的本原是一",他们在论及物质元素时也提及了感觉、生命、精神和人,可以说是早期希腊哲学中同时涉及世界一般事物和人的内容。

著名哲人赫拉克利特在论述事物的"道"时说:"这道虽然万古长存,可是人们在听到它之前,以及刚刚听到它的时候,却对它理解不了。一切都遵循着这个道……应当遵从那个共同的东西。可是道虽然是大家共有的,多数人却自以为是地活着,好像有自己的见解似的……对那片刻不能离的道,对那支配一切的主宰,他们格格不入;对那每天都遇到的东西,他们显得很生疏……道为灵魂所固有,是增长着的。"[2] 赫拉克利特在这里说的"道"既存在于人等生命现象中,也存在于其他自然现象中。他关于"道"的论述涉及人较多,实际上是将人与世间其他事物包容在一起了,因为"道"被他说成是一切事物都要遵循的,是支配一切的。

阿那克萨戈拉(前500—前428)也曾论述了相关问题。他在其著作《论自然》中说:"我们就必须假定:结合物中包含着很多各式各样的东西,即万物的种子,带有各种形状、颜色和气味。人就是由这些种子组合而成的,其他具有灵魂的生物也是这样……每件事物中都包含着每件事物的一部分,除了心的部分以外,有些事物中也有心……将来会存在的东西,过去存在过现已不复存在的东西,以及现存的东西,都是心所安排的。现在分开了的日月星辰的旋转……也都是心所安排的……心开始推动时,运动着的一切事物就开始分开;心推动到什么程度,万物就分开到什么程度。这个涡旋运动和分离作用同时又造成了事物更强烈的分离……这永远存在的心,也确实存在于每一个其他事物存在的地方……存在于曾经

---

[1]《西方哲学原著选读》上卷,第18页。
[2] 同上书,第22—23页。

与那个物质连在一起、又从那里分离出来的东西中。"[1] 阿那克萨戈拉在这里的分析也是将人与其他事物混合在一起的一体性分析。在他看来,各种事物都有心,事物是由心安排的,其运动也是由心所推动的,而且,人与各种事物都是由他所谓的"种子"组成的。

恩培多克勒(鼎盛年约在前444—前443)也有这方面的论述。他在其《论自然》中说:"人们在火和气混合成人、野兽、植物、鸟类的形状时,就说这是产生,在这些元素一旦分离时,就说这是可悲的死亡。人们这样说是不对的,可是我也依照习惯这样说。""这'爱'和'憎'的竞争在人的肢体里是明显的。在一个时候,身体的一部分在生命洋溢的季节里由'爱'团聚成一个整体;在另一个时候,则由残酷的冲突把它们拆散,各自在生命的海边踯躅。植物和住在水里的鱼、住在山上的野兽和展翅飞翔的鸟全都是这样。""从这些元素中生出过去、现在、未来的一切事物,生出树木和男人女人,飞禽走兽和水里的鱼。"[2] 恩培多克勒的这些论述淡化了人与其他各种事物的差别,将它们都视为元素和合的产物。这种分析也是一种对人与其他自然现象的趋同性的分析。

原子论者德谟克利特在论述其理论时也将原子与人的生成联系起来。亚里士多德的《论灵魂》记述了德谟克利特的原子论:"有些人说,引起运动的东西主要是、首先是灵魂;他们相信本身不动的东西是不能引起别的东西运动的,所以把灵魂看成一种运动的东西。因此德谟克里特说灵魂是一种火热的东西。原子的形状同原子本身一样是无限多的,他就把那些球形的原子称为火和灵魂,并且把它们比作空气中的尘埃,在窗口射进的阳光中可以看见它们浮动着;他在种子的混合体中发现了整个自然的元素。留基波也是这样看的。他们主张球形的原子构成灵魂,是因为这种形状的原子最适于穿过一切事物,自己运动着,同时使其他的一切运动。他们认为灵魂就是动物身上产生运动的东西。因此,他们把呼吸看成生命的标志。"[3]

---

[1]《西方哲学原著选读》上卷,第38—40页。
[2] 同上书,第42—44页。
[3] 同上书,第51—52页。

亚里士多德的《论灵魂》还记述道:"德谟克里特说,灵魂和心是一回事。它是原始的、不可分的物体。由于它的精细和它的形状,它有产生运动的能力。最能运动的形状是球形,这就是心和火的形状。"[1]

德谟克利特这种原子论中论述的灵魂和心都涉及人的意识的成分,这使其对世界形成的看法与对人形成的看法关联在了一起。

柏拉图哲学理论中的一个引人瞩目的理论是"理念论",认为个别事物是分有相应的"理念"而存在的。他在《斐多篇》中说:"如果我们出世以前就获得了这种知识,并且带着它生下来,那我们在出世以前和出世的时刻就不仅知道'一样'、'大些'、'小些',而且知道一切'本身'。是不是?因为我们这个论证既适用于'一样',也同样适用于'美'、'善'、'公正'、'神圣',总之,适用于我们在问答辩证过程中标上'本身'印记的一切;所以我们必定是在出世以前已经获得了关于这一切的知识……如果是我们在出世前获得了知识,出世时把它丢了,后来又通过使用各种感觉官能重新得到了原来具有的知识,那么,我们称为学习的这个过程,实际上不就是恢复我们固有的知识吗?我们把它称为回忆……所有的这类东西,象'美'、'善'以及你刚才说的其他一切实体,是具有最真实的存在的。我想这是充分证明了的。"[2]

在柏拉图的理论中,不仅世上一般的事物是分有理念的产物,而且与人的意识相关的东西也是分有理念而存在的,如美、善等概念是人的判断,这些判断都是分有相关理念的产物,是分有有关事物本身的产物。因而柏拉图对世间一般事物和人的分析也是联系在一起的。

伊壁鸠鲁的哲学中也论及了人与自然现象之间的关系,其观点可见于《著名哲学家的生平和学说》。伊壁鸠鲁认为:"我们必须设想,人类的本性也只是接受环境的教训,被迫去作许多各式各样的事情,后来理性对自然所提示的东西进行加工,作出进一步的发明,在某些事情上比较快,在另一些事情上比较慢,在某些时代作出伟大的进展,在另一些时代进展又

---

[1]《西方哲学原著选读》上卷,第52页。
[2] 同上书,第80—83页。

较小。所以在最初的时候,名称也并不是审慎地加到事物上的,人们的本性由于部族的不同而具有自己的特殊感触,接受自己的特殊印象。""不能认为天体的运动和旋转、日月蚀、升起、降落以及与这些相类的现象,是由于某种实体使然,这个实体管制、规定或者曾经规定过它们,同时又享受着完全的福祉与不朽(因为困难、忧虑、愤怒是和恩惠与幸福的生活不调和的,这些事情发生在有懦弱、恐惧以及依赖邻人的地方)。我们也不要相信天体会有幸福,并且自动使自己担当起这样的运动,它们不过是聚成一堆的火。"[1] 伊壁鸠鲁这些对天人关系的论述与印度和中国古代的许多论述是完全不同的,一些见解已经接近现代科学的解释了。

古希腊时期还有一些怀疑派的论述也与伊壁鸠鲁的思想接近。如皮罗(前360—前270)就曾说:"有人根据天体的秩序论证有天意存在,而我们回答道,顺境常常是坏的,逆境常常是好的,从而推论出天意不存在。"[2] 这些思想也是很有古代欧洲哲学特色的。

四、比较分析

古代印度、中国和希腊哲人所提出的有关人与自然现象的分析是世界哲学的重要内容。三地这方面的论述分别反映出他们对世界与人自身的观察和分析,这些思想的内容虽然与现代科学的论述有较大差距,但都是人类思想发展中所必然要提出的观念。三地这方面的理论有相同处,也有差别点。

相同处主要表现在:

第一,三地的哲学中都有对人与自然现象的关联性分析。如古代印度"奥义书"中的梵我同一理论及吠檀多派中的不二一元论,中国春秋时期和汉代的"天人合一"理论,古希腊哲人阿那克萨戈拉的人与各种事物都

---

[1]《西方哲学原著选读》上卷,第172—173页。
[2] 同上书,第176页。

是由"种子"组成的理论等。

第二，三地的哲学中都有人类社会遵循的准则与宇宙世界遵循的准则同一的思想。如古代印度吠陀时期说的"理法"就是既适用于自然界，也适用于人类社会的法则。古代中国也有无论是人还是天地等最终都源于"自然"的说法，因为"人法地，地法天，天法道，道法自然"。古希腊也有"理念"既是世间一般事物的"本身"，也是人的观念等的"本身"的说法。

第三，三地有关人与自然现象分析的理论都有多样性，即每一个国家的这方面的理论都不止一种，而是有各种说法。如古印度这方面的理论有吠檀多派的不二一元论，也有佛教的缘起论，还有数论派的自性与神我结合生成人与世间现象的理论。古代中国有《易传》中的"乾道成男，坤道成女。乾知太始，坤作成物"的理论，也有董仲舒的"天人之际，合而为一"的理论。古希腊既有赫拉克利特的包括人在内的"一切都遵循着这个道"的理论，也有德谟克利特的"太阳和月亮同样是由光滑的圆形原子构成的，灵魂也由这种原子构成"的理论等。

差别点主要表现在：

第一，古印度的人与自然关系的主导性理论是"奥义书"的梵我同一理论和吠檀多派的不二一元论。这种主导理论中的梵为真一，而我为假多，我在实质上就是梵。古代中国的主导性理论是儒家的"天人合一"理论。这里面的天和人都是真的，它们的关系是两种真合为一体。而古希腊对自然和人的综合性分析主要体现在认为人与自然的本原是统一的。古希腊有关二者合一的思想影响不如古代中国和印度的同一或合一思想影响大。

第二，古代印度对人与自然分析的理论的宗教背景明显，而古代中国和希腊在这方面的理论没有明显的宗教色彩。如古印度的梵我同一理论和不二一元论是婆罗门教中的主要哲学思想，缘起论是佛教的思想。古代中国的天人合一理论主要是儒家的思想，宗教色彩不浓。古希腊对人与自然的分析也主要是一些哲学家的分析，宗教色彩也明显较淡。

第三，古代印度、中国和希腊的哲人虽然都对人与自然现象有分析或综合探讨，但对人与自然二者相互间关系的关注度还是有差别。相对来说，古代中国与印度哲人对二者（人与自然或世界）的关系探讨多些，论述深度和广度突出，而古代希腊哲人在这方面虽也有论及，但多是讲二者的共同本原，对二者相互间的关系谈论较少，关注度也不如中印两国。

中国、印度和希腊三大文明古国的哲学思想是世界文明中的精髓，而对人与自然现象的分析是其哲学中的核心成分。对这方面理论的梳理和分析有助于我们明了世界主要哲学思想的基本发展脉络，认识人类文明的重要特征。这对于我们继承和发展以往宝贵的文化遗产，促进思想的繁荣和社会的进步有积极意义。

第十五章　古代中西印哲学的
　　　　　真理观念

真理观念是世界哲学中普遍讨论的问题，中西印古代哲人对此问题提出了大量见解。这些见解与有关哲人所处的思想历史背景有关，也与他们的主要哲学倾向有关，展示了东西方哲学中的不同思想特色。本章对三地这方面的思想进行梳理，找出它们在真理观念上的主要异同，从一个侧面探讨中西印哲学的重要思想形态。

一、古代印度的真理观念

古代印度的哲学思想从吠陀时期开始萌发，在奥义书时期大量出现，而后世又产生不少哲学流派，涌现出许多哲人。这些哲人极为关注的就是什么是真理以及如何认识真理的问题，对此，不同时期的哲人有不同的回答。古印度的哲人一般都将真理视为最高的智慧。

在吠陀时期，古印度先民口头创作了主要反映他们日常生活和宗教思想的赞歌等，有一些吠陀赞歌中有哲理的成分，提出了一些与真理有关的概念，如"理法"就是这样的概念。所谓"理法"在吠陀中主要指宇宙的法则、秩序、正义、真理或伦理原则。《梨俱吠陀》第 9 节 113.4 说：

"通过理法变得辉煌！表明理法，说真话，在你的劳作中真诚。"[1]《梨俱吠陀》第7节56.12说："通过理法，他们达到真理，理法的遵从者，出生显赫，纯净，并且神圣。"[2] 这里说的"理法"，是与我们讨论的真理等相接近的概念，但此类赞歌对它的表述较为简略，一些言语的含义不是很清晰。对真理概念作较为明确表述的是"奥义书"。

奥义书哲人理解的真理主要指对"梵""我"关系的正确认识。所谓"梵"主要指世界的本原或本体，也称为"大我"。所谓"我"主要指人生命现象中的主体，亦称"小我"或"灵魂"。奥义书的主流思想家认为，梵是世上唯一的实在物，梵之外的事物是不存在的，所谓"我"（小我）只是人对梵的错误或虚假的认识，小我在本质上就是梵或大我。《蛙氏奥义书》说："一切确是此梵，此阿特曼（即）是梵。"[3] 因此，"奥义书"主张"梵我同一"的思想，认为对"梵我同一"的认识就是最高的智慧，就是至上的真理。《由谁奥义书》第2节5说："如果此处的人认识了那梵，那么此处就有真理；如果此处的人不认识，那么此处就有巨大的损失。由于智者在一切事物中看到了那实在，他们在离开此世时就称为不朽者。"[4]《伊莎奥义书》第7节则说："在认识到所有的事物都是阿特曼（大我或梵）的人那里，在看到了同一的人那里，还有什么迷误和痛苦呢？"[5]

奥义书时期之后的正统派和非正统派中都探讨了真理的问题。这些派别都把本派的根本智慧或根本教义视为最高的真理。

胜论派是古印度主要探讨事物种类划分的派别。此派认为本派的最高智慧是其关于"句义"的理论，所谓"句义"指与观念相对应的实在物。胜论派最早的经典《胜论经》认为有六个句义：实句义（事物自身）、德句义（事物的静的属性）、业句义（事物的动的形态）、同句义（事物的相同性）、异句义（事物的差别性）、和合句义（事物的自体与属性的不

---

[1] Radhakrishnan and Moore, *A Source Book in Indian Philosophy*, p.28.
[2] Ibid., p.29.
[3] Radhakrishnan, *The Principal Upanisads*, p.695.
[4] Ibid., p.587.
[5] Ibid., p.572.

可分的内在联系)。胜论派的主要哲学理论都包含在其对句义的具体解释之中,这种句义的理论被此派视为最高智慧。胜论派的根本经典《胜论经》第 1 节 1.4 说:"至善来自对真理的认识,来自特别的法,并借助(关于)实、德、业、同、异、和合句义的相似与差别(的知识)获得。"[1] 由此可见,此派的真理主要就是指句义的知识。

正理派是古印度主要研究推理和辩论规则的派别。此派的根本经典《正理经》第 1 节 1.1 说:"至善来自对量、所量、疑、动机、实例、宗义、论式、思择、决了、论议、论诤、坏义、似因、曲解、倒难、堕负这些谛的认识。"[2] 该经第 1 节 1.2 说:"当苦、生、行为、过失、错误的认识被依次灭除时,解脱就会因对它们的持续灭除而获得。"[3] 这里说的至善就是认识了此派最高真理的十六谛的知识。十六谛是正理派的基本理论框架,它的主要理论都包括在了对十六谛的解释之中。认识了十六谛就能灭除无知,达到解脱。

数论派的转变说也涉及真理的问题。在数论派所描述的转变的过程中一共涉及了二十五个概念,数论派称其为"二元二十五谛"(包括自性与神我这二元,再加上觉、我慢、十一根、五唯、五大),并将其视为最高真理。此派的根本文献《数论颂》第 64 节说:"通过修习(二十五)谛,产生非我,非我所,因而无(我)的知识。(这种知识)是无误的,因此是纯净的和绝对的。"[4] 这里说的二十五谛及其产生的知识就是数论派的最高真理。

瑜伽派主要探讨进行瑜伽修行的手法和意义,认为做瑜伽有助于达到最高境界。在哲学思想上,瑜伽派基本沿用数论派的理论,也是把认识"自性"与"神我"等的知识作为最高真理。

弥曼差派主要关注祭祀问题,论述祭祀的手法和作祭祀的功效及意义。此派源于吠陀时期,对"吠陀"的言语极为推崇,认为"吠陀"的

---

[1] Gough, *The Vaiśeṣika Aphorisms of Kaṇāda*, p.4.
[2] Vidyābhuṣaṇa, *The Nyāya Sūtra of Gotama*, pp.2-3.
[3] Ibid., p.2.
[4] 姚卫群编译:《古印度六派哲学经典》,第 170 页。

言语就是真理。这种真理被认为先天本有的,并且会永远存在下去。与此观念相应,此派最早提出的基本理论是所谓"声常住论",这里的"声"指"吠陀"的言语。祭祀被认为对人升入天堂起作用,此派的根本经典《弥曼差经》第 4 节 3.15 说:"那(祭祀行为要产生的果报)是天堂。因为(这)对一切(人来说,都是)无一例外(的希求)。"[1] 因而,论述祭祀的吠陀言语就被此派认为真理。

吠檀多派是印度正统派系统中的主流派,它继承并发展了"吠陀""奥义书"以来印度婆罗门教的主要思想。在真理观上,此派也沿用了"奥义书"中的相关理论。但此派中有许多分支,各分支对真理的理解有一定差别,总体上说,各分支都把自己理解的梵我关系视为最高的智慧,视为真理。吠檀多派中的不二一元论影响最大,此派中的主要思想家商羯罗将梵区分为下梵(有种种属性和差别的现象界)和上梵(没有任何限制和属性的梵),但认为这种区分仅是人主观认识的产物,在实际上,梵只有一个。[2] 此分支认为梵与我是绝对相同的,是不二的,这就是它推崇的最高真理。

佛教在印度的发展中出现不少分支,不同分支对真理的理解是有差别的。

在早期佛教时期,佛教提出了最基本的教义,即缘起的思想和"无常""无我"和"涅槃"的思想。佛教反对婆罗门教的梵一元论观念,认为事物都是缘起的。《杂阿含经》卷第十二说:"此有故彼有,此起故彼起。"[3]《中阿含经》卷第二十一说:"若有此则有彼,若无此则无彼,若生此则生彼,若灭此则灭彼。"[4] 佛教认为无论是人生现象还是世间现象中都没有一个永恒不变的实体,因而主张"无常"和"无我"的观念,认为如果达到了这种认识,就能灭除诸种无明,达到"涅槃"状态。

---

[1]《古印度六派哲学经典》,第 228 页。
[2] 参考商羯罗《梵经注》第 1 节 1.11;第 1 节 2.8 等。Gambhirananda, *Brahma-Sūtra Bhāṣya of Śaṅkarācārya*, pp.61-65; pp.116-118.
[3]《大正藏》第 2 册,第 86 页。
[4]《大正藏》第 1 册,第 562 页。

《杂阿含经》卷第十说:"一切行无常,一切法无我,涅槃寂灭。"[1] 这些观念在原始佛教时期就被作为此教的最高真理。

部派佛教时期,印度佛教分出了十八部或二十部的派别,这些派别的影响大小不一,主张也多样。说一切有部主张"我空法有",认为人的生命中没有主体,关于世间现象则主张"三世实有"或"法体恒有"。犊子部强调"我法俱有",认为在人等生命现象中存在一个"补特伽罗",它起着轮回主体的作用,主张一种变相的"我"的存在,并认为各类"法"都是实有的。大众部系统中的一些部派对我与法的实在性都持否定态度,其中的一说部认为三世法均为"言说",并无实在性。[2] 这些部派都把本派的主张视为最高的真理。

大乘佛教中影响较大的是中观派和瑜伽行派,它们将先前佛教中的"二谛"思想加以发展和强调,认为佛讲"真谛"和"俗谛"。真谛强调事物的性空,俗谛强调事物的假有,两派认为这两种真理对于佛教的发展都是十分重要的。大乘的这两大派在理论上也各有特色,中观派强调"缘起性空"和"实相涅槃",瑜伽行派强调"唯识空观",两派都认为自己的主张反映了佛祖的真实思想,是佛教的最高真理。[3]

耆那教是与佛教同时代产生的印度重要宗教,此教在理论上致力于探讨人生和世间事物的真理。此教所论述的涉及真理的基本概念就是所谓的"谛",而达到解脱状态在耆那教看来就是对这些"谛"内涵的认识或证悟。

耆那教的主要经典《谛义证得经》中论及的这些涉及真理的概念主要有七个。该经第1节4说:"谛即命我、非命我、漏、缚、遮、灭、解脱。"[4] 这就是所谓"七谛",即涉及真理的七个概念。

命我即灵魂,耆那教认为命我存在于各种事物中,如人和动物中,甚至山石草木中也有命我。命我又被区分为处于轮回中的和解脱的两种

---

[1]《大正藏》第2册,第66页。
[2] 姚卫群:《印度宗教哲学概论》,北京大学出版社,2006年,第151—156页。
[3] 同上书,第180—193、207—217页。
[4] *A Source Book in Indian Philosophy*, p.252.

命我。

非命我指命我外的事物或现象，涉及耆那教关于事物的存在形态或存在形式的重要概念。

漏就是指业的物质漏入命我，而业的物质产生于人的行为。

缚指命我由于带有情感，因而吸取适合于形成业的物质，使命我被束缚。

遮指对漏的控制。

灭指灭除业的物质漏入命我。

解脱指消除了业的物质的漏入，使命我获得解脱。[1]

耆那教中核心的宗教哲学思想主要都是通过对这七谛的具体解释展开的，此教将有关这些谛的知识视为根本的真理。

顺世论在古印度是一个特立独行的派别。此派反对所有宗教派别的主张，认为各种宗教理论都是不可靠的，因为这些理论都是人的感觉所不能验证的。顺世论认为只有感觉所得到的知识是可信的，是真理，而其他宗教派别的说教都不可信。《摄一切见论》在记述顺世论时说："此派认为感觉是认识的唯一来源，并不认可推理等认识方式。"[2]《摄一切悉檀》第2节也说顺世论主张"唯有可被知觉之物存在，不可知觉之物不存在，因为它从未被感知过"[3]。顺世论的这种真理观念在古印度是不被其他派别所认可的。

关于采用什么方法认识真理的问题，古代印度哲学各派的观点不尽相同。各派都有自己的"量论"，所谓"量"指获得正确认识的方式或途径。顺世论认为有效的量只有一种，即现量（通过感官获得认识）。胜论派主张有两种量，即现量和比量（推理）。数论派、瑜伽派和耆那教主张三种量，即现量、比量和圣教量（圣书或权威者的言说）。正理派主张四种量：现量、比量、圣教量和譬喻量（即类比，指根据已知物与未知物的相似来认识未知物）。弥曼差派中的普拉帕格拉派主张五种量：现量、比

---

[1] *A Source Book in Indian Philosophy*, pp.254-260.
[2] Ibid., p.229.
[3] Ibid., pp.234-235.

量、圣教量、譬喻量和义准量（指在认识或判断某一事情时，借助于对另一事件的假设或推想获得正确认识）。弥曼差派中的枯马立拉派主张六种量：现量、比量、圣教量、譬喻量、义准量和无体量（指观察到某处没有某物，因而产生不存在某物的判断）。吠檀多派中的商羯罗提出三种量：现量、比量和圣教量。吠檀多派在后代的不少哲学家则主张六种量，即现量、比量、圣教量、譬喻量、义准量和无体量。

上述各派的量论主要是他们提出的认识世上一般事物的正确认识方式，但在认识本派的最高真理时，这些派别还有一些说法。如吠檀多派认为要采用"遮诠"的认识方式（即不断否定对梵的正面陈述，在这个过程中体悟梵究竟是什么）来直觉此派的最高真理"梵"的本质，一般的量并不能实现真正认识梵的目标。佛教中也认为要认识事物的实相需要采用"遮诠"的手法来直接体悟，要通过不断否定一些正面陈述的方式来体悟佛教的最高真理。瑜伽派也认为要采用不断灭除"心作用"的瑜伽修行手法来体悟事物的最高真理。

因而可以说，在古印度，认识真理的方式也是分不同层次的。

二、古代中国的真理观念

古代中国哲人也很注重对真理问题的探索，这方面的观念往往与中国古人对人自身和自然现象的考察结合在一起而提出。所谓真理在古代中国既包括哲人们关于人和世间事物本质的观念，也包括一些人的伦理道德方面的观念，这二者都属于我们所说的真理的范围。具体来说，古代中国在这方面关系较大的概念是"理""道"等。

关于"理"，如《易传·系辞上》说："易简而天下之理得矣，天下之理得而成位乎其中矣。"[1] 这里讲的"理"指天下的道理，既包括自然现象的规律，也包括人的行为准则方面的道理。这两方面的"理"都

---

[1]《中国哲学史教学资料选辑》上册，第204页。

属于真理。

《易传·系辞上》中还说："一阴一阳之谓道，继之者善也，成之者性也。仁者见之谓之仁，知者见之谓之知。"[1] 这意思是说：阴阳二爻不是独立无关的，事物都有阴阳两个对立面，这就是天地世间的运行规律和法则。继承这种思想的是善，具备一阴一阳现象是事物的性质。仁者看到这道称其为仁，智者看到这道称其为智。

这里的"道"指事物的性质或本来面目，也是事物的运行规律和法则，就人来说可以指人的行为准则，如仁的原则；就事物而言可以指事物的运行规律和法则，如关于事物本质的知识。因而，这里说的"道"也可以看作真理。

关于"道"，中国哲人还经常将其区分为"天道"和"人道"。如《左传》的"郑子产论天道"中说："子产曰：'天道远，人道迩，非所及也。'"[2] 这里是说天道和人事是不相干的，也就是说，自然现象的法则或规律和人的法则和规律不相干，天道和人道各有各的运行法则。但这只是一种看法，认为二者关系密切的说法也是存在的。

儒家的重要著作《中庸》说："诚者，天之道也。诚之者，人之道也。诚者不勉而中，不思而得，从容中道，圣人也。"[3] 这意思是说：真诚是上天之道，追求真诚是做人之道。真诚的人，不用勉强就能做到，不用思考就能得到，自然而然地符合上天之道，这样的人是圣人。

这里将人道与天道联系起来，但这里说的天道，主要还是侧重讲人应该有的行为准则。这都可以说是真理，不过这种真理还是侧重人伦方面。

儒家代表人物孟子在《孟子·离娄上》第十二章中说："诚者天之道也，思诚者人之道也。"[4] 这意思是说：诚是天的道理；追求诚是做人的道理。这里说的"天之道"和"人之道"是联系在一起的，"道"也就是真理。

---

[1]《中国哲学史教学资料选辑》上册，第205页。
[2] 同上书，第12页。
[3] 同上书，第276页。
[4] 同上书，第99页。

孟子的善恶观念是其真理观的重要内容，他认为人的这种观念是先天而有的。他在《孟子·告子上》第六章中说："恻隐之心，人皆有之；羞恶之心，人皆有之；恭敬之心，人皆有之；是非之心，人皆有之。恻隐之心，仁也；羞恶之心，义也；恭敬之心，礼也；是非之心，智也。仁义礼智，非由外铄我也，我固有之也。"[1] 孟子在这里说的"仁义礼智"很大程度上就是他真理观念中的重要成分，他把这些观念视为人固有的，这就忽略了人后天实践生成的部分。但认为人的知识或真理是人固有或先天存在的观念不是孟子最早提出的，在孟子之前，孔子就有这方面的思想。

孔子在《论语·季氏》中说："生而知之者，上也；学而知之者，次也；困而学之，又其次也；困而不学，民斯为下矣。"[2] 孔子在这里把人分为四种：生而知之、学而知之、困而知之、困而不学。他所说的"知之"的内容就是包括真理在内的各种知识。但他没有说人的知识都是"生而知之"的，此外还有学而知之的、困而知之的。他在《论语·述而》中说："我非生而知之者，好古，敏以求之者也。"[3] 意思是说，他自己不是生而知之的人，但是重视前人的知识，是勤奋敏捷学习的人。可见，孔子还是很重视后天学习来获得知识或真理的。

汉代的董仲舒也有相关论述。他在《举贤良对策》中说："道之大原出于天，天不变，道亦不变。"[4] 董仲舒在这里说的"道"是指人的行为规范和事物的规律法则，也具有真理的含义。在他看来，这些也不是人自己制定或在人的生活中形成的，而是源自于天，是上天本来就有的。只要世界（天）还在，这种"道"或真理就是永恒的。

在中国古代，还有一些哲人认为最高的真理需要人的直觉，即直接的体悟，而不依赖于人的感觉器官。如老子的《道德经》第五十六章说："塞其兑，闭其门，挫其锐，解其纷，和其光，同其尘，是谓玄同。"[5] 这里的意思是说：认识最高真理"道"的人不使用言说，而使用言说的人不

---

[1]《中国哲学史教学资料选辑》上册，第102页。
[2] 同上书，第32页。
[3] 同上书，第22页。
[4] 同上书，第307页。
[5]《中国哲学史》上册，第101页。

知"道"。闭目塞听，停止感觉外物，消除事物的锋芒和纷杂，混合事物的光彩和形迹，就称为"玄同"。

这里说的"玄同"就是通过无分别的直觉认识所达到的最高境界，也是追求真理所要达到的境界。

东晋十六国时期僧人僧肇在《肇论》的《般若无知论》中说："夫有所知，则有所不知。以圣心无知，故无所不知。不知之知，乃曰一切知。"[1] 这里说的"有所知"指的是一般通过感觉器官获得知识的手法，僧肇认为这种认识是有局限性的，只有不借助于感官的直觉认识才能"无所不知"，也就是认识最高的真理。僧肇这种思想是受古代中国道家思想和古印度佛教思想双重影响的产物。

宋代中国出了很多重要的哲学家，在认识论方面提出重要思想的一位哲学家是张载。张载在《大心篇》中说："大其心则能体天下之物；物有未体，则心为有外。世人之心，止于闻见之狭。圣人尽性，不以见闻梏其心，其视天下无一物非我。孟子谓尽心则知性知天，以此。天大无外，故有外之心不足以合天心。见闻之知，乃物交而知，非德性所知；德性所知，不萌于见闻。"[2] 这段话的意思是说：扩大心的认识能力则能认识体悟天下之物；事物有并未认识体悟到的，那是因为心与外物没有合一。世俗之人，认识局限于耳闻目见的狭隘认识。圣人能充分发挥自心认识事物的本性，心不受耳闻目见的局限，所看到的天下事物没有一件是其所不能把握的。孟子说，充分发挥自心认识事物的能力则能认识事物的本性和认识天。天是广阔无边的，因此，与外物没有合一的心是不足以认识天道的。耳闻目见的认识是感官与外物接触所获得的认识，不是天德良知。天德良知不是耳闻目见所获得的。

张载在这里实际提到了不同层次的认识：世俗之人的认识和圣人的认识。世俗之人的认识要依靠身体感官获得，不能使心与外物相符（合一），不能完全体悟事物的本来面目。圣人的认识不受感官的局限，能充

---

[1]《大正藏》第45卷，第153页。
[2]《中国哲学史教学资料选辑》下册，第35页。

第十五章　古代中西印哲学的真理观念 | 213

分发挥自心的认识能力,可以认识事物的本性,是天德良知。这天德良知就是事物和人世间的最高真理。

宋代的理学家在中国哲学史上有重要影响,他们的思想中都有涉及真理的内容。如程颢、程颐及朱熹在这方面都有相关思想。

程颢在《遗书》卷十一中说:"万物皆有理,顺之则易,逆之则难。各循其理,何劳于己力哉!"[1]此话意为,一切事物都有"理"。顺着理做事就容易,逆着理做事就困难。做事各依其理,哪用得着费力气!

程颢在《遗书》卷十一中还说:"天地万物之理,无独必有对,皆自然而然,非有安排也。"[2]此话意为,天下事物普遍具有对立的特性,是自然而然存在的,不是人为作用安排的。

这里说的"理"是客观存在的事物的规律或事物的法则,也可说是真理。根据这理行事则做事顺利,否则会困难,做事是否顺利就看你是否依理而行。理的存在是客观的,不以人的意志为转移。程颢在此处强调真理的客观性,这是值得肯定的。

程颐也讲"理"和"道",同时强调要"格物"。他在《遗书》卷十五中说:"人患事系累思虑蔽固,只是不得其要,要在明善,明善在乎格物穷理。穷至于物理,则渐久后,天下之物,皆能穷,只是一理。"[3]此话意为,人们为事物所系缚劳累以及思想被禁锢,只是不得要领。要领在于明了善,明了善关键在于要通过格物而彻底认识理,彻底认识了事物的理,坚持持久后,天下之物就都能认识了。关键的仅仅是一个理。

程颐提出的"格物"实际上指要感知事物,将事物的理彻底穷尽了,那么一切事物也就都能认识了。程颐在这里肯定了人的正确认识(真理)的获得与对事物的感知(格物)紧密相关。

朱熹吸收借鉴了二程的思想,也论述了其理学的思想,他的"理"的概念与"气"的概念密切相关。朱熹在《答黄道夫》中说:"天地之间,有理有气。理也者,形而上之道也,生物之本也;气也者,形而下之

---

[1]《中国哲学史教学资料选辑》下册,第74页。
[2] 同上书,第73页。
[3] 同上书,第79页。

器也，生物之具也。是以人物之生，必禀此理，然后有性；必禀此气，然后有形。其性其形，虽不外乎一身，然其道器之间，分际甚明，不可乱也。"[1] 这段话的意思是说：在天地之间有理和气，所谓理，是无形的道，是产生事物的根本；所谓气，是有形的器物，是产生事物的材料。因此，人与事物的产生，必须要有这个理，然后才能有事物的特性；必须要有这气，然后才能有事物的形体。事物的特性和形体，虽然都不外乎在一身上存在，但是道和器物之间的差别是分明的，不能有混乱。

朱熹在这里将理与气都视为形成人的不可缺少的东西。这里说的"理"是精神性的东西，包括人的思想，也包括人们所奉行的行为准则和真理观念。这里虽然将理与气并举，但朱熹认为二者不是平行的，而是有先有后，有主有次。对此他有明确论述。

《朱子语类》说："未有天地之先，毕竟也只是理，有此理便有此天地，若无此理便亦无天地，无人无物。"[2] 这段话的意思是：在没有天地之前，是先有理。有这理才有天地，若无此理就没有天地和事物。

朱熹这种叙述将其"理"不仅看作事物的真理或人行为的法则，而且看作事物的本体。关于这一点，朱熹在《朱子语类》卷九十四中还说"总天地万物之理，便是太极"[3]，他在这里也是将理与一切事物的本体联系在了一起。

宋代的陆九渊也有理学思想，但他更重视"心"的概念，把"理"与"心"的概念结合在了一起。陆九渊在其《陆九渊集》卷二十二中说："人心至灵，此理至明。人皆有是心，心皆具是理。"[4] 这意思是说：人心是极有灵气的，而理是极为明晰的。人都有这心，心都具有理。

按照他的说法，心就是根本性的，因为心具有理。这理也就是真理和人的行为准则。这是宋代心学的重要观点。

王守仁是明代著名的心学家。他在《传习录》上篇中说："心即理

---

[1]《中国哲学史教学资料选辑》下册，第95页。
[2] 同上书，第105页。
[3] 北京大学哲学系中国哲学史教研室编写：《中国哲学史》下册，中华书局，1980年，第69页。
[4]《中国哲学史教学资料选辑》下册，第129页。

也,天下又有心外之事,心外之理乎?"[1] 这意思是说:心也就是理,天下有心外的东西和心外的理吗?王守仁这种理论将心看成一切的根本,而作为真理或事物法则的理则是心的产物。这种理论忽视了真理等是对外物的正确反映,脱离外物讲"理",将其完全归结到"心"上。

王夫之(1619—1692)是明清之际的重要思想家。他在真理观念方面的特色是强调了"理"与"气"的关系和"知"与"行"的关系。

王夫之在《大全说》卷十中说:"气外更无虚托孤立之理也……天下岂别有所谓理,气得其理之谓理也。气原是有理底。尽天地之间,无不是气,即无不是理也。"[2] 这段话是说:在气外没有孤立的理,因为有气具此理才称其为理。气原是理的基础。天地之间都是气,也就是说充满了气之理。这种观点肯定了真理与世间事物的关系,强调了认识的事物对象是第一位的,它与程朱等的理学观点不同,与陆王等的心学也不同。

关于"知"与"行"的关系,王夫之在《尚书引义》的"说命中二"中说:"知也者,固以行为功者也;行也者,不以知为功者也。行焉,可以得知之效也;知焉,未可以得行之效也。""行可兼知,而知不可兼行。""君子之学,未尝离行以为知也必矣。"[3] 这段话意为:知是依靠行的,但行却不依靠知。依靠行可以获得知的效果;依靠知却不能获得行的效果。行可以包括知,知却不能包括行。君子之学不认为离开行可以自然有知。

王夫之在这里强调了知识或真理不能离开人的行为实践,但行为实践可以离开知识或真理。这种观点不完全正确,说知识或真理离不开行为实践是对的,但说行为实践可以离开知识或真理则是不正确的。因为先前获得的知识或真理对以后的行为实践有指导作用。

---

[1]《中国哲学史教学资料选辑》下册,第189页。
[2]《中国哲学史》下册,第197—198页。
[3]《中国哲学史教学资料选辑》下册,第310页。

三、古代欧洲的真理观念

欧洲的文明以古希腊文明为开端。古希腊哲人很早就论及了真理问题，赫拉克利特就曾说："智慧就在于说出真理，并且按照自然行事，听自然的话。"[1] 他还说："这道虽然万古长存，可是人们在听到它之前，以及刚刚听到它的时候，却对它理解不了。一切都遵循着这个道……因此应当遵从那个共同的东西。可是道虽然是大家共有的，多数人却自以为是地活着……对那片刻不离的道，对那支配一切的主宰，他们格格不入。"[2]

从这些言论可以看出，赫拉克利特说的智慧就是真理，是依自然行事的行为法则，是一切事物应遵循的道，是永恒的、主宰一切的，是人共有的和应该依从的。这里强调了真理的客观性。

巴门尼德也有这方面的论述。他在《论自然》中说："存在者存在，它不可能不存在。这是确信的途径，因为它遵循真理。""勉强证明不存在者存在，是根本不可能的。你要让自己的思想远离这条研究途径。""真理的力量也决不容许从不存在者中产生出任何异于不存在者的东西来。"[3]

巴门尼德的这种论述强调了真理与客观存在物的关系，强调真理要与客观存在的东西相符，真理不能把不存在的东西说成存在。

德谟克利特也有关于真理的见解。费罗培门的《论灵魂》中记述说："德谟克里特明白地说真理就是现象，与显示于感官的东西毫无区别，凡是对每一个人都显现、并且每一个人都觉得存在的东西，就是真的。"[4] 这里德谟克里特强调了感官在认识真理过程中的重要作用。

但塞克斯都在其《反数学家》中则记述说："德谟克利特逐字逐句说：

---

[1]《西方哲学原著选读》上卷，第25页。
[2] 同上书，第22页。
[3] 同上书，第31—32页。
[4] 同上书，第50—51页。

'有两种认识：真实的认识和暗昧的认识。属于后者的是视觉、听觉、嗅觉、味觉和触觉。但是真实的认识与这完全不同。'他指出真实的认识优于暗昧的认识，接着又说：'当暗昧的认识在无限小的领域中再也看不到、再也听不见、再也闻不出、再也尝不到、再也摸不到，而研究又必须精确的时候，真实的认识就参加进来了，它有一种更精致的工具。'[1] 按照这段材料的记述，德谟克利特更为重视不依靠感觉器官的真理性认识，这种认识方式带有某些直觉认识的含义。

柏拉图的真理观念与其"理念论"直接相关。按照理念论，人的知识（包括真理）是对相关理念的"回忆"或"分有"，那么，正确回忆或分有相关理念的知识就是真理了。

柏拉图在《斐德罗篇》中说："人应当通过理性，把纷然杂陈的感官知觉集纳成一个统一体，从而认识理念。这就是一种回忆，回忆到我们的灵魂随着神灵游历时所见到的一切；那时它高瞻远瞩，超出我们误以为真实的东西，抬头望见了那真正的本体。"[2] 柏拉图在这里说的"望见了那真实的本体"也就是获得了真理。而其理念论中的"分有"理念实际上也就是人把握真理的途径。

亚里士多德也有关于真理的论述。他在《形而上学》中说："我们必须说明，研究那些在数学上称为公理的真理，和研究实体，究竟是一门科学的工作，还是两门科学的工作。很明显，研究这两种东西是一门科学的工作。这就是哲学家的工作。因为这些真理是适用于一切存在物的，并不是只适用于某些特殊的'种'，而与其他的'种'无涉。人人都用这些真理，因为它们是对'有'本身有效的，而每一个'种'都是'有'。但是人们仅限于把它们用来满足自己的目的，就是说，仅限于他们的论证涉及的那个'种'的范围以内。既然这些真理对于一切'有'的东西都显然有效（因为它们都是'有'），那就也是那些研究'有'本身的人应当钻研的。因为这个缘故，那些进行特殊研究的人，不管是几何学家还是算学

---

[1]《西方哲学原著选读》上卷，第51页。
[2] 同上书，第75页。

家,都不打算对它们的真假发表任何意见,有些自然哲学家确实在这方面说过话,他们这样做是完全可以理解的,因为他们认为只有自己在研究整个自然界,在研究'有'。可是,既然在自然哲学家之上还有一类思想家(因为自然界只是'有'里面的一个特殊的'种'),这种进行一般的研究、以根本实体为对象的人就也该讨论这些真理了。"[1]

亚里士多德的这种论述表明了什么是真理,以及真理适用的范围,指明了真理与自然科学及社会科学的关系,强调了真理是适用一切存在物的。

基督教产生后,出现了许多神学家,他们也有其真理观。著名的神学家奥古斯丁在《忏悔录》中论述"上帝之光"时说:"这光在我思想上,也不似油浮于水,天复于地;这光在我之上,因为它创造了我,我在其下,因为我是它创造的。谁认识真理,即认识这光;谁认识这光,也就认识永恒。惟有爱能认识它。永恒的真理,真正的爱,可爱的永恒!你是我的天主。"[2] 奥古斯丁的这种真理观是与其对上帝的爱的虔诚联系在一起的。

托马斯·阿奎那是欧洲中世纪最著名的神学家。他在其《神学大全》中说:"为了使人类得救,必须知道一些超出理智之外的上帝启示的道理。——至于人用理智来讨论上帝的真理,也必须用上帝的启示来指导。凡用理智讨论上帝所得的真理,这只能有少数人可得到,而且费时很多,还不免带着许多错误。但是,这种真理的认识,关系到全人类在上帝那里得到拯救,所以为了使人类的拯救来得更合适、更准确,必须用上帝启示的道理来指导。因此,除了用人的理智所得的哲学理论外,还必须有上帝启示的神圣道理……我们要证明信仰的真理,只能用权威的力量来讲给愿接受权威的人。对于其他的人,则只说信仰所坚持的事不是不可能,便已足够了。"[3] 阿奎那在这里实际上将真理分成了两种,即人的理智所得的哲学理论和上帝启示的神圣道理,而且,他认为后一种优于

---

[1] 《西方哲学原著选读》上卷,第 120—121 页。
[2] 同上书,第 224 页。
[3] 同上书,第 259—275 页。

前一种。

但并不是所有教内人士都只强调用上帝的启示来认识真理,英国僧侣罗吉尔·培根(1214—1293)就提出了不同观点。他认为:"在掌握真理方面,现在有四种主要的障碍……毫无价值的权威;习惯的影响;流行的偏见;以及由于我们认识的骄妄虚夸而来的我们自己的潜在的无知。"[1]他认为,要获得真理必须进行实验。他说:"凡是希望对于在现象背后的真理得到毫无怀疑的欢乐的人,就必须知道如何使自己献身于实验。"[2]这种关于真理的观念由教内人士提出是难能可贵的。

文艺复兴时期出现了一些思想家,他们也关注真理问题。如达·芬奇(公元1452—1519年)就认为:"我们的一切知识,全部来自我们的感觉能力。智慧是经验的产儿。""经验是一切可靠知识的母亲。"[3]

16—18世纪欧洲出现了不少杰出的思想家,在关于认识真理问题的论述上较有特色的是英国哲学家弗兰西斯·培根和洛克。

培根论述了获得真理的道路。他在《新工具》中说:"寻求和发现真理的道路只有两条,也只能有两条。一条是从感觉和特殊事物飞到最普遍的公理,把这些原理看成固定和不变的真理,然后从这些原理出发,来进行判断和发现中间的公理。这条道路是现在流行的。另一条道路是从感觉与特殊事物把公理引伸出来,然后不断地逐渐上升,最后才达到最普遍的公理。这是真正的道路,但是还没有试过。"[4]

培根这种关于认识真理的道路的观点,肯定了真理是从感觉特殊事物出发,并判断和发现中间的公理,最终达到最普遍公理的过程。这在当时是较为新颖的观念。

洛克对认识论问题很有研究,他在论述认识或知识的种类时提到了"直觉的知识"。他在《人类理智论》中说:"我们的全部知识就在于心灵对它自己的观念的知觉,而这种知觉,乃是我们用我们的能力、以我们的

---

[1]《西方哲学原著选读》上卷,第285页。
[2] 同上书,第288页。
[3] 同上书,第308—309页。
[4] 同上书,第358页。

认识途径所能获得的最大的见识和最可靠的东西,所以,略为考察一下知识的明白的程度,也许并不是不适当的。我们知识的清楚的程度不同,我觉得就在于心灵知觉自己的任何观念的符合或不符合的途径不同,因为我们如果愿意反省一下我们自己的思维方式,就会发现有时候心灵直接从两个观念本身,不必插入任何别的观念,就觉察到这两个观念的符合或不符合;这种知识,我想我们可以称为直觉的知识。因为在这种情形之下,心灵不必辛辛苦苦证明或检视,而是像眼睛知觉到光那样去知觉到真理,只要对着它就行了……我们全部知识的可靠性和明确性都依靠这种直觉。……在下面一个等级的知识——我称为证明的知识——里面,必须有这种直觉来觉察一切中间观念的联系。没有它,我们就不能得到知识和可靠性。"[1]

洛克在这里给予了直觉非常重要的地位,认为它是最可靠的东西,可以直接觉知到真理,我们的全部知识的可靠性和明确性都依靠它,而我们一般常说的得到证明的知识依赖于这种直觉的知识。

四、比较分析

古代中西印哲学中很早就开始关注真理问题,哲人们对真理的标准、真理的来源、获得真理的方法等问题展开了长期的讨论。三地的哲人们对这些问题的看法有不少相同处,也有一些不同点。

相同处主要表现在:

第一,三地哲人在论及真理问题时普遍重视感觉在获得真理过程中所起的作用,这是绝大多数人都持有的观点。如印度古代哲学各派中"量论"中的"现量",是所有派别都认可的,而其他的"量"是否被承认,则不一定。古代中国的"格物"也是认同感觉认识,只是这种认识的认可度不如古代印度。欧洲的德谟克利特就曾认为真理是显示于每个人的

---

[1]《西方哲学原著选读》上卷,第461—462页。

感官并且每个人都觉得存在的东西,达·芬奇也认为"我们的一切知识,全部来自我们的感觉能力"。

第二,三地的真理观念都与宗教有着重要的关联。在古代印度,有关真理方面的理论除了顺世论外,基本都是宗教派别中的观念。在古代中国,真理方面的理论至少有道教和佛教的相关思想。在欧洲,至少有基督教或经院哲学的真理观念。只是宗教对三地真理观念的影响在程度上有所不同。

第三,三地的不少派别或思想家的真理观念都追求至善的思想境界。在古代印度,许多派别的真理观念就表现在有关派别所追求的至善境界。这种境界往往就是对有关派别主要理论的真正把握,如胜论派认为认识了该派的句义论就获得了最高的真理,正理派认为认识了该派的十六谛就认识了最高的真理,认识了这些真理就达到了至善的解脱状态。在中国,许多思想家认为认识了"道"或"理"等就达到了至善的状态,就是认识了真理,在欧洲,赫拉克利特认为认识了"道"就认识了真理,柏拉图认为很好地回忆或分有了"理念"就达到一种至善的状态,就认识了真理。

不同点主要表现在:

第一,古代印度较为强调通过直觉来获得最高真理,古代中国和欧洲虽有这方面的内容,但不如古印度突出。如古代印度哲学各派,除了顺世论之外,在各自的理论体系中都或多或少地有通过直觉认识真理的成分,直觉的认识方式在古印度是极为流行的。在古代中国,直觉的认识方式在老子的理论、魏晋玄学以及佛教中都有,但与古印度相比,这种认识方式在中国的影响还很有限。在欧洲,部分思想家认为要通过直觉的认识方式来把握真理,如托马斯·阿奎那和洛克等都倡导通过直觉来认识真理,但这种认识方式在整个欧洲哲学史上的影响广度还是无法与古印度相比。

第二,古代中国和古代印度的主流思想都将有关世界的真理与人的真理统一起来,但欧洲这方面的思想相对来说不如前两者突出。古代中国哲人论述的真理将人的行为准则与自然现象的规律(道或理等)融合在一起,例如,古代中国哲人说的"道"一般既指自然界中的规律和法则,也指人们的行为准则和社会中的道德伦理；古代中国说的"理"也是既适用于"天"，也适用于"人"，这"道"和"理"在古代中国都被视为真理。古代印度也有这方面的思想，如吠檀多派的"梵"的知识既适用于人，也适用于其他宇宙现象，此种知识被视为真理；古印度佛教讲的"缘起观"也被视为真理，而缘起的理论也是既涉及人生现象，也涉及其他自然现象。欧洲也有这方面的思想，如柏拉图的"理念"既涉及人的各种观念，也适用于各种自然的事物，但这些思想相对于古代印度和中国不是很普遍，影响相对要小一些。

第三，古印度提出的认识真理的手法较多，而其他两地这方面的认识方式的种类相对少一些。如古印度各派都提出了"量"的理论，这是一般的认识真理的方式，其类别有现量、比量、圣教量、譬喻量、义准量和无体量等，而且还有直觉这种直接把握事物真理的方式。古代中国在获得真理的手法方面没有古代印度的手法种类繁多，但提出了重要的知行理论，也有直接体悟真理的认识方式。西方在这方面的分类相对少一些，有一般的通过感觉认识真理的方式，也有通过理智或推理等认识真理的方式，还有直觉的认识方式。三地认识真理的手法各具特色，但就种类而言，古印度的划分略多一些。

真理观念是哲学理论的重要组成部分。古代中西印三地的哲人很早就提出了相关的思想，在后来长期的发展中，真理观念也被哲人们不断丰富和发展，成为各自哲学体系中的特色理论。梳理和分析这方面的理论，探讨三地哲人在真理观方面的主要同异和思想特色，对于我们认识东西方哲学的主要理论形态，继承人类优秀的文化遗产，促进精神文明建设，有着积极的意义。

第十六章　古代中西印哲学的"有""无"观念

人与周围的事物在本质上是"有"还是"无"的问题是古代哲人们普遍关注的问题，它实际也确是哲学的核心问题。古代希腊、中国和印度都有探索这一问题的思想家，不同地区的哲人在这一问题上有各自的见解。此章对三地这方面的主要思想进行初步梳理，作一些比较分析。

一、古代希腊的"有""无"观念

古代希腊哲人很早就对自然现象和人自身的本质问题提出过一些看法。多数早期希腊哲人认为事物是实有的，他们在论述自然现象或人自身时寻求其背后的本原或根本原因，说明这些事物的本原或根本因是如何"成为"存在的各种事物的；或说明这些本原或根本因如何"就是"存在的各种事物本身。其中较著名的是泰勒斯、阿那克西美尼、毕达哥拉斯、赫拉克利特、留基波、德谟克利特等人。

泰勒斯认为事物都源于水，"把水看成本原"。[1]

---

[1]《西方哲学原著选读》上卷，第15—16页。

阿那克西美尼提出自然界的基质是"气",认为"气通过浓缩和稀释形成各种实体"[1]。

毕达哥拉斯派提出"数"是事物产生的源头。

赫拉克利特认为世界"过去、现在、未来永远是一团永恒的活火"[2]。

德谟克利特认为事物的基础是原子。

亚里士多德在其《形而上学》中论及希腊早期哲人的思想时说:"那些最早的哲学研究者们,大都仅仅把物质性的本原当作万物的本原。因为在他们看来,一样东西,万物都是由它构成的,都是首先从它产生、最后又化为它的(实体始终不变,只是变换它的形态),那就是万物的元素、万物的本原了。因此他们认为,既然那样一种本体是常存的,也就没有什么东西产生和消灭了。"[3]

从这些材料可以看出,主张物质本原的希腊早期哲人认为这些本原是永恒存在的,不会有什么东西实际消灭,即事物不会化为"无"或"非存在"。这些哲人虽然没有直接论及"无"或"非存在",但却是明确肯定事物是"有"或"存在"的,也就是说,这些哲人在事物中找寻事物的本原或根本,他们提出这些本原或根本就是认可其真实性。这些哲人没有说本原不存在,实际就是默认了这些本原是存在的,是"有"。

虽然很多希腊哲人都论及事物的存在或活动,明显认可"有"的观念,但也不是说希腊哲人就没有谈到"无"或"非存在"的概念,实际上,也有古希腊哲人在论及存在的现象时也谈到了"无"或"非存在"。

例如,赫拉克利特说:"我们不能两次踏进同一条河,它散又聚,合而又分……我们踏进又踏不进同一条河,我们存在又不存在。"[4]他在这里实际是从变化的角度谈有和无。说"有"是肯定存在着变化的过程;说"无"是否定有不变的东西,因为事物一直在变动,没有静止不动的事物。赫拉克利特是在这种意义上论及事物的"有"和"无"的。

---

[1]《西方哲学原著选读》上卷,第17页。
[2] 同上书,第21页。
[3] 同上书,第15页。
[4] 同上书,第23页。

巴门尼德直接论述了存在与非存在问题。他在《论自然》中说:"我告诉你,只有哪些研究途径是可以设想的。第一条是:存在者存在,它不可能不存在,这是确信的途径,因为它遵循真理。另一条是:存在者不存在,这个不存在必然存在。走这条路,我告诉你,是什么都学不到的。因为不存在者你是既不能认识(这当然办不到),也不能说出的。因为能被思维者和能存在者是同一的。必定是:可以言说、可以思议者存在,因为它存在是可能的,而不存在者存在是不可能的……勉强证明不存在者存在,是根本不可能的。你要让自己的思想远离这条研究途径。所以只剩下一条途径,就是:存在者存在。在这条途径上有许多标志表明,存在者不是产生出来的,也不能消灭,因为它是完全的、不动的、无止境的。它既非过去存在,亦非将来存在,因为它整个在现在,是个连续的一……我也不能让你这样说或想:它从不存在者里产生;因为存在者不存在是不可言说、不可思议的。而且,如果它来自不存在,它有什么必要不早一点或迟一点产生呢?所以它必定是要末永远存在,要末根本不存在。真理的力量也决不容许从不存在者中产生出任何异于不存在者的东西来。""我们要判断的是:它存在还是不存在?所以我们必须断定:要把一条途径当作不可思议、不可言说的途径抛在一边(这确实不是真的途径),而把另一条途径看作存在的、实在的途径。这样看来,存在者怎样能在将来产生,又怎样能在过去产生呢?因为如果它在过去或将来产生,现在它就不存在了。所以产生是没有的,消灭也是没有的。"[1]

巴门尼德在这里把存在定义为永恒的东西,也就是说存在的东西是不能真的绝对消失或真的产生的,它一直有。如果它曾经没有或将要没有,那么它现在也就是非存在的。"有"不能真的产生于"无","无"中也不能真的产生"有"。这种观点就是一种类似于我们现在说的"物质不灭"的理论。

恩培多克勒也持与巴门尼德类似的观点。他在《论自然》中说:"这些傻子们!他们的思想真是鼠目寸光,因为他们相信一个不存在的东西能够产生,一个存在的东西能够死尽灭绝。因为从根本不存在的东西里不可

---

[1]《西方哲学原著选读》上卷,第31—33页。

能产生出存在的东西,存在的东西也不能消灭,那是闻所未闻的。因为存在的东西永远存在,不管把它放在什么地方。"[1]

恩培多克勒和巴门尼德显然都把事物的形态变化看成是不影响事物存在的。事物集合形成的新事物在他们看来也不能说是事物的产生;事物的解体失去的旧事物在他们看来也不能说是事物的消灭。他们在这种意义上否定"无"与"有"的转变。

留基波和德谟克利特在论述原子论时也论及了"存在"与"非存在"。亚里士多德在其《形而上学》中说:"留基波和他的伙伴德谟克里特说,充满和空虚是根本元素。他们主张一个是存在者,另一个是不存在者,这就是说,充满和坚实构成存在者,空虚和疏松构成不存在者(因此他们主张存在者并不比不存在者更实在,因为虚空并不比坚实不实在);这两者是一切事物的质料因。那些把根本实体看成一个的人,把一切事物的产生归之于这唯一实体的变形,认为变形的根源是疏松和致密。同那些人一样,留基波和德谟克利特把元素之间的区别看成其他一切事物的原因。"[2]

亚里士多德还在其《物理学》中说:"德谟克里特假定了充满和虚空,他说,一个是作为存在者而存在,一个是作为不存在者而存在。"[3]

留基波和德谟克利特对于存在者和不存在者的解释与巴门尼德不同。他们二人认为事物的存在离不开充满与虚无,存在与非存在都是事物的表现形式,都是实在的。他们二人也承认事物的产生,并将其归因于实体的变形。

普罗泰戈拉在希腊哲学中属于"智者",他在论述存在与非存在问题时将其与人联系在一起。他说:"人是万物的尺度,是存在者存在的尺度,也是不存在者不存在的尺度。"[4] 他这里说的存在与非存在就带有了某种主观的色彩。

高尔吉亚(约公元前5世纪)也属于"智者",他也有其"存在"与"非存在"的理论。塞克斯都在《反数学家》中说:"存在者和不存在者都

---

[1]《西方哲学原著选读》上卷,第42页。
[2] 同上书,第48页。
[3] 同上。
[4] 同上书,第54页。

不存在。这是不难设想的。因为如果不存在者存在,存在者也存在,那么在存在这一点上,不存在者与存在者就是同一个东西。因此两者都不存在。因为我们已经同意不存在不存在,并且指出了存在者与不存在者是同一个东西。所以存在者并不存在。然而,既然存在者与不存在者统一,那它就不能是这一个和那一个;因为如果它是这一个和那一个,那它就不是同一个,如果它是同一个,它就不是两个了;由此可知无物存在。因为,如果存在者并不是不存在者,也不是存在者和不存在者,而在这以外我们又无法设想任何东西,所以结论是无物存在。"[1]

高尔吉亚这种无物存在的结论建立在一种逻辑推论的基础之上,但他的这种推论有些极端,滑向了相对主义和虚无主义的泥坑。

柏拉图也论及了"存在"与"非存在"的问题。在柏拉图看来,理念是实在的,分有理念后的具体事物也是实在的。他在《国家篇》中的一段对话说:"这人认识美本身,并且能够区别美本身和'分有'美本身的事物,既不把美本身当成这些事物,也不把这些事物当成美本身。你看这人是在做梦,还是清醒的?'是清醒的。'那么,'我们说这个知道美本身的人具有知识。'……我们都可以断言:绝对存在的东西是绝对可以认识的,绝对不存在的东西是绝对不能认识的……不存在的东西是某个东西吗?倒不如说是东西的反面……所以我们必须把存在联系到知识上,把不存在联系到无知上。我们这样做是对的。"[2]

柏拉图在这里把事物存在的基础放在理念上,而把非存在说成是存在的反面。理念是存在的基础,而分有理念的具体事物也具有依附于理念之上的实有。

亚里士多德在其重要著作《形而上学》中特别论述了事物的"有"的问题,并且结合"有"论及了"非有"的概念。他在《形而上学》中说:"有一门学问,专门研究'有'本身,以及'有'凭本性具有的各种属性。这门学问与所谓特殊科学不同,因为那些科学没有一个是一般地讨

---

[1]《西方哲学原著选读》上卷,第57页。
[2] 同上书,第84—87页。

论'有'本身的。它们各自割取'有'的一部分，研究这个部分的属性；例如数理科学就是这样做的。我们现在既然是在寻求本原和最初的原因，那就很明显，一定有个东西凭本性具有那些原因。""说一样东西'有'，也有好多意义，但是全都与一个起点有关；某些东西，我们说它'有'，是因为它们是实体；另一些东西则是因为它们是实体的影响；另一些东西则是因为它们是趋向实体的过程，或者'是'实体的破坏、缺乏或性质，或者'是'造成或产生实体或与实体有关者的能力，或者'是'对某一实体有关者或对实体本身的否定。因为这个缘故，我们甚至对'非有'也说它们是'非有'。……应当有一门科学把各种'有'的东西当作'有'来研究。既然无论在哪里，科学所研究的对象，都是那个最根本的、其他的东西所依靠并赖以得名的东西，那么，如果这是实体的话，哲学就必须掌握各种实体的各种本原和原因。"[1]

亚里士多德在这里把研究"有"的问题提升到一个前所未有的高度，将其与一些事物甚至各个学科联系起来，因为任何事物都是某种形式的"有"。他说的"有"主要为"是"的意思，或"存在"的意思，而不是中文中说的"具有"或"拥有"的意思，而且这种"有"与事物的"实体"紧密相关。因为在说某一事物时一般都要问"是什么"，然后才有可能具体讨论这个东西的属性或状态等相关的问题。所谓"非有"或"无"实际也是涉及对某种"有"的事物存在的否定，而不是与"有"无关的。研究"有"及与其相关的"实体"成了哲学的根本问题。

二、古代中国的"有""无"观念

古代中国的哲学关注重点在人伦问题或道德问题上，虽有对自然现象或人的本质问题的探讨，但主要集中在自然现象和人的生成的关系问题上。至于事物的"有""无"问题，虽有讨论，涉及这一问题的中国古代

---

[1]《西方哲学原著选读》上卷，第122—124页。

哲人或学派并不多，有些还是受印度文化影响后出现的。

中国古籍中较早同时论及"有""无"概念的是老子的《道德经》。该经第四十章中说："天下万物生于有，有生于无。"[1] 这里说的"有"指有形象的事物；说的"无"指无形象的"道"。也就是说，《道德经》这里说的"无"不是指绝对的虚无，说的"有生于无"也不是指世间万物从绝对的虚无中产生出来。

那么，这种世间事物从其产生的不是绝对虚无的东西又是什么呢？

《道德经》说它是"先天地生"的"有物混成"，实际上就是说在天地产生之前，有一种混沌状态。这种状态不能说是"无"，不是"无物"，而是一种没有分别的事物产生前的状态，也可以说就是"道"。道又被描述为一种无形无相的宇宙产生前的状态。

庄子（约前369—前286）也是中国哲学史上论及有无问题的哲人。他在《知北游》中说："有先天地生者，物邪？物物者非物。"他在《大宗师》中说："夫道有情有信，无为无形，可传而不可受，可得而不可见。自本自根。未有天地，自古以固存。神鬼神帝，生天生地。"[2]

这两段话的主要意思是说：先于天地的东西是物质的吗？产生物质的东西不是物质的。"道"在天地之前自古以来就是独立自存的。它产生天地，使鬼神显示作用，它是无始无终，无边无际，无时不有，无处不在的。它确实可以体会得到，但它又是无形无为，看不见，摸不着的。它始终在传递着，可又不能被具体接受。

庄周的这种论述也是认为事物的根本是"道"，但这道与一般的事物又不同。一般的事物有形有相，而道却无形无相，它虽无形无相但却不是绝对的虚无，而是对事物的产生和运作起着极重要的作用。也就是说，庄周的这种"道"是形式上或形态上的"无"和实质上的"有"的有机结合。这是古代中国哲学中的一种特定的"有""无"观念。

在庄子看来，这种事物最初产生于其中的这一无形无相状态的观念是

---

[1]《中国哲学史教学资料选辑》上册，第78页。
[2]《中国哲学史》上册，第119页。

至善的认识。他在《齐物论》中说:"古之人,其知有所至矣。恶乎至?有以为未始有物者,至矣,尽矣。"[1] 这话的主要意思是说:只有把世界看成是从来就没有物质的,才可以说是对世界最高、最完善的认识。[2] 庄子的这种理论也属于一种"有生于无"的思想,但这"无"不是虚无,而是无形无相的"道"。老庄思想在这个问题上有相近之处。

汉代中国思想家关注的主要问题是天人关系,对于"有""无"问题讨论不多,一般对于"天"和有关的"道"都是肯定其实有的。如汉初思想家陆贾(约前240—前170)认为:"天生万物,以地养之,圣人成之,功德参合,而道术生焉……盖天地相承,气感相应而成者也。"[3] 这里提出了感应之说。

汉代著名政治家董仲舒提出了"天不变,道亦不变"[4] 的思想,既肯定"天"的实在,也肯定"道"的实在,但"天"是第一位的。

魏晋时期的王弼也论及了"有""无"问题。他在《老子》一章注中说:"凡有皆始于无,故未形无名之时,则为万物之始;及其有形有名之时,则长之育之,亭之毒之,为其母也。言道以无形无名始成,万物以始以成,而不知其所以,玄之又玄也。"[5] 这段话的意思是说:凡存在的事物都始于"无",所以在没有形和没有名时就是万物的开端。在事物有了形和名时,生其之母就使之生长并养育它,使其安定并得到治理。说"道"是无形无名才成立的,万物以其开始并成立,但不知道为什么,这真是玄之又玄的事情!

王弼此处说的"无"不是指空无,而是指"道",这在他的其他论述中也可看出来,如他在《老子》五十一章注中说:"道者,物之所由也。"[6] 王弼的这种思想基本上承袭了老庄的主要观念。

王弼的这种"以无为本"的观念在魏晋时期也有人反对,如裴頠就是

---

[1]《中国哲学史教学资料选辑》上册,第158页。
[2]《中国哲学史》上册,第119页。
[3] 同上书,第192页。
[4]《中国哲学史教学资料选辑》上册,第307页。
[5] 同上书,第363页。
[6]《中国哲学史》上册,第257页。

其中之一。《晋书》卷三十五中记述裴頠认为:"夫至无者,无以能生,故始生者,自生也。自生而必体有,则有遗而生亏矣;生以有为己分,则虚无是有之所遗者也。"[1]

这段话的意思是说:绝对的无是什么也生不出来的。因此,一开始的生,就是自己产生自己。自己产生自己,那么自己的体就是必然存在的。如果有消失了,那生也就不能存在。有的存在是以自身为体的,而虚无不过是有的消失。裴頠否定了王弼的"以无为本"思想,强调事物的存在是以"有"为根本的,他写了《崇有论》一文论证自己的思想。

佛教在传入中国后也逐渐与中国原有传统文化相融合,形成了一些有中国特色的思想流派或宗派。在这之中,东晋时期"六家七宗"(即本无、即色、识含、幻化、心无、缘会、本无异)里的一些派别在"有""无"问题上的一些观念是引人瞩目的,其中的"本无"及"本无异"之说论述的主要就是中国特色较显著的"空""有"观念。

主"本无"之说的主要人物很可能是道安(314—385)。此说认为"无在万化之前",但又说"一切诸法,本性空寂"[2]。这种观念具有某些般若性空理论的特性,但其中的一些表述又有将"空"或"无"实体化的倾向,总的来说还达不到"即空观有""即有观空"的程度,与印度佛教般若中观思想还是有差别。

主"本无异"之说的主要人物是竺法琛。此说认为"从无出有,即无在有先,有在无后"[3],这种观点与印度般若中观思想中对"空"的解释根本不同,是用中国本土文化中原有的一些观念来理解或解释印度佛教哲学观念的典型。中国的道家就有"有生于无"的说法,将"无"实体化,王弼亦主张"有"始于"无",或以"无"为"本",竺法琛等的"本无异"的解释就是在立足于这样的思想理论基础上提出的。

隋唐之后,中国形成了一些佛教宗派。这些宗派虽然带有不少中国的

---

[1]《中国哲学史教学资料选辑》上册,第420—421页。
[2] 吉藏在《中观论疏》卷第二末中说:"释道安明本无义,谓无在万化之前,空为众形之始……一切诸法,本性空寂,故云本无。"《大正藏》第42册,第29页。
[3] 吉藏:《中观论疏》卷第二末。《大正藏》第42册,第29页。

特色，但理论的核心多依据印度形成的基本佛教教义，在"有""无"问题上一般都遵循印度佛教的缘起理论。因而，这些宗派无论是偏于讲"无"还是偏于讲"有"，其理论的基础都是"缘起"，因为从缘起论出发，可以强调"空"，也可以强调"有"。

宋代及其后的中国思想界在论述"有""无"问题时常涉及"气""理"和"心"这几个概念。

宋代的张载在《正蒙·太和篇》中说："气之为物，散入无形，适得吾体；聚为有象，不失吾常。太虚不能无气，气不能不聚而为万物，万物不能不散而为太虚。"[1] 这段话的意思是说：气变化事物，散开进出事物是无形的，是事物本然的状态；聚合成有相状的事物，不失去其变化的正常规律。太虚不能没有气，气不能不聚集为万物，万物不能不最后散入太虚。

张载在这里将气作为一种实在的产生万物的根本，又认为太虚不能没有气，太虚充满气，这样，气与太虚就成了等同的东西。张载在《正蒙·太和篇》中还说："太虚即气，则无无。"[2] 意思是说，太虚就是气，因而无所谓无。这种理论否定"以无为本"的思想，认为有实在的气或太虚。

宋代的程颢、程颐和朱熹都认为"理"是实在的，认为事物以"理"为根本。

程颢在《遗书》卷十一中说："万物皆有理，顺之则易，逆之则难。各循其理，何劳于己力哉！"[3] 程颐在《遗书》卷十五中说："万物……至如一物一事虽小，皆有是理。"[4] 朱熹在《朱子语类》中说："未有天地之先，毕竟也只是理，有此理便有此天地，若无此理便亦无天地，无人无物。"[5] 这实际也是将"理"作为事物的根本。这三人讲的"理"都被视为实有的，而万物都以这"理"为根本。

宋代的陆九渊主张"心"为根本。他在《杂说》中说："四方上下曰

---

[1]《中国哲学史教学资料选辑》下册，第28页。
[2] 同上书，第31页。
[3] 同上书，第74页。
[4] 同上书，第80页。
[5] 同上书，第105页。

宇，往古来今曰宙。宇宙便是吾心，吾心即是宇宙"。[1] 他在这里解释了宇宙是什么，认为心就是宇宙，宇宙就是心。这也是一种实有论，把一切事物的基础放在"心"上，这样，万物的实有就带上了一些主观的色彩。

三、古代印度的"有""无"观念

古印度哲人对"有""无"问题的论述，也是世界哲学在这方面的一种重要说法。在现存印度最早的宗教历史文献"吠陀"中，就有相关内容，具体来说，是在《梨俱吠陀》中。

《梨俱吠陀》中的"无有歌"说道："那时，既没有'无'，也没有'有'……太一靠自己的力量无风地呼吸。在此之外，没有其他东西。最初，黑暗被黑暗所掩盖……太一通过炽热之力而产生。"[2]

在这首赞歌中，世界最初被描述成一种混沌形态，是一种既没有"无"，也没有"有"的状态。但在这种状态中，"太一"通过炽热之力而产生。因而，如果说世界最初产生了什么的话，那就是太一。太一是在无法区分"有""无"的状态下产生的。

这首赞歌虽然说太初没有"有""无"，但却是古印度最早明确提出"有""无"概念的文献。这表明当时古印度一些人的抽象思维能力有了明显的提高。

"奥义书"是在《梨俱吠陀》等早期吠陀文献后产生的，它们从广义上说也属吠陀文献，但其论述的内容与《梨俱吠陀》等有很大不同。这些文献开始大量论及哲学问题，"有""无"问题也是它们关注的重点之一。

"奥义书"的主流哲学理论讨论的是关于"梵"与"我"的关系问题。所谓"梵"是宇宙万有的本体；《歌者奥义书》第3节14.1说："这整个世界都是梵。"[3] 《秃顶奥义书》第2节2.12说："梵确实是这不朽

---

[1]《中国哲学史教学资料选辑》下册，第129页。
[2] Macdonell, *A Vedic Reader*, pp.207-209.
[3] Radhakrishnan, *The Principal Upanisads*, p.391.

者。在前是梵，在后是梵，在右在左亦是梵。（梵）在下和在上伸展。梵确实是这一切。他是最伟大的。"[1] 在"奥义书"的哲人看来，梵是最高的，没有超出梵之外的东西。

所谓"我"一般指生命现象中的主体或众多我及其相关事物。《歌者奥义书》中说："气息产生于阿特曼，希望产生于阿特曼，记忆产生于阿特曼……意产生于阿特曼，言语产生于阿特曼。"[2] 也就是说，各种生命现象的主体是"我"（小我或阿特曼）。这"我"有时也被等同于现象界。

"奥义书"的主流思想认为，梵是包括人生现象在内的所有事物的本体，独立于梵之外的"我"是没有的，小我（阿特曼）实际就是梵，即主张所谓"梵我同一"。《蛙氏奥义书》的"一切确是此梵，此阿特曼（即）是梵"[3]。《歌者奥义书》第6节2.2说："'有'怎么能生于'无'？……（与此相反），最初仅是'有'，唯一不二。"[4] 因而，"奥义书"的主流思想实际认为，梵是实"有"的，而独立于梵之外的"我"（小我）是实"无"的。这种"有""无"观念是婆罗门教和印度教中影响最大的一种哲学思想。

在"奥义书"之后，古印度产生了不少哲学流派，这些哲学派别基本论及了"有""无"观念。

正统派中的吠檀多派基本上继承了"奥义书"中的主流思想。吠檀多派中的不二一元论认为，真正实在的唯有"梵"，而"我"（小我）等现象界是人的无明造成的。不二一元论的早期代表人物乔荼波陀认为，事物的根本是大我（梵），一切事物由大我所幻现，人生现象中的诸多小我在本质上就是大我。这就如同大虚空和许多小虚空（如瓶中之空）没有本质区别一样，事物的差别也是虚假的，瓶中之空在瓶破碎时就汇入大虚空。同样，众多小我及其相关事物的表现形态也没有真实的独立存在，它们在人解脱时最终都要汇入大我（梵）。[5] 因而，在不二一元论者看来，大我

---

[1] Radhakrishnan, *The Principal Upanisads*, p.685.
[2] Ibid., pp.488-489.
[3] Ibid., p.695.
[4] Ibid., p.449.
[5] 参考乔荼波陀：《圣教论》第3节1—10，第103—115页。

或梵是实有的,而独立于梵之外的小我或现象界是人的无明或幻觉造成的,实际是空无的。

吠檀多派中也有一些分支的主张与不二一元论的观点不同。如罗摩努阇就主张一种"限定不二论",认为梵与其表现出来的属性或各种差别都是实在的,梵真实,限定梵的各种事物的属性和差别也真实,即此分支否定空无的观念,主张一种梵及其属性差别等都实在的观念。罗摩努阇在其《梵经注》第1节1.1中说:"无明的理论是完全站不住脚的。首先,我们问:无明产生了存在的多样性这种巨大错误,那无明的依托体是什么?你们不能回答说是小我(个我),因为小我自身的存在还是通过无明被虚假地想象出来的;你们也不能说是梵,因为梵就是自明的理智,这梵与无明的本质是矛盾的,无明显然要被知识否定。"[1]

数论派与瑜伽派都认为世间事物和人生现象是"自性"在"神我"作用后转变出来的,并认为这两个实体都是实在的,转变出了的现象最终也将回归自性。[2] 因而,数论派与瑜伽派基本上是持实有观念的,并未认为自性与神我及其转变物是虚无的。

胜论派侧重对自然现象的类别进行区分,正理派侧重探讨事物的推理和辩论规则问题。两派中都有"极微"(事物的最小单位)的理论,[3] 都认为极微是实在的,极微和合后生成的事物是实在的。因而,两派都是倾向于讲"有"的派别。胜论派中还设立了"有"句义(认为"有"是所有事物都具有的存在特性)[4] 和"无"句义(事物非存在的五种形态)[5]。

弥曼差派强调吠陀言教的真实有效性,认为做祭祀能产生实在的效果,因而也是倾向于讲"有"的。此派在后期的句义论中也有"无句义"[6]。

---

[1] Radhakrishnan and Moore, *A Source Book in Indian Philosophy*, pp.549-550.
[2] 《古印度六派哲学经典》,第 197—209 页。
[3] 同上书,第 362 页。
[4] 同上书,第 361 页。
[5] 同上书,第 367 页。
[6] 同上书,第 424 页。

正统六派哲学中都有"轮回解脱"的理论。六派都认为轮回状态是不能持久的，并认为人的无知或无明产生轮回，消除无明后，轮回就不能延续下去了。因而，从这个意义上来说，轮回状态最终是不实在的。

顺世论是古印度的一个特立独行的派别，此派反对任何宗教派别的理论。顺世论理论的根本点是认为地、水、火、风这"四大"为世间一切事物的根本因，其他的东西则均非根本实体。记述有顺世论思想的文献《摄一切悉檀》第1节说："根据顺世论者的观点，唯有四元素——地、水、火、风是最终的本原，不存在其他的东西。"[1] 这也就是说，顺世论认为"四大"为实有，而其他的东西为空无。

耆那教认为，人和各种事物（如山石草木等）中都有"命我"（即灵魂）。命我又分为"解脱了的命我"和"未解脱的命我"（轮回的命我），此教认为解脱了的命我实有，而轮回状态中的命我则非实有。耆那教的重要经典《谛义证得经》第10节2.4说："解脱就是摆脱一切业的物质。因为已不存在缚的因，还因为灭了业。当命我（灵魂）解脱时，仅保持着完美的正信、完美的正智、完美的正见，达到一切的状态。"[2] 在耆那教看来，为业物质所束缚的命我是不能持久的，而摆脱了业物质束缚的命我则是永恒的，至善的。因此，耆那教认为"实有"的是解脱的命我，而处在轮回中的命我则不能持久，最终是"空无"的。

佛教在产生时提出的理论与正统婆罗门教思想是相抵触的。婆罗门教的主流思想认为，"梵"为世界根本因，只有梵是实在的，独立于梵或梵之外的事物是不存在的。佛教则反对人生现象和世间事物中有一永恒的实体或主体，主张"缘起"的观念。《杂阿含经》卷第十二说："此有故彼有，此起故彼起。"[3]《中阿含经》卷第十一说："因此生彼。若无此因便不生彼。因此有彼。若此灭者，彼便灭也。"[4] 也就是说，佛教不认为事物源于一个单一的实体或本体，而是认为包括人在内的世间一切事物是由

---

[1] *A Source Book in Indian Philosophy*, p.234.
[2] Ibid., p.260.
[3]《大正藏》第2册，第85页。
[4]《大正藏》第1册，第498页。

多种要素聚合在一起产生的。这种缘起的理论对于佛教后来的发展有很大影响,因为早期佛教讲缘起观时,包含了有与无这两个观念,从缘起的理论出发,既可以认为事物是"实有"的,也可以认为事物是"空无"的。当然,佛教从产生时起侧重讲空无,在后来的发展中虽然也有在某种程度上重视讲实有观念的情况,然而它在总体上还是保持了侧重讲空无的特色。

部派佛教的说一切有部主张"实有"。此部派的基本思路是:既然事物是缘起的,那么缘起的事物之体(诸缘)就不是空无,而是实有的。《大毗婆沙论》卷第七十六在记述有部思想时说:"有为法未有作用名未来,正有作用名现在,作用已灭名过去。复次,色未变碍名未来,正有变碍名现在,变碍已灭名过去。受未领纳名未来,正能领纳名现在,领纳已灭名过去。想未取相名未来,正能取相名现在,取相已灭名过去。行未造作名未来,正有造作名现在,造作已灭名过去。识未了别名未来,正能了别名现在,了别已灭名过去……三世诸法因性果性,随其所应次第安立,体实恒有,无增无减,但依作用说有说无。"[1] 这里有部提出的思想实质就是"法体恒有"。

大乘佛教主张"空无",这无论从中观派还是从瑜伽行派的论述中都可明显看出。

中观派的代表人物龙树在《中论》卷第四中说:"未曾有一法,不从因缘生,是故一切法,无不是空者。"[2] 这意思是说,没有事物不是因缘而生的,因此,一切事物没有不是空的。这就是大乘佛教典型的"缘起性空"思想。

瑜伽行派代表人物世亲(约公元4—5世纪)在《唯识三十论颂》第17节中说:"是诸识转变,分别所分别,由此彼皆无,故一切唯识。"[3] 这意思是说:一切事物都是识转变的产物,无论是作为分别的识,还是作为所分别的事物,都是识转变出来的。因此那些外境(所分别的事物)就

---

[1]《大正藏》第27册,第393—396页。
[2]《大正藏》第30册,第33页。
[3]《大正藏》第31册,第38页。

是空无的，所以存在的一切只有识。关于此派讲的"识"，《成唯识论》卷第二说："为遣妄执心心所外实有境故，说唯有识。若执唯识真实有者，如执外境，亦是法执。"[1] 这段话表明，虽然瑜伽行派讲一切唯识，但这"唯识"理论实际也是一种"方便说法"，是用来破境实有观念的。如果认为识实有，那么也是一种对法的执着。若按照此处的说法，瑜伽行派最终也是持"性空"理论的。

四、比较分析

古代中国、希腊和印度的哲人都在很早就对人与世界的本质问题提出了看法，其中既有认为"有"的观念，也有认为"无"的思想。各家无论是认为"有"，还是认为"无"都有其一些具体主张，三地哲人这方面的思想中既有相同处，也有差别点。

相同处主要表现在：

第一，"有""无"概念的提出均为三地哲学思维有明显提升的重要标志。古印度的"有""无"概念得到较明显的关注是在奥义书时期，这时古印度人的哲学思维大量涌现。古希腊的"有""无"概念受到人们重视是这一国度的哲学思维有突破性进展的时期。古代中国明确提出"有""无"概念主要是在春秋战国时期，这是中国人的哲学思维有明显发展的时期。

第二，"有""无"概念都受到了三地的主要思想家的重视，都出现于重要思想文献中。如古代中国的重要哲人老子和庄子是论述"有""无"概念的主要代表；古希腊的亚里士多德是论及这方面思想的著名哲人；古印度的"奥义书"和佛教的龙树是论述"有""无"概念的主要代表。

第三，"有""无"概念在三地许多哲人中都是关联紧密的概念。如古印度"吠陀"中的《无有歌》就将"有"与"无"概念对举；古希腊

---

[1]《大正藏》第31册，第6页。

留基波和德谟克利特就将"存在者"与"不存在者"相提并论；古代中国的王弼则说"凡有皆始于无"，将二者紧密关联在一起。

差别点主要表现在：

第一，古代希腊哲学中（亚里士多德）将"有"的概念的重要性提到前所未有的高度，将其视为哲学研究的主要内容。而古代中国哲学和印度哲学相对而言，对"有"这一概念的认识并未提到这样的高度。

第二，古印度哲学各派的理论中都涉及"有""无"问题，在这一问题上基本可以看到古印度各派哲学的基本发展线索和倾向。古希腊亚里士多德主要论述了"有"的意义，但对"无"的概念联系"有"综合论述不多。如果说将"有""无"紧密联系在一起是贯穿希腊哲学的主线还是有些困难。其他的希腊哲人并不是都对"有""无"这组概念有一致的关注。古代中国哲人很早就论及"有""无"问题，后来虽也有论述，但有些是受印度文化的影响，并且有不少哲人没有明显论及，和印度哲学相比，对这一组概念的关注也很难说是贯彻各家各派的。

第三，古代希腊哲人一般不把"有""无"分割成两个独立的实体，并说二者中的一个产生于另一个。古代中国则有"有生于无"或"从无出有"的说法。古代印度虽然有的派别说事物的生成，但主流或影响大的派别否定有实在的"从无出有"的生成理论，如吠檀多派的不二一元论和佛教的中观派就反对有真正的"生"：吠檀多不二论仅承认唯一的梵的"实有"，而不承认由无明而产生的事物之"假有"；佛教大乘中观派仅承认事物缘起之"性空"，不承认缘起事物的"实有"。

"有""无"观念是哲学研究的基本内容，是东西方哲人们关注的一个焦点问题。从众多思想家在这方面提出的见解中，我们可以看出他们的基本哲学倾向，可以梳理出世界几个主要文明古国在哲学上的发展脉络和理论特色。

第十七章 中西印哲学的"出世"与"入世"观念

"出世"与"入世"问题是东西方哲学中普遍关注的问题，是人类社会在发展中面临的两条需要抉择的道路。所谓"出世"主要指企图摆脱世俗生活，远离现实中的种种不完美，以期进入一种完美的状态。所谓"入世"主要指努力深入现实的生活，在现实社会中实现自己的理想，获得完美的人生。在东西方哲学中，都有不同程度的"出世"与"入世"观念。本章对中西印三大文明发展区域的这方面思想进行梳理和比较分析。

一、古代印度的出入世观念

古代印度是一个极为关注"出世"与"入世"问题的国度。印度在历史上占主导地位的婆罗门教和后来的印度教对于一个人的理想人生是有一些基本看法的，这主要体现在所谓人生"四行期"上。

按照印度古代的一些所谓"法典"等的说法，一个人的一生应该经历四个行期：1. 梵行期（指成年前的儿童，从师修学"吠陀"等宗教圣典，熟悉祭祀仪轨，履行宗教义务。这个时期的生活目的是求"法"——宗教等方面的根本真理或道德准则);[1] 2. 家居期（指学成回家，过世俗生活，履行成家立业的世俗义务。这个时期的生活目的是"欲"和"财"——结婚和求财);[2] 3. 林居期（指年纪渐大时，隐居山林，进行各种修行，过简朴的出家生活，为最后的精神解脱做准备);[3] 4. 遁世期（指单独实践苦行，舍弃世俗享乐，云游乞讨，禁欲减食，磨炼意志，争取最后解脱)。[4] 这后两期的生活目的是求"解脱"。

在这四个行期中，第 1 行期主要是年幼时到老师那里学习宗教圣典和有关思想，但不是过一般的世俗家庭生活，可以说是介于出世与入世之间的阶段；第 2 行期则属于入世；第 3 和第 4 行期基本上属于出世。因而可以说，在古印度，既有出世的观念，也有入世的观念，人并不是只能追求一种生活方式。一个人的一生，可以有入世的时期，也可以有出世的时期，不同时期的追求可以是不同的。

这种四行期的习俗在印度社会中普遍流行，是一般种姓的人都采用的生活方式。但要强调的是，古印度四种姓中的首陀罗贱民是无权过此生活的。这套人生行为规范或生活方式展示出了种姓制成型后古印度社会伦理观念的基本内容，反映了当时印度人对人生的基本看法。

古印度的不同宗教，在这个问题上有不同的态度，甚至在同一个宗教中，也会根据具体场合有不同的说法。

在印度佛教中，对"出世"与"入世"问题，就有不同的说法。释迦牟尼创立佛教前对人生现象做了细致考察，在这种考察中，他发现世间事物的无常和人生充满痛苦，并认识到痛苦与人的欲望关系密切，认识到不应执着于世间的享乐，应放弃人的种种欲望。这些思想就有出世的色彩。在创立佛教后，他逐渐形成了对世俗社会和世间事物的更系统的看法，决心摆脱世俗社会一般都追求的欲乐。他父亲派给他的五个侍从成了佛教最初的比丘（五比丘）。此后，信奉佛教的人越来越多，释迦牟尼建

---

[1] 蒋忠新译:《摩奴法论》，第 15—39 页。
[2] 同上书，第 40—89 页。
[3] 同上书，第 106—108 页。
[4] 同上书，第 109—114 页。

立了佛教的僧团组织，制定了一系列戒律戒规。这些戒律戒规对教徒的日常生活和行为做了规定，许多一般民众可以做的事情佛教徒是不允许做的。释迦牟尼还为此创立了其他一些配套的理论，他创立这些戒律戒规及相应理论的根本目标是要摆脱痛苦。佛教认为，一般人不能认识世间的本质，有所谓的"无明"，无明之人在世俗生活中充满了欲望，这与痛苦的形成有直接关系。释迦牟尼创立佛教时提出了根本教义"四谛"，四谛说就是对人世间状况的一种分析及应对理论，四谛说谈及了苦的现象（苦谛）、苦的原因（集谛）、灭苦的必要性及要达到的目标（灭谛）、灭苦的方式或道路（道谛）。此说实际也为佛教的出世观念做了重要论证，佛教最初的出世观念就是在这种情况下孕育出来的。

若客观地分析，应当说，佛教在产生之初以及在所谓小乘佛教的发展过程中，明显存在一种倾向，即认为要获得真理或摆脱痛苦，就要离开其生存的世俗社会。因而，早期佛教及一般的小乘佛教很强调出家，有明显的出世倾向。

早期佛教在论及最高目标"涅槃"时，通常认为它是一种摆脱了世间种种烦恼等的境界，如《杂阿含经》卷第十八说："贪欲永尽，瞋恚永尽，愚痴永尽，一切诸烦恼永尽，是名涅槃。"[1]

在早期佛教看来，贪欲、瞋恚、愚痴、烦恼这些现象存在于世间，而摆脱了它们就能脱离痛苦，达到最高境界。早期佛教经常谈到一般的世间环境不适合佛教圣贤求得真理，如《长阿含经》卷第一说："人间愦闹，此非我宜。何时当得离此群众，闲静之处以求道真！"[2]《长阿含经》卷第一还说："善智离世边。"[3]这些都表明，在早期或小乘佛教中，出世的观念是佛教十分强调的。

大乘佛教中也有涉及出世的说法，如大乘般若类经典很明显地突出"空"的思想。《金刚经》说："一切有为法，如梦幻泡影，如露亦如

---

[1]《大正藏》第2册，第126页。
[2]《大正藏》第1册，第7页。
[3] 同上书，第9页。

电,应作如是观。"[1] 这里将有造作变化的世界比喻为"如梦幻泡影,如露亦如电",也就是要表明事物是"空"的,而"空"的思想起的一个重要作用就是贬低世俗世界的意义。

虽然无论是早期佛教还是大乘佛教中都有贬低世俗生活意义的出世言论,但佛教并不是都持这种立场。实际上,在早期佛教和大乘佛教中,同样有重视世俗生活,要求入世的言论。

在早期佛教中,阿含类经典就有这种论述。如《长阿含经》卷第一说:"佛出于世间,转无上法轮。"[2] 这意思是说,佛是离不开世间的,并要在世间宣传佛法。由此可知,早期佛教中就有明确将佛或佛法与世间密切联系起来的言论。不过比较而言,早期佛教还是更强调世间充满了造成众生痛苦的种种"烦恼",寻求摆脱这些烦恼。后来的小乘佛教多强调佛教追求的境界与世俗世界不同,强调在涅槃境界没有世俗世界的那些愚昧无知和贪欲等,不大突出佛典中说的佛或佛法离不开世间的内容。

大乘佛教虽然有很多论述事物"性空"的言论,但是相对早期和小乘佛教来说,大乘佛教中也明显强调重视世俗社会。大乘佛教对世间的解释或看法明显与先前的早期或小乘佛教的看法有差别,它更为突出慈悲利他,认为佛教的涅槃不是脱离人们生存的世间才达到的,而是就在世间之中。与小乘佛教通常主要追求"自利"不同,大乘佛教还要追求"利他",即要使其他人也摆脱痛苦。大乘佛教认为,即便是达到了涅槃,也不能离开世间,还要在世间弘扬佛法,救度众生。

较早的大乘经在这方面就有表达,强调不能离开现实生活的论述更多一些。如《妙法莲华经》卷第五说:"常说法教化,无数亿众生,令入于佛道,尔来无量劫,为度众生故,方便现涅槃,而实不灭度,常住此说法,我常住于此。"[3] 这段经文的主要意思是说:佛或菩萨为了拯救众生,就不能离开众生一般生活的世界,因为这样才能"利他"。所以,他们虽然涅槃了,但仍"实不灭度",还要在世间中救助众生。

---

[1] 《大正藏》第 8 册,第 752 页。
[2] 《大正藏》第 1 册,第 9 页。
[3] 《大正藏》第 9 册,第 43 页。

不少大乘佛典还直接论述了世间与涅槃之间密不可分的关系。如《维摩诘所说经》卷中说:"现于涅槃而不断生死。""世间出世间为二,世间性空即是出世间。""生死涅槃为二,若见生死性则无生死,无缚无解,不生不灭。""乐涅槃不乐世间为二,若不乐涅槃不厌世间则无有二。"[1] 这些经文明显强调,涅槃实际不是离开世间的另一个不同的世界。

大乘佛教的一些论典也有这方面的论述,如中观派代表人物龙树在《中论》卷第四中说:"涅槃与世间,无有少分别。世间与涅槃,亦无少分别。""涅槃之实际,及与世间际,如是二际者,无毫厘差别。"[2] 龙树在此处明显是用一种重复表述的手法来强调涅槃与世间的关系紧密,表明二者的不可分离性。中观派所强调的涅槃是与世间有关联的一种精神或认识境界。在中观派看来,世间的本来面目就是佛教所谓涅槃境界的那个样子,二者没有什么绝对化的区别,小乘等之所以把二者做绝对化的区分,就是因为有"执着"或有"分别",不能认识世间的本来面目,而如果按大乘中观派等的观点行事,认识了事物的本来面目,那么也就达到了真正的涅槃境界。

佛教的"二谛"理论也涉及出世和入世观念。二谛即"真谛"和"俗谛"。真谛侧重讲事物"性空",俗谛侧重讲事物"假有"。大乘佛教认为二谛都是佛所说的,佛针对不同的对象和不同情况,有时讲真谛,有时讲俗谛。尽管二谛中有俗谛,讲假有,但真谛的内涵是佛教主要强调的观念,而俗谛在很大程度上说是一种表明真谛的手法。中观派认为,"二谛"多少还是有本旨及为明本旨所用手段之区分的。如龙树在《中论》卷第四中说:"若不依俗谛,不得第一义。不得第一义,则不得涅槃。"[3] 这里表明,直接导致涅槃的是真谛,而要表明真谛又要依靠俗谛,因为真谛若不使用言语这种俗谛,是不能让世间民众明了的。因此,应当说二谛理论既强调了"性空"这种直接涉及"出世"的成分,也兼顾了"假有"这种照顾"入世"观念的成分。讲俗谛就是要佛教徒深入社会生活。

---

[1]《大正藏》第14册,第549—550页。
[2]《大正藏》第30册,第36页。
[3] 同上书,第33页。

就印度佛教的整体情况而言，虽然早期或小乘佛教中有将涅槃与世间严格分割的情况，但印度佛教在后来的发展中还是强调佛及其理论不能脱离世间，而即便是早期或小乘佛教的论述，实际仍然离不开要求深入世间的内容。因为作为一种宗教，它必定要有"超凡脱俗"的内容，必须要有一种民众能感受到的神圣感，这样才能吸引信众。但任何一种宗教形态，都产生于一定的社会里，都要根植于民众之中，离开了民众的信仰，离开了社会环境，任何一种宗教都无法生存。因此，虽然宗教一般都有"出世"的要求，但并不能真的不食人间烟火，最终还是要以某种方式"入世"。

总体来说，印度佛教文献中有要求"出世"的思想，也有要求保持"入世"的说法，这对后来传到印度之外的佛教的观念都提供了经典支持，而无论这些观念强调的是"出世"还是"入世"。

二、古代中国的出入世观念

古代中国的宗教在社会中的影响没有古代印度的宗教大，但中国古代也有"出世"和"入世"方面的思想。古代中国文化从总体上说有三大文化体系，即所谓儒、释、道。这之中的"儒"是中国本土影响最大的文化体系，在中国历史上占主导地位。"释"为佛教，最初是从印度传过来的，后来逐渐在中国扩大影响，吸收了原有中国的传统文化，形成有中国特色的佛教体系。"道"是中国本土的思想流派，后来在道家的基础上演化出道教，也在中国本土有重要影响。

在这三大文化体系中，儒家基本属于讲"入世"的；道家和道教中"出世"成分较多，但"入世"成分也有；佛教从印度传来，是一种宗教，出世的色彩很浓厚，但中国佛教在发展过程中，也有"入世"的主张，而且影响还很大。

儒家的创立者主要是孔子和孟子等。孔孟的学说主要是讲人们的处世之道，讲社会生活中人们应有的人伦道德，力求在日常生活中寻求真理。

他们把这种寻求与对宇宙的根本实在的认识密切地联系在一起，努力在人们的日常生活中发现真理。

儒家的创立者孔子就极为关注社会生活中的问题。孔子说："名不正则言不顺，言不顺则事不成，事不成则礼乐不兴，礼乐不兴则刑罚不中，刑罚不中则民无所措手足。"[1] 孔子还强调要"君君，臣臣，父父，子子"[2]，并且大力宣传他的"仁"的理论，认为"一日克己复礼，天下归仁焉"[3]。不难看出，孔子十分重视人们在社会中的关系，要求人们都能按照某种适当的行为规范来行事，追求建立一个人们能克制自己，合乎所谓礼的好（仁）的社会。

孟子也极为关注社会问题，认为社会中的人各有其作用。他说："无君子莫治野人，无野人莫养君子。"还说："劳心者治人，劳力者治于人。"[4] 孟子参与社会事务的兴趣一点也不比孔子小，他有一句名言："穷则独善其身，达则兼济天下。"（《孟子·尽心上》）这里表明了孟子对待社会的基本态度，其本质还是愿意"出世"干一番事业的。

汉代著名儒家代表董仲舒提出了"罢黜百家，独尊儒术"的主张。他还总结和发展了先前的儒家思想，提出了不少有关伦理纲常方面的思想。[5] 他在《春秋繁露》中说："人之受命于天也，取仁于天而仁也。是故人之受命天之尊，父兄子弟之亲，有忠信慈惠之心，有礼义廉耻之行，有是非逆顺之治，文理灿然而厚，知广大而有博。"[6] 这里，董仲舒将其看重的人的社会伦理道德等观念加上天命的光环，实际是要树立儒家伦理思想的权威性。这种"入世"思想是与其天命观融为一体的。

唐代的儒家思想家继承了前代儒家的积极"入世"态度，如韩愈就反对佛教与道教的出世观念，曾指责道教"不信常道而务鬼怪"[7]。韩愈排

---

[1]《中国哲学史教学资料选辑》上册，第27页。
[2] 同上书，第26页。
[3] 同上书，第25页。
[4] 同上书，第98页。
[5]《中国哲学史》上册，第200—212页。
[6]《中国哲学史教学资料选辑》上册，第298页。
[7]《中国哲学史》上册，第387页。

斥佛教和道教当然有其提升或保护儒家在社会中影响力的因素，但佛道所具有的某种程度的"出世"倾向也应说是引起他反感的重要原因。韩愈本人是积极"入世"的。

宋代的程朱理学基本都是强调"入世"的。二程学说中的"天理"不是抽象的哲学观念，而是实际上与其社会伦理思想结合在一起的。程颢说："天者，理也。"[1] 还说："事有善有恶，皆天理也。"[2] 他在这里说的"理"，是包括社会生活及人伦原则等的道理在内的。朱熹说："未有天地之先，毕竟也只是理，有此理便有此天地，若无此理便亦无天地，无人无物。"[3] 朱熹的"理"也是被作为人的生活准则或道德标准的基础的。

道教最初形成时的理论基础是中国传统的道家思想。道家讲"无为"，如老子的《道德经》第五十七章中说："我无为而民自化，我好静而民自正，我无事而民自富，我无欲而民自朴。"[4] "无为"是一种处世态度，实际上既包括对待欲望的态度，也包括人在处理世间事务时的一种不过度干涉的主张。"我无欲"多少有些出世的色彩，而"我无事"则有些让一切顺其自然地发展的态度，只是最后的结果"民自富""民自正""民自朴"实际是道家所期待的无为之后出现的结果，这种期待又多少有些"入世"的意味，并不是对世事完全漠不关心。

道教作为一个宗教当然有出世的言行，此教非常强调清修，信徒把求取个人成仙作为目的。这属于自利的行为，但道教并不仅仅追求自利，此教中也有强调利他的内容，认为要想长生，一定要积善立功，慈心于物，乐善好施。在道教中，自利与利他是结合在一起的，利他是自利（如长生）的一个必要的条件，若不利他，则个人长生或成仙的目的就难以达到。这利他，通常也是社会行为，也就是说，道教的一些教义虽有"出世"色彩，但其所期待的目标往往实际要"入世"才能达到。

印度佛教传入中国后，最初在中国社会引起人们注意的应当说是它的

---

[1]《中国哲学史教学资料选辑》下册，第74页。
[2] 同上书，第72页。
[3] 同上书，第105页。
[4]《中国哲学史教学资料选辑》上册，第82页。

"出世"方面的理论。中国人最初遇到外来的佛教时借用本土的黄老等思想的一些概念来理解认识它,后来则大量建立佛教的寺院庙宇,以方便信众出家。许多中国民众都把信奉或皈依佛教理解为"看破红尘""踏入空门"或"了却尘事"。

印度的小乘佛教和大乘佛教大致同时传入中国,相差时间并不长。较早传入中国的是印度小乘佛教中的静坐冥观,追求弃绝有关外部事物杂念的修持方式。但印度大乘佛教中关于"入世"的思想也很快在中国产生了影响,而且,中国以儒家为代表的主流文化思想对佛教的发展也形成影响,因而,在中国佛教中,重视"入世"的佛教宗派由此也逐渐成为各宗派中势力最大的。其中较有代表性的就是禅宗,尤其是禅宗里的"南宗"系统。

禅宗虽然是佛教,但相对来说却不大强调佛教传统经教的作用;虽然称为禅宗,但实际不大重视一般意义上的所谓"禅定"。在较早的中国禅思想中,如达摩所弘扬的禅思想中,"出世"的思想较为突出。在慧能的《坛经》中,也有一些论及"出世"的思想,但在慧能之后,禅宗实际真正看重的还是如何在现实世界或世俗社会中获得佛教真理,体悟到人的真正本质。南宗禅特别强调不离开现实世界而成佛。禅宗这方面最突出的理论是所谓"佛法在世间"的思想。《坛经》说:"佛法在世间,不离世间觉。离世觅菩提,恰如求兔角。正见名出世,邪见是世间。邪正尽打却,菩提性宛然。"[1] 禅宗在此处明确强调了要在世间去寻求所谓"佛法",认为佛法并不是离开世俗社会的另一个世界中的产物,这和印度大乘佛教中反对将世间和出世间作绝对化区分的观念是一致的。这样,禅宗这一中国佛教宗派,虽然形式上还有不少重视"出世"的表述,但实际上大力倡导的是深入世间,成为一个特别强调"入世"的佛教宗派。

在慧能之后的南宗禅里,不少僧人在这方面走得更远。他们公开反对遵循传统佛教的一些修行方法,力图在破除这些方法的过程中获得真理。这在一些禅宗的语录中就有体现,如《镇州临济慧照禅师语录》记述:

---

[1]《大正藏》第 48 册,第 351 页。

"王常侍一日访师,同师于僧堂前看,乃问:'这一堂僧还看经么?'师云:'不看经。'侍云:'还学禅么?'师云:'不学禅。'侍云:'经又不看,禅又不学,毕竟作个什么?'师云:'总教伊成佛作祖去。'"[1] 这段材料表明:一些禅师意识到,悟出佛教的道理或成佛,并不是仅仅依赖于形式上的那种读经学禅就能做到,而是要在日常生活中认真体验。对传统的读经学禅的方法不能过于迷信,要注重在日常生活中参禅悟道。实际上,禅宗在发展中,与现实社会生活的联系确比一般的宗教派别更紧密,它强调人们要在一般的生活中体悟佛教的道理,借以达到理想的思想境界。

禅宗里的一些禅师十分重视在日常劳作中进行禅宗的修持。如百丈怀海禅师等就提出所谓"一日不作,一日不食"[2] 的主张,这和传统佛教中僧人专心修行,一般不参与常人之劳作的观念有很大不同。尽管禅宗中不少祖师或僧人实际也不反对参加生产劳动,但像百丈禅师这样作出明确规定,倡导僧人与寺外的一般民众一样做工,一样种田,而且将这一做法制度化,努力实行,并且自己率先垂范,坚持劳作,这种情况在印度佛教中没有,在中国佛教中也不同凡响。

在中国形成的佛教诸宗中,禅宗在社会中的影响最大,之所以出现这种情况,与禅宗重视"入世"有密切的关联。中国以儒家为代表的主流传统文化强调人要在社会生活中完善自己,重视对人的生活准则问题的探讨,把对人伦或道德规范问题的思考与对宇宙本质问题的思考结合起来,努力在日常生活中发现或寻求真理。禅宗看到了这种中国历史发展的大环境,它的成功之处就在于:将印度佛典中先前就存在的"入世"观念参照中国已往文化中的"入世"思想加以改造,同时在理论中仍保持印度佛教中原有的"出世"思想,把这些成分融为一体,尤其大力弘扬其中的"入世"观念,将其推向极致,形成自己的理论特色。因此,可以说,禅宗较好地处理了本宗的"出世"与"入世"的问题,做出了明智的选择,而这种选择不仅决定了本宗的基本走向,而且在很大程度上影响了后

[1] 《大正藏》第47册,第503页。
[2] 同上书,第1018页。

来整个中国佛教的发展。到了近现代，佛教界几乎都认同"人间佛教"的主张，它成为聚集广大中国佛教信众的一面旗帜，得到教内外民众的广泛赞誉。

三、欧洲的出入世观念

欧洲哲学在中世纪之前对于"出世"与"入世"问题不是很关注。古希腊哲学中虽然也讨论"神"的问题，但对于一般人来说，神的世界并未被普遍地设定是人们追求的目标，人们的世俗生活也很少与神圣世界的生活对举或相比较。斯多葛派的一些思想家则是较早论及这方面问题的人。

西塞罗在《论老年》中说："我们被关在肉体的牢狱里的时候，我们是迫于不得已而劳苦工作，因为我们的灵魂本是天上的东西，降落地下，当然不合于其神圣而永恒的本质。但是我们想，上天之所以驱使灵魂入于肉体，正是要有人料理这个尘世，同时再以天上的风光贯彻到人生里来。""灵魂既是永久活动，并且是自动，所以灵魂也永远没有终止，因为灵魂不会抛弃其本身。灵魂既是纯粹而无杂质或异质掺于其间，所以灵魂也永远不会分散，当然不会消失……我从来不相信灵魂在躯壳里便是活的，离开躯壳便是死的；我也不相信灵魂离开那本不能思想的尸身便不能思想，我以为灵魂脱离肉体之后，便更纯粹光明，这才能说是有智慧……灵魂在自由而无桎梏的时候便能察知未来的事物。"[1]西塞罗在《论友谊》中说："灵魂离了躯壳便可以归到天府，如果灵魂是有美德而公正的，便可一直地顺利地升天。这些主张我是确信的。"[2]

西塞罗在这里确认灵魂不灭，实际上将灵魂生存的世界分为附在肉体中的地上的世界和灵魂升入天府有天上风光的世界。在肉体中灵魂的世界

---

[1]《西方哲学原著选读》上卷，第187—188页。
[2] 同上书，第188页。

是受束缚的、劳苦的、不合乎其神圣本性的，而脱离肉体的天府世界中的灵魂是神圣的、智慧的、光明的、自由的。这些思想明显有一种贬低世间和向往出世的思想倾向。

新柏拉图派在这方面也有一些论述。此派的代表人物普罗提诺在《九章集》中说："灵魂很自然地对神有一种爱……不知道这种天上的爱的人，也可以从地上的爱获知天上的爱的某种概念，以及拥有最喜爱的东西是多么愉快。且让他回想到他所爱的这些对象是凡俗的、变灭的，他的爱所攫取的只是一些泡影，很快地对事物发生厌恶，因为这些事物不是真正爱的对象，也不是我们的'好'，也不是我们所追求的东西。而在更高的世界里，我们找到了真正的爱的对象，当我们抓住了、掌握了这种对象时，我们便有可能与它结合为一体，因为它并不是被挂着血肉的。看到过这种爱的对象的人，是知道我所说的话的真理的，他知道灵魂如何在走向这个真理，接近并且分享这个真理时，便获得了一个新生命，因而在它的新情况中得知真正的生命的给予者在它以外，得知它不需要任何别的东西。而这样一个人也知道，我们应当抛开其余的一切，只是常住在爱的对象里，只是变成这个对象，剥去裹在我们身上的其余的一切，因此我们一定要赶快脱离这个世界上的事事物物，痛恨把我们缚在这些事物上的锁链，最后以我们的整个灵魂拥抱爱的对象，不让我们有一部分不与神接触……我们把自己就看成这个样子，不，就看成神自身。使我们燃烧起来的就是神。"[1]

普罗提诺在这里也明显有贬低世俗生活的倾向。他将世俗世界说成是"变灭的""泡影"、使人"厌恶""不是真正爱的对象"，认为应该追求"更高的世界""真爱的对象"，这些叙述实际就表明了他的"出世"与"入世"的观念。世俗世界是"挂着血肉的"，是"我们缚在这些事物上的锁链"；而"更高的世界"则是"走向这个真理，接近并分享这个真理""与神接触"的世界。

基督教产生后，在欧洲逐渐产生较大的影响。基督教神学家认为，人们生活的世界，甚至世上一切事物都是神造的。欧洲古代的神学家这方面

---

[1]《西方哲学原著选读》上卷，第217—218页。

的论述很多。奥古斯丁是较早对神造世有论述的人。

奥古斯丁在《教义手册》中说："宇宙间除了上帝之外，没有任何存在者不是由上帝那里得到存在；上帝是三位一体的——即'父'，由父而生的'子'，和从父出来的'圣灵'，这圣灵就是父与子之灵……一切事物都是由那具有至上、同等、永不改变之善的三位一体的神所造成的。"[1] 奥古斯丁这种论述将一切都纳入了上帝或神的光环之中，在他看来，没有什么事物是与神无关的。

那么，人们生活的这个世界中的罪恶又如何解释呢？人们应该如何对待这一切呢？意大利神学家，英国坎特伯雷大主教安瑟尔谟在其《宣讲》中说："但愿我能仰望着你〔上帝〕的光，不论是站在远处望到或者是在深处望到。当我寻找你的时候，盼望你指示我，把你自己向我启示，因为除了靠你指示，我不能寻找你；除了靠你自己启示，我不能找到你。让我在热望你中寻找你，让我在寻求你时热望你。让我在爱中找到你，在找到你时爱你。圣主啊，我承认并感激你，你在我身上创造出你的形象，使我可以回忆你，想你，爱你；但是，这个形象已经被恶习所毁损和消灭，被罪恶的烟雾所蒙蔽，除了由你来复新、改革外，再也不能完成它所以被创造的目的了。圣主啊，我并不求达到你的崇高的顶点，因为我的理解力，决不能和你的崇高相比拟，但我却切望在某种程度上能够理解你的那个为我所信仰所爱的真理。"[2]

在这里，安瑟尔谟实际把人们生活的世界描述为"被罪恶的烟雾所蒙蔽"，神创造的形象"被恶习所毁损和消灭"。而人们应该仰望上帝之光，盼望上帝的启示，感激、想念、热爱上帝，理解上帝所给予的真理。这些说法实际也表现出一种寻求"出世"的愿望。

托马斯·阿奎那在《神学大全》中说："神学所探究的，主要是超于人类理性的优美至上的东西，而其他科学则只注意人的理性所能把握的东西……神学的目的，就其实践方面说，则在于永恒的幸福，而这种永恒的

---

[1]《西方哲学原著选读》上卷，第219页。
[2]同上书，第240页。

幸福则是一切实践科学作为最后目的而趋向的目的。所以说：神学高于其他科学。"[1]

阿奎那的这种观点将世俗世界一般科学的地位置于神学之下，认为追求神圣的宗教神学目标是至高无上的。

欧洲文艺复兴的兴起使得许多人开始关注宗教的负面影响，开始重视世俗生活和科学，这之中表现较为突出的是荷兰思想家伊拉斯谟。

伊拉斯谟在《愚人颂》中说："撇开神学家不谈，也许是明智的。谈论这群脾气急躁、目空一切的人……把自己估计得至高无上；他们的一举一动如同已经登了天堂一样，他们用怜悯的眼光把别人看成一群蛆虫一般。他们用堂皇的定义、结论、系论以及明确与含蓄的命题筑成围墙，来保护自己。"[2] 他在《愚人颂》中还说："与教皇同等可嘉的，是一些普通神父的虔诚力量。就其圣洁的情形而论，他们并不亚于他们的领袖。他们以真正的军事姿态，用投枪、石头和武器来为什一税而战斗。他们的目光是多么敏锐，能从古代著作中找出他们所需要的东西去恫吓人们，使人们相信自己对教会所负的债比公平的什一税还要多。当然，他们忽视自己的工作才真正是对人民负了债。他们剃光的头顶并没有提醒他们应当摆脱种种世俗的私欲，应当默想天国的事。这批好人们却相反地认为，如果他们已经低声诵读那些短小的祈祷文，他们的工作就已经做得很好。"[3]

伊拉斯谟在这里用犀利的语言嘲讽了教会神父们的可笑与愚昧，表明祈祷和天堂等的说教的虚伪。他这方面的言论展示了文艺复兴时期民众对现实生活的重视和对宗教活动的蔑视。

18世纪的法国出现了不少无神论思想家，他们对于有神论进行了猛烈的批判，反对种种宗教行为，否定宗教追求目标的价值，大力肯定人们现实生活的意义。霍尔巴赫就是其中的代表人物，他是德国血统的法国人，著有《自然的体系》《社会的体系》《神圣的瘟疫》等著作。

霍尔巴赫在《社会的体系》中说："社会对于人的幸福是有益的和必

---

[1]《西方哲学原著选读》上卷，第260—261页。
[2] 同上书，第311—312页。
[3] 同上书，第314—315页。

需的；人不能独自使自己幸福；一个软弱而又充满各种需要的生物，在任何时刻都需要它自己所不能提供的援助。只有靠它的同类的帮助，它才能抵御命运的打击，才能补偿它不得不尝到的肉体上的苦难。依靠别人的鼓励和支持，人的技巧才得以发挥，人的理性才得以发扬，人才能够反对道德上的恶。"[1]

霍尔巴赫在《自然的体系》中说："很多人承认迷信所造成的种种胡作非为是非常现实的灾难；很多人抱怨宗教的流弊，但是只有很少的人见到这些流弊和灾难是整个宗教的基本原则的必然后果，而宗教本身是只能建立在人们被迫由神形成的那些令人不快的概念上面的。我们天天都看到有一些人拆穿了宗教的骗局，但是尽管如此，他们却硬说这个宗教是人民所必要的，人民没有宗教就无法克制。可是这种理论岂不等于说，毒药是对人民有益的，毒死人民以防他们滥用他们的力量是好的？岂不等于说，使人民陷于荒谬、疯癫、狂乱是有利的；必须用一些令人民头脑发昏的妄念使他们盲目，使他们服从一些狂徒或骗子，好利用他们的疯狂来骚扰世界？"[2]

霍尔巴赫的这些言论肯定了人们在现实社会中生活的合理性和必要性，批判和反驳了迷信和一些宗教所宣扬的那些超越现实社会生活所追求的目标。

四、比较分析

"出世"与"入世"问题在中西印哲学中得到不同程度的重视。三地的不同派别或思想分支在这方面的主张与其所处的思想历史背景密切相关，与各自理论体系的基本倾向有着重要的关联。在这个问题上，三地哲人有共同处，也有差别点。

---

[1]《西方哲学原著选读》下卷，第230页。
[2] 同上书，第232页。

共同处主要表现在：

第一，三地哲人在发展中在不同程度上都追求超越他们社会生活的一种理想的思想境界或超凡脱俗的状态。如古印度的人生四行期追求的是最后的解脱；佛教徒追求的是最终的涅槃境界。古代中国的道家追求一种"无为"的境界；道教追求个人长生或成仙的目的；中国佛教追求成佛或觉悟的境界。古代欧洲的神学家追求灵魂与神接触以及得到神的启示的状态。

第二，三地哲人无论如何追求"出世"的至善境界，在发展中最终都要给世俗社会留有空间。他们都不可能真的跳出自己生活的现实世界，最终的发展必定是在"入世"的过程中实现的。如古印度的大乘佛教虽然追求涅槃，但又认为即便涅槃了也不能离开世间。古代中国占主导地位的是儒家的"出世"思想，中国儒家强调"穷则独善其身，达则兼济天下"；中国佛教中的禅宗强调"不离世间觉"。欧洲的西塞罗认为上天会驱使灵魂入于肉体，要有人料理这个尘世，同时再以天上的风光贯彻到人生中来，这也是把其最终着眼点放在尘世。

第三，三地宗教色彩浓厚的派别最初一般都较强调"出世"的观念。古印度的婆罗门教和后来的印度教、佛教在最初创教时期，都有鲜明的强调"出世"的色彩。中国的道教产生时也有明显的"出世"目标。古代欧洲的神学家们也把与神接触、得到神的启示、摆脱尘世的罪恶作为目标。

差别点主要表现在：

第一，古印度哲学中对"出世"与"入世"问题的探索基本上贯穿各主要派别的发展过程，是各主要哲学派别普遍关注的一个问题。古代中国哲学相对古代印度哲学而言，对这一问题的关注没有古印度那么大，中国佛教对其较为重视，但这里面有印度佛教影响的成分，其他中国哲学派别在这个问题上论述有限。欧洲哲学对这一问题的关注程度也不如古代印度哲学，古希腊哲学在这方面就很少涉及，中世纪之后，欧洲基督教的影响变大，涉及这一问题的论述开始多起来，但总体上说，这一问题不是欧洲哲学关注的重点。

第二，古印度的思想文化，从古至今，虽也有"入世"的主张，但

"出世"的思想占据主导地位,这在古印度的几大主要宗教派别中都是如此。而古代中国,"入世"的思想占据主导地位,不仅儒家的主导思想是如此,道教和佛教中的"入世"思想后来也很突出。在欧洲,"入世"的观念没有古代中国的影响大;"出世"的观念则没有古代印度的影响大。

第三,古代中国文化中对"出世"与"入世"观念的处理较为恰当,对社会发展的积极作用明显。古代印度中虽也讨论这一组概念,但相对来说"出世"的观念较为突出,这虽然对于抑制人的贪欲有一定作用,但无法鼓励民众积极进取,也有一些负面作用。欧洲哲学关注"出世"与"入世"问题相对少些,欧洲近代的科学和社会民主观念较为发达,是明显鼓励民众积极参与社会进步与发展活动的。

总体上说,"出世"与"入世"观念是中西印哲学中涉及的重要问题。三地哲人在这个问题上的看法展示了他们理论的重要特色,各思想流派或不同哲人在这方面的观念与他们的基本理论倾向有较大关联。梳理和分析这方面的内容,对我们了解东西方哲学的主要思想特征和基本发展脉络有积极意义。

第十八章　中西印哲学的"心识"观念

汉语中"心"与"识"两词常混用，有时分开，有时相合而称为"心识"，在多数场合，两词的含义是相同的。一些外国哲学中的重要概念也译成"心"或"识"，但其对应的外文词往往不止一种。在中国哲学、印度哲学和欧洲哲学中，围绕"心识"概念也常常形成不少重要理论。本章对这三个古代文明重要发展区域的"心识"观念进行梳理，探讨东西方哲学在这方面所具有的重要思想特色。

一、古代印度的"心识"观念

古代印度哲学中提出的"心识"概念有多种含义。汉语"心"或"识"译自一些不同的梵语词，其中主要的有四个，即"citta""hṛdaya""manas"和"vijñāna"。

"citta"的汉文一般音译为"质多"等，它通常是意识或精神的总称，其主要含义有时指能积集各种意识或精神作用的心的自体，有时指积集各类种子产生诸法的某种实体。佛典中这样的实例不少，如《华严经》（佛陀跋陀罗译本）卷第二十五说："三界虚妄，但是心作，十二缘分，是皆依心。"[1] 此处说的"心"指意识，有人将这"心"理解为一种实体。中观派著作《大智度论》卷第二十九说："三界所有，皆心所作。"[2] 此处说的"心"指意识，这种意识在形式上也带有一些实体的意味。

"hrdaya"的音译很多，如"汗栗驮""干栗多"等，它的主要意思是心脏、中心、核心、精髓等。这一词在汉译佛典中也较多意译成"心"。《大毗卢遮那成佛经疏》卷第十二说："此心之处，即是凡夫内（肉）心，最在于中，是汗栗驮心也。"[3] 此处的"汗栗驮心"指心脏。《般若波罗蜜多心经》经名中的"心"一字，其含义是从心脏这一含义演化出来的，它主要指核心或精髓。

"manas"一词汉文一般音译为"末那"，意译则通常译为"意"，有时意译为"心"。印度宗教哲学文献中有这类例子，如《金七十论》卷中说："能分别为心，根说有两种者，心根有二种，分别是其体。云何如此？此心根若与知根相应，即名知根。若与作根相应，即名作根。"[4] 这里说的"心"是印度古代宗教中设想的一种人的内部器官，因而称为"心根"，它的作用是能分别。这种"心根"可以分别与五知根（眼、耳、鼻、舌、皮）或五作根（发声器官、手、足、排泄器官、生殖器官）配合，产生某些生命功用，进行具体的"分别"。这一词在佛教中也被译成"识"，如意识或末那识等。

"vijñāna"一词最常见的汉文意译为"识"，但有时也被译为"心识"，音译则有"毗阇那""毗若南"等。它的一般意义是指对事物或外境的认识、识别或了别等，这一词也经常与"citta"一词混用。《大乘理趣六波罗蜜多经》卷第十说："集起说为心，思量性名意，了别义为识，是故说唯心。"[5] 这里说的"唯心"与"唯识"含义是一样的。

以上这些概念从广义上说都是指人的意识、思想、精神或有关的

---

[1]《大正藏》第 9 册，第 558 页。
[2]《大正藏》第 25 册，第 276 页。
[3]《大正藏》第 39 册，第 705 页。
[4]《大正藏》第 54 册，第 1252 页。
[5]《大正藏》第 8 册，第 911 页。

载体。

从产生时间上说,"吠陀"中就有相关的思想观念。如《梨俱吠陀》第 10 节 58.1—12 中的"意神赞"中说:"汝之末那,已经离开,到达遥远,阎摩境内。吾人使之,退转归来,长享生活,在斯人间。汝之末那,业已离开,到达遥远,上天下地;吾人使之,退转归来,长享生活,在此人间。"[1]

这里说的"末那",实际上是一个轮回主体,这一主体不是物质性的,应该是带有某些精神性质的主体。只是"末那"一词后来不再主要指轮回主体,而是主要指一种"识"的种类和人身体内部的器官,常常被汉译成"心"。

"心"与"识"混用的情况在佛教中出现较多。佛教的"十二因缘"里的"识"是一个较复杂的概念,从轮回方面来说,这一概念后来常被解释成一种轮回的主体。佛教的一个基本原则是无我论,否定有一个实在的主体,否定婆罗门教中说的"阿特曼",但讲轮回在逻辑上又不能没有轮回的主体,因而佛教又找出许多替代的概念,"识"是这些概念中的一个。不少佛典在讲轮回时,实际是将"识"作为其中的主体。佛教虽然将"识"实际作为轮回的主体,但明确反对将其解释为"阿特曼",也反对将"识"作为实有之体。

印度大乘佛教时期,"心"或"识"被视为重要概念,论述它的佛典随之也多了起来。

《维摩诘所说经》卷上说:"若菩萨欲得净土,当净其心,随其心净,则佛土净。"[2] 在这里,此经就把"心"视为一个主导一切的概念。

华严类经中的一些表述是早期大乘经中较突出讲"心识"作用的。八十卷本的《华严经》卷第三十七说:"三界所有,唯是一心……十二有支,皆依一心。"[3] 这些论述中的"心"从字面上来看,就是一个事物本体。

---

[1] 巫白慧:《印度哲学——吠陀经探义和奥义书解析》,东方出版社,2000 年,第 72 页。
[2] 《大正藏》第 14 册,第 538 页。
[3] 《大正藏》第 10 册,第 279 页。

关于"心"或"识"的种类，早期与部派佛教一般讲"六识"，即眼识、耳识、鼻识、舌识、身识、意识。《杂阿含经》卷第十二说："云何为识？谓六识身：眼识身、耳识身、鼻识身、舌识身、身识身、意识身。"[1] 这些识基本是对与各身体器官相关的意识做的区分。

大乘佛教又有八识的区分，在先前佛教六识基础上加了两种识，即末那识和阿赖耶识。《唯识三十论颂》说："由假说我法，有种种相转。彼依识所变，此能变唯三，谓异熟、思量及了别境识。"[2] 这里说的"了别境识"就是指前六识，"异熟"指阿赖耶识，"思量"识指末那识。

关于前六识，《唯识三十论颂》说："差别有六种，了境为性相。"[3] 所谓"了境为性相"，意即六识的作用是为了"了境"。了什么境呢？眼以色为境，耳以声为境，鼻以香为境，舌以味为境，身以触为境，意以法为境。也就是说，六识可以分别把握属于自己认识范围内的东西。

关于第七末那识，《唯识三十论颂》说："次第二能变，是识名末那，依彼转缘彼，思量为性相。"[4] 文中所谓"彼"指"阿赖耶识"，"依彼转"意为"末那识"要依靠"阿赖耶识"产生和运作，"缘彼"意为"末那识"要以"阿赖耶识"为认识或作用对象；末那识的性相是进行"思量"，它主要把"阿赖耶识"思量为"我"，并伴随着四种关于"我"的"烦恼"。《唯识三十论颂》说："四烦恼常俱，谓我痴我见，并我慢我爱。"[5] 按照瑜伽行派的看法，人的烦恼的形成与第七识有关。

关于第八阿赖耶识，《唯识三十论颂》说："初阿赖耶识，异熟一切种。"[6] 所谓"异熟"是第八识的另一个名称，所谓"一切种"也是指第八识。其意是说，第八识是藏有一切事物种子的识，各种事物作为结果可以由这些种子后来成熟时产生。

在这八识中，阿赖耶识最为重要。《成唯识论》卷第二在谈到此识时

---

[1]《大正藏》第2册，第85页。
[2]《大正藏》第31册，第6页。
[3] 同上。
[4] 同上。
[5] 同上。
[6] 同上。

说:"此识具有能藏、所藏、执藏义故……能引诸界趣生善不善业异熟果故,说名异熟……此能执持诸法种子令不失故,名一切种。离此余法能遍执持诸法种子不可得故。""阿赖耶识因缘力故,自体生时内变为种及有根身,外变为器。即以所变为自所缘,行相仗之而得起故。"[1] 这里说的"能藏"指阿赖耶识能藏有事物的种子,"所藏"指阿赖耶识是一切事物种子的所藏之处,"执藏"指阿赖耶识常被第七识执为"我",使人产生虚假不实的观念。这些论述鲜明地显示了阿赖耶识在诸识中的重要地位。

瑜伽行派认为"心"或"识"是一切的根本,无论是认识的主体,还是认识的对象,或是对认识的证知,都是识自身的作用。此派中对此有"四分"的理论,这种理论将认识的主体或能缘取方面称为"见分";将认识的对象或所缘取的方面称为"相分";将认识的自体对"见分"作用于"相分"的证知活动称为"自证分";将认识自体对"自证分"作用的"证知"称为"证自证分"。在论及这四分时,《成唯识论》卷第二说:"然有漏识自体生时,皆似所缘能缘相现,彼相应法应知亦尔,似所缘相说名相分,似能缘相说名见分……相分是所缘,见分名行相,相见所依自体名事,即自证分……复有第四证自证分。此若无者,谁证第三?心分既同,应皆证故。又自证分应无有果,诸能量者必有果故……第三能缘第二第四,证自证分唯缘第三,非第二者,以无用故,第三第四皆现量摄。故心心所四分合成,具所能缘,无无穷过,非即非离,唯识理成。"[2] 这种"四分"的理论具体来说,是由瑜伽行派中的著名论师护法所提出的。由此可知,瑜伽行派认为,在认识形成的各个环节中,都是"识"在起作用。因而瑜伽行派大力弘扬"一切唯心"或"万法唯识"的理论。

瑜伽行派把一切事物的根源都看作"心"或"识"的变现,那么在此派中是否这"心"或"识"就是万有的真实实体?或是唯一实在的事物本体呢?瑜伽行派对此有论述。《成唯识论》说:"为遣妄执心,心所外

---

[1]《大正藏》第31册,第7—11页。
[2] 同上书,第10页。

实有境故，说唯有识。若执唯识真实有者，如执外境，亦是法执。"[1] 我们可以看出瑜伽行派的重要观点：外境只是人们虚妄认识的产物，从这个意义上说，这种心或识是一切事物产生的因；但这并不等于说有一实有的作为事物最高本体或实体的心识，这心识也不过是为了遣除对外境的妄执而说的，若将其看作实在的，就和执着于外境没什么不同了。这样来看，瑜伽行派的基本思想与大乘主要经典和中观派强调的"性空"思想没有本质差别。

在古印度后出的一些大乘经中，也有关于"心识"的论述，如《胜鬘经》《大般涅槃经》《楞伽经》等就属于这类经典。

《胜鬘经》论述了"如来藏"的概念。它对"如来藏"的表述中包含了"心性本净"等思想，认为"如来藏"是众生的自性清净心，但通常被众生的贪、瞋、痴等烦恼所遮覆，如果消除了这种遮覆，就能复归本净的心性，即可成佛。

《大般涅槃经》讨论的重点是众生有无佛性的问题。它实际上涉及了"心性"问题，在解决了"心性本净"和"自性清净心"的问题后才能解决"众生悉有佛性"的问题。因而该经实际也牵扯到了"心识"观念。

《楞伽经》中提到了"如来藏""自性清净心""阿赖耶识"等，这些都是与"心识"有关的重要概念。

古印度还有其他一些派别表达了有关"心"或"识"的概念。如胜论派、正理派和弥曼差派提出的"阿特曼"（我）的概念，是一种精神或意识的主体，认为人的精神或生命现象由这阿特曼主导。数论派的"神我"也是精神性的主体，它与作为物质实体的"自性"结合后，自性中就具有了意识现象。阿特曼、神我等概念虽然没有以"心"的名义展现精神现象，但实际都是被当作精神或意识现象的一个载体或实体。

吠檀多派中的梵与我也是与精神或意识现象有关的概念。此派中也有作为生命现象主体的"阿特曼"，但又认为这阿特曼其实就是梵，没有离开梵而独立存在的阿特曼（小我）。因而，在吠檀多派中，精神或意识现

---

[1]《大正藏》第31册，第6页。

象的真正主体是梵或大我。

古印度也有一些派别反对佛教的"唯识"或"唯心"的思想。如吠檀多派思想家摩陀婆在解释《梵经》第2节2.30时说:"世界并非仅仅是思想的一种样式,因为没有人根据其经验而感到是这样。"[1]《梵经》第2节2.31则认为:"识不能成为熏习的蕴藏处,因为根据你们佛教的说法,一切都是刹那生灭的。"[2] 数论派的重要经典《数论经》第1节42说:"根据对外部事物的洞察可知,世界并非仅仅是识。"[3]

尽管印度佛教内外都有反对"唯识"或"唯心"的观念,但佛教的"一切唯识"或"万法唯心"的思想在古印度还是成了一种影响极大的思想,它是佛教后来在发展中占主导地位的理论形态。以瑜伽行派唯识理论为主的古印度"心识"观念传出了本土,成为亚洲不少流传佛教的国家的一种重要哲学理论。

二、古代中国的"心识"观念

古代中国哲学也讨论"心识"的问题。在这之中,孟子是较早论述相关概念的哲人,而唐代佛教的唯识宗和宋明哲学中的"心学"则是中国文化中论述"心识"最为突出的。

孟子说的"心"有时指精神现象或意识,有时指人的天赋本性。

在他的言论中有不少关于"心"指人精神现象或意识的事例。如《孟子·告子上》第十五章说:"耳目之官不思,而蔽于物。物交物,则引之而已矣。心之官则思。思则得之,不思则不得也。此天之所与我者。"[4] 这里的"心"就是指思想或意识。在孟子看来,眼耳等器官不能思想,能被物体所遮蔽,和物接触只能被引导到一处。心能思想,思想会有所

---

[1] 姚卫群编译:《古印度六派哲学经典》,第293页。
[2] 同上。
[3] 同上书,第174页。
[4] 《中国哲学史教学资料选辑》上册,第105页。

得,不思想则无所得。这是上天赋予人的功能。

"心"指人精神或意识现象的情景还可举出一例。如《孟子·滕文公上》第四章说:"劳心者治人,劳力者治于人;治于人者食人,治人者食于人。"[1]这里说的"心"也是指思想活动或意识活动。孟子认为从事脑力劳动(精神或意识活动)的人统治别人;从事体力劳动的人被人所统治。被人统治者要供养别人,统治别人的则受别人供养。孟子这种思想千百年来在中国读书人中影响极大。

"心"指人的天赋本性的情景也有实例,如孟子曾提出恻隐之心(不忍人之心)、羞恶之心、恭敬之心(辞让之心)、是非之心。《孟子·公孙丑上》第六章说:"无恻隐之心,非人也;无羞恶之心,非人也;无辞让之心,非人也;无是非之心,非人也。恻隐之心,仁之端也;羞恶之心,义之端也;辞让之心,礼之端也;是非之心,智之端也。人之有是四端也,犹其有四体也……凡有四端于我者,知皆扩而充之矣,若火之始然,泉之始达。苟能充之,足以保四海;苟不充之,不足以事父母。"[2]

孟子在这里将恻隐之心、羞恶之心、辞让之心、是非之心作为仁、义、礼、智这些人的良好秉性的主要表现。认为这四种心对于人来讲就像人的四体一样是不能与人分离的。人如果有这四种心充实自己,就能够保四海;而如果不以这四心充实自己,就不足以侍奉父母。如果没有这样的四种心,就不属于人。

由此可知,孟子说的"心",并不完全是广义上的精神现象或意识现象的主体或实体,还指作为人天赋本性的道德伦理和行为准则。这后来成为中国哲学所探讨的基本问题,对此后的中国哲人有重要影响。

除孟子之外,战国中后期出的论文集《管子》中也有关于"心"的一些内容,特别是这些论文集中的《心术上》中有具体的论述。如《管子·心术上》说:"心之在体,君子位也。九窍之有职,官之分也。心处其道,九窍循理。"[3]

---

[1]《中国哲学史教学资料选辑》上册,第98页。
[2] 同上书,第94页。
[3] 同上书,第121页。

这意思是说：心是统领耳、目等九窍的。心在人的身体之中，是居于统领（君）地位的，九窍则各有其分管的功能。心如能够进入正轨，进行主导指挥，则九窍也就能各司其职，遵循其功能，发挥作用。这里说的"心"主要指主导思想或精神的身体器官。

佛教在中国流传极为广泛，在中国形成了许多宗派，在这之中，较为关注"心识"问题的是唯识宗。唯识宗的代表人物是玄奘（600—664）和其弟子窥基（632—682）。

玄奘在古印度留学十余年，回国后翻译了大量重要的印度佛教文献。但在众多的印度佛教思想中，他主要弘扬的是印度的瑜伽行派，这与他最初去印度是在那烂陀寺向戒贤学习瑜伽行派有关，也与他去印度时印度佛教主要流行的是瑜伽行派有关。瑜伽行派也确实代表了印度佛教发展高峰期的思想精髓。玄奘翻译了大量的印度佛教典籍，在瑜伽行派的文献方面，他主要翻译了《瑜伽师地论》等佛典，并编译了《成唯识论》，这对唯识思想在中国的传播起了极大的作用。

窥基十七岁时出家，一直追随玄奘，但参加翻译的时间不是很早，而且主要以注释玄奘翻译的佛典等著称。窥基的主要著作有：《成唯识论述记》《大乘法苑义林章》《唯识二十论述记》等多种。他的著作对中国唯识宗的形成和发展起了重要作用。

"心"或"识"的思想是唯识宗探讨的基本观念，这方面的内容最初来自印度的瑜伽行派。对"心"或"识"的看法无论是在印度还是在中国一直有多种。中国南北朝时的摄论师就曾主张在瑜伽行派的"八识"之外再立第九识——"阿摩罗识"，唯识宗对此种说法并不认同，他们仍主张"八识"之说，认为第八识是一种"染净依"，识中有"染"的部分，也有"净"的部分。唯识宗要求通过修习使识由"染"向"净"转化，此即所谓"转依"，具体过程就是使"识"由进行虚妄的"分别"转变为"无分别"。这也就是要使人由"迷"转"悟"，使识由"染"转"净"，看到"我"与"法"的不实，不执着于"外境"，这样就可达到

"真如"，可以成佛。[1] 窥基在《大乘法苑义林章》中的"唯识章"里分析"识"时，提出一种五重唯识观，即遣虚存实识（把"遍计所执"的虚妄去除，留下"依他起"和"圆成实"，认识诸法的事相和理）、舍滥留纯识（认识到诸法的事理不离内识，在唯识四分中，舍相分，留其余三分）、摄末归本识（认识到见分和相分都是识体的作用，它们是"末"，而识体为"本"。见、相二分在识体上本无分别）、隐劣显胜识（要隐的是心所，要显的是心王。心所劣，心王胜）、遣相证性识（去除各种虚妄之相，包括对心王之识相的执着，证悟唯识之性）。[2] 慈恩宗力图通过这五种层次的唯识观，使有分别的"识"转变成无分别的"智"。

宋明时期出了不少讨论"心"的哲学家，张载是出现较早的一位。张载在《大心篇》中说："大其心则能体天下之物；物有未体，则心为有外。世人之心，止于闻见之狭。圣人尽性，不以见闻梏其心，其视天下无一物非我。孟子谓尽心则知性知天，以此。天大无外，故有外之心不足以合天心。见闻之知，乃物交而知，非德性所知；德性所知，不萌于见闻。"[3]

这段话里说的"心"主要是指人的认识，意思是说：扩大人的认识能力则能体悟天下之物；事物有未认识体悟到的，那是因为人的认识与外物没有合一。世俗之人，认识局限于耳闻目见的狭隘认识。圣人能充分发挥自心认识事物的本性，认识不受耳闻目见的局限，所看到的天下事物没有一件是其所不能把握的。孟子说，充分发挥自心认识事物的能力则能认识事物的本性和认识天。天是广阔无边的，因此，与外物没有合一的心是不足以认识天道的。耳闻目见的认识是感官与外物接触获得的认识，不是天德良知。天德良知不是耳闻目见所获得的。张载在这里强调了人的认识要与外物合一才能认识事物，但又强调耳目等感觉器官不能认识天德良知这种最高层次的知识。这种观念从意识到人的认识有局限性方面来说有一定积极意义，但对感官在认识中的局限性又有些过于夸大。

程朱理学中也涉及"心"的观念。如程颐在《遗书》卷十八中说：

---

[1] 参考吕澂：《中国佛学源流略讲》，中华书局，1979年，第188—191页。
[2] 参考中国佛教协会编：《中国佛教》第一辑，知识出版社，1980年，第298页。
[3] 《中国哲学史教学资料选辑》下册，第35页。

"问:'心有善恶否?'曰:'在天为命,在义为理,在人为性,主于身为心。其实一也。'"[1] 在这里,程颐将"心"与"命""理""性"看成本质上有一致之处的东西,都是根本,而区别在于场合不同,故称谓不同。在说"天"时称其为"命",在说"义"时称其为"理",在说"人"时称其为"性",在说身体的主宰时称其为"心"。这些都是有关现象中的主导者。因而,在程颐那里,他所特别关注的"理",在人的身体中主导生命现象时被称为"心"。

程颐虽然认为心与理有一致之处,但还是对二者有所区分。他在《遗书》卷二十一下中说:"天有是理,圣人循而行之,所谓道也。圣人本天,释氏本心。"[2]

由此可以看出,在程颐那里,理是最重要的,因为圣人是依理而行,将天作为根本,遵循天理也就是遵循道,而佛教则是将人的心作为根本。他的学说与佛教学说是有区别的。

朱熹是理学大家,他不仅重视对"理"的探讨,而且也论述了"理"与"心"的关系。朱熹在《朱子语类》卷九中说:"一心具万理,能存心而后可以穷理。心包万理,万理具于一心。不能存得心,不能穷得理;不能穷得理,不能尽得心。"[3]

在这里,朱熹是很重视"心"的,认为离开"心"也就无所谓"理"。他认为万理是存在于心中的,但又说若不能穷理,则也不能完全得到心。

朱熹对"心"也是有所区分的。他在《四书章句集注》中说:"盖尝论之,心之虚灵知觉,一而已矣。而以为有人心道心之异者,则以其或生于形气之私,或原于性命之正,而所以为知觉者不同,是以或危殆而不安,或微妙而难见耳。然人莫不有是形,故虽上智不能无人心;亦莫不有是性,故虽下愚不能无道心。二者杂于方寸之间,而不知所以治之,则危者愈危,微者愈微,而天理之公,卒无以胜夫人欲之私矣。精则察夫二者

---

[1] 《中国哲学史教学资料选辑》下册,第83页。
[2] 同上书,第85页。
[3] 同上书,第110页。

之间而不杂也,一则守其本心之正而不离也。从事于斯,无少间断,必使道心常为一身之主,而人心每听命焉,则危者安,微者著,而动静云为,自无过不及之差矣。"[1]

朱熹在这里将"心"区分为"人心"和"道心",人心生于形气之私,而道心生于性命之正,他认为根据人的知觉的差别,有人心者危殆而不安,有道心者微妙而难见。他希望使道心常为一身之主,而人心听命,这样就"危者安,微者著"。

朱熹在《朱子语类》卷十三中说:"人之一心,天理存,则人欲亡;人欲胜,则天理灭,未有天理人欲夹杂者。学者须要于此体认省察之。"[2]

在朱熹看来,人心的转变是最为关键的。在心之中,若存天理,则人欲亡;若人欲在心中占据主导地位,则天理就灭了。

陆九渊是宋代心学的代表人物,他继承和发展了程朱理学中有关理与心的思想,特别强调心的作用。陆九渊在《杂说》中说:"宇宙便是吾心,吾心即是宇宙。千万世之前,有圣人出焉,同此心同此理也。千万世之后,有圣人出焉,同此心同此理也。""人心至灵,此理至明。人皆有是心,心皆具是理。"[3]

这里陆九渊将宇宙等同于心,实际上是要突出心的作用。然后又说"人皆有是心,心皆具是理",即这理是在心中的,因而心是起主导或决定作用的。这与程朱的理与心关系的说法有一定差别。

陆九渊也继承了孟子的学说,将其"心"的理论与孟子说的"四心"(四端)联系起来。他在其《语录》中说:"孟子当来,只是发出人有是四端,以明人性之善,不可自暴自弃。苟此心之存,则此理自明,当恻隐处自恻隐,当羞恶、当辞逊,是非在前,自能辨之。"[4]

陆九渊认为只要有这心,理就能够自明,这也是把心放在了第一位。

王守仁是明代"心学"的代表人物,他对程朱理学、陆九渊的心学进

---

[1]《中国哲学史教学资料选辑》下册,第88页。
[2] 同上书,第111页。
[3] 同上书,第129页。
[4] 同上书,第131页。

一步整合,提出了其关于"心"的理论。他在《大学问》中说:"人惟不知至善之在吾心,而求之于其外,以为事事物物皆有定理也。而求至善于事事物物之中,是以支离决裂,错杂纷纭,而莫知有一定之向。今焉既知至善之在吾心,而不假于外求,则志有定向,而无支离决裂错杂纷纭之患矣;无支离决裂错杂纷纭之患,则心不妄动,而能静矣。心不妄动而能静,则其日用之间,从容闲暇而能安矣。能安则凡一念之发,一事之感,其为至善乎?其非至善乎?吾心之良知,自有以详审精察之而能虑矣。能虑则择之无不精,处之无不当,而至善于是乎可得矣。"[1]

王守仁在这里认为至善或理是在人心中,认为这至善是"不假外求"的,因而心不妄动就可以获得至善或理了。在《传习录》上篇中,王守仁又说:"心即理也,此心无私欲之蔽,即是天理,不须外面添一分。以此纯乎天理之心,发之事父便是孝,发之事君便是忠,发之交友治民便是信与仁,只在此心去人欲存天理上用功便是。"[2]

在他看来,这不被私欲蒙蔽的心,就是天理。他的这种主张与陆九渊类似,也是把心放在最高位置,理是存在于心中的,认为只要能在心中去除私欲,即可获得天理。

三、欧洲的"心识"观念

古希腊时期就有哲人论及"心识"问题,如阿那克萨戈拉在《论自然》中说:"别的事物都具有每件事物的一部分,而心则是无限的、自主的,不与任何事物混合,是单独的、独立的。因为它如果不是独立的,而是与某物混合的,那么由于它与某物混合,它就要分有一切事物;因为我已经说过每一事物都包含每一事物的一部分,与它混合的东西会妨碍它,使它不能象在独立情况下那样支配一切事物。因为它是万物中最细

---

[1]《中国哲学史教学资料选辑》下册,第210页。
[2] 同上书,第189页。

的，也是最纯的，它洞察每一件事物，具有最大的力量。对于一切具有灵魂的东西，不管大的或小的，它都有支配力。而且心也有力量支配整个涡旋运动，所以它是旋转的推动者。这旋转首先从某一小点开始，然后一步一步推进。凡是混合的、分开的、分离的东西，全都被心所认识。将来会存在的东西，过去存在过现在已不复存在的东西，以及现存的东西，都是心所安排的……每一个心都是一样的，无论大小……心开始推动时，运动着的一切事物就开始分开；心推动到什么程度，万物就能分开到什么程度。这个涡旋运动和分离作用同时又造成了事物更强烈的分离。这永远存在的心，也确实存在于每一个其他事物存在的地方，存在于环绕着的物质中，存在于曾经与那个物质连在一起、又从那里分离出来的东西中。"[1]

阿那克萨戈拉在这里说的"心"（νους），音译为"奴斯"，指一种精神性的东西。[2] 它永恒存在，是无限的，是最细最纯的东西，具有支配和推动一切的力量，也可以安排一切。它可以支配一切具有灵魂的东西。

希腊原子论者德谟克利特也论及了"心"。亚里士多德在《论灵魂》中说："德谟克里特说，灵魂和心是一回事。它是原始的、不可分的物体。由于它的精细和它的形状，它有产生运动的能力。最能运动的形状是球形，这就是心和火的形状。"[3]

在德谟克利特这里，心与灵魂等同了起来。灵魂一般被视作生命的本原，而心一般被视作认识的主体，德谟克利特将二者看成一回事，这也就将生命本体和认识主体合二为一了，但这只是他一家的说法。

在欧洲哲学中，有一些哲人提出"心灵"的概念。这个概念实际是一种介于灵魂和心之间的概念，它有时被作为灵魂使用，有时被作为认识或精神的主体使用。

斯多葛派的一些哲人也曾论及"心灵"。如在《著名哲学家的生平和学说》中记述斯多葛派认为："知觉的过程与结果是有区别的。后者是心中的像，可以在睡眠里出现，前者是在心灵中印上某样东西的活动，是一

---

[1]《西方哲学原著选读》上卷，第39—40页。
[2] 同上书，第39页。
[3] 同上书，第52页。

个变化过程,如克吕西普在他的《论心灵》的第二篇中所说明的。他说,我们不要把'印象'照直了解为印章所打的印,因为不能设想有很多这样的印象会在同一时间出现于同一地点。所谓知觉,乃是来自真实对象的东西,与那个对象一致,并且是被印在心灵上,被压成一定形状的,如果它来自于一个不真实的对象,就不会是这样。"[1]

在这里,斯多葛派说的"心灵"就是一个认识的主体,真实外物的印象可以印在那心灵上。这种心灵与一些宗教中说的可以转世再生的灵魂是不同的,但也有一些宗教中说的灵魂不仅可以转世,而且也是认识或精神现象的主体或载体。

新柏拉图派则提出了一种"心智"的概念。普罗提诺在其著作《九章集》中说:"实在的存在既有生命,又有心智,因为它并不是无生命的尸体。因此它是多。如果心智是实在的存在,它就必须是多。如果它包含着观念,它就更是多……心智不能是第一性的。这一点根据以下的考察,也是很明白的:心智必定在思想中,而心智所观察的对象既是最好的而同时又不在它自身之外,所以它的思想的对象先于它自身。""心智既然象'太一',现在它就效仿'太一',喷出巨大的力量来。这个力量是它自身的一种特殊形式,正如那先于它的本原所喷出来的一样。这种由本质里发出来的活动就是灵魂,灵魂的产生并不需要心智变化或运动……但是灵魂并不创造,它是常住不变的,只是在变化和运动中产生一种形相。灵魂在观看它的存在的来源时,是充满着心智。"[2]

新柏拉图派的这种叙述将心智与观念、灵魂区分开,但这三者是密切相关的,心智包含观念,灵魂则在观看其来源时充满了心智。这样看来,在新柏拉图派中,这种心智也是一种不同于灵魂的精神性的实在。

基督教神学家也常常谈到"心",这心一般就是指人的思想。如安瑟尔谟在他的《宣讲》中说:"有一种不可设想的无与伦比的伟大的东西,它就不能仅仅在心中存在,因为,即使它仅仅在心中存在,但是它还

---

[1]《西方哲学原著选读》上卷,第180页。
[2] 同上书,第211—217页。

可能被设想为也在实际上存在,那就更伟大了。"[1]

这种本体论证明中的"心"就是指人的思想。

不少欧洲哲学家经常将"心灵""灵魂"和"精神"混用。如荷兰哲学家伊拉斯谟在其《愚人颂》中说:"大多数人把财富放在第一位,把肉体的欢乐放在第二位,而以末位给予灵魂,然而其中一大部分人由于肉眼看不见灵魂,是并不相信灵魂的存在的。与此大不相同,教徒们异口同声地首先把他们的心意献给上帝本身,献给这一切存在中最纯粹的存在;其次献给耶稣基督以及尽可能与他接近的东西,即灵魂。""在心灵的感情和冲动中,有的同肉体有更多关系,如色欲、贪馋和贪睡、忿怒、骄傲、嫉妒。虔诚教徒们同这些感情进行着不可调和的斗争……由于减轻了肉体的重担,精神甚至可以上升到分享天恩的境地。"[2]

在这段引文中,"心灵""灵魂"和"精神"的意思是相近的,它们有生命主体或精神主体的含义,也有精神本身的含义。

笛卡尔(1596—1650)是法国著名哲学家,他涉及"心"或"识"的主要观念是"我""思想"和"心灵"。笛卡尔最著名的哲学观点是所谓"我思故我在"。他在《谈谈方法》中说:"当我愿意像这样想着一切都是假的的时候,这个在想这件事的'我'必然应当是某种东西,并且觉察到'我思想,所以我存在'这条真理是这样确实,这样可靠,连怀疑派的任何一种最狂妄的假定都不能使它发生动摇,于是我就立刻断定,我可以毫无疑虑地接受这条真理,把它当作我所研求的哲学的第一条原理。然后,我就小心地考察我究竟是什么,发现我可以设想我没有身体,可以设想没有我所在的世界,也没有我所在的地点,但是我不能就此设想我不存在……我是一个实体,这个实体的全部本质或本性只是思想,它并不需要任何地点以便存在,也不依赖任何物质性的东西;因此这个'我',亦即我赖以成为我的那个心灵,是与身体完全不同的,甚至比身体更容易认识,纵然身体并不存在,心灵也仍然不失其为心灵。"[3]

---

[1]《西方哲学原著选读》上卷,第241页。
[2] 同上书,第317—318页。
[3] 同上书,第368—369页。

笛卡尔在这里把"我"与"思想"紧密地联系在一起，我的本质就是思想，而我在思想则能证明我的存在。这里的我也就是人心中的心灵，而这些（我、思想、心灵）的实在性，按他的说法，要高于身体以及其他的物质性的东西。

笛卡尔在《第一哲学沉思集》中说："我也确实有想像的能力；因为虽然我想像出的那些东西有可能（像我以前假设的那样）不是真的，可是这种想像的能力仍然不失为真实存在于我之中，构成我的思想的一部分。"[1]

笛卡尔在这里不仅认为我实在，也认为我的思想（想象）也是实在的。

在该书中，笛卡尔还说："在这些观念中间，我觉得有一些是我天赋的，有一些是从外面来的，有一些是我自己制造出来的。因为我具有一种能力来设想我们一般地称为事物、真理或思想的东西，所以我觉得我的这种力量不是从别处来的，只是来自我自己的本性。"[2]

笛卡尔此处把自己的观念分为三类，即天赋的、外来的和自己制造的，这样，他实际承认有些观念不是正确的。但却认为他产生观念的力量不是从别处来的，而是自己的"我"的本性。

欧洲哲学家在讨论心或人的认识时，也常常讨论心与对象的关系。笛卡尔重视所谓"我"和思想，而对外物则远没有这般重视，认为可以设想没有"我"所在的世界，认为"我"或思想要高于身体以及其他物质性的东西。但并不是所有欧洲哲学家都持此种观点。

英国哲学家霍布斯就与笛卡尔的观点不同。他在《论物体》中说："这个东西，由于它有广延，我们一般称它为物体；由于它不依赖我们的思想，我们说它是一个自己存在的东西；它也是存在的，因为它在我们之外，最后，它又被称为主体，因为它是如此地被放在想像的空间里面，并且从属于想象的空间，因而可以为感觉所知觉，并且为理性所了解。所

---

[1]《西方哲学原著选读》上卷，第370页。
[2] 同上书，第374页。

以，物体的定义可以这样下：物体是不依赖于我们思想的东西，与空间的某个部分相合或具有同样的广延。"[1]

霍布斯的观点否定了事物都依赖于思想或认识主体（我）的理论。

英国哲学家洛克对认识的问题有大量见解。他在《人类理智论》中说："我们就假定心灵像我们所说的那样，是一张白纸，上面没有任何记号，没有任何观念。心灵是怎样得到那些观念的呢？它是从哪里获得由人们的忙碌而不受约束的幻想以几乎无限多的花样描画在它上面的那许多东西的呢？它是从哪里得到理性和知识的全部材料的呢？我用一句话来答复这个问题：是从经验得来。我们的全部知识是建立在经验上面的；知识归根到底都是导源于经验的。我们对于外界可感物的观察，或者对于我们自己知觉到、反省到的我们心灵的内部活动的观察，就是供给我们的理智以全部思维材料的东西。这两者乃是知识的源泉，从其中涌出我们所具有的或者能够自然地具有的全部观念。"[2]

洛克的理论将认识或思想的源泉建立在对外部世界或事物的感觉的基础之上，这和笛卡尔的理论完全不同。霍布斯否定了外部事物依赖于人的思想的理论，而洛克则明确认为人的认识依赖于对外部事物的经验。

德国哲学家莱布尼茨（1646—1716）则反对洛克的学说。他在《人类理智新论》序中说："心灵本身是否像亚里士多德和《理智论》作者所说的那样，是完完全全空白的，好像一块还没有写上一个字的板；是否在心灵上留下痕迹的东西，都是仅仅从感觉和经验而来，还是心灵原来就包含着一些概念和学说的原则，外界的对象只是靠机缘把这些原则唤醒了。我和柏拉图一样持后面一种主张……有些真理更有别的基础。因为如果某些事件我们在根本未作任何试验之前就能预先见到，那就显然是我们自己对此也有所贡献的。感觉对于我们的一切现实认识虽然是必要的，但是不足以向我们提供全部认识……应该有一些原则不靠举例便可以得到证明，也不依靠感觉的见证，虽然没有感觉我们是不会想到它们的……感觉是并不

---

[1]《西方哲学原著选读》上卷，第391—392页。
[2]同上书，第450页。

提供我们那种我们原来已经有的东西的。既然如此,还能否认在我们心灵中有许多天赋的东西吗?"[1]

莱布尼茨在这里没有否定感觉的作用,但是认为有一些人的观念是天生就有的。

英国哲学家休谟(1711—1776)与莱布尼茨的观点不同。他在《人类理智研究》中说:"所有的思想原料,如果不是来自我们的外部感觉,就是来自我们的内部感觉。心灵和意志只是将这些原料加以混合,加以组合而已。或者用哲学的语言来说,我们的一切观念或比较微弱的知觉,都是我们的印象或比较生动的知觉的摹本。"[2]

休谟强调了人的感觉是心灵等产生认识的根源,但他说的"内部感觉"则又对其感觉的含义作了一些限定。

"心"或"识"的问题在欧洲哲学中是各个时期哲学家讨论的重点。这方面的观念实际上还有很多,此处仅仅讨论了部分较著名哲学家的思想。

四、比较分析

"心识"观念是东西方哲学探讨的重点,这方面的思想实际上涉及人本身的基本功能和对外部世界反映的性质和作用等问题。自古以来,众多哲人提出了丰富的思想。在古代印度、中国和欧洲的哲学中,这方面的观点有相同处,也有差别点。

相同处主要表现在:

第一,三地的哲人都有将"心识"视为一切事物根本的理论。如古代印度的佛教中有"三界唯心""一切唯识"的思想。古代中国的陆九渊有"宇宙便是吾心,吾心便是宇宙"的思想。古希腊有阿那克萨戈拉说的

---

[1]《西方哲学原著选读》上卷,第493—495页。
[2] 同上书,第519页。

"心"永恒存在，具有支配和推动一切的力量，也可以安排一切的思想。

第二，三地的哲人都有将心识与人本身的主体密切关联在一起的观点。例如，在古代印度，婆罗门教的不少派别将"阿特曼"（我）视为认识主体的思想，认为阿特曼的存在是精神或意识存在的主要原因。古代中国有《管子·心术上》中说的"心之在体，君子位也。九窍之有职，官之分也。心处其道，九窍循理"，将心作为身体中居于主导地位的东西。欧洲有笛卡尔的"我思故我在"的理论，将思想看作"我"所具有的本性或基本功能。

第三，三地的哲人都有关于心识中具有某种天赋或本有成分的思想。如古印度的佛教中有"如来藏"是众生的自性清净心的说法，认为这清净本性是如来藏本有的。古代中国哲学中有心性本善的思想。欧洲哲学中有莱布尼茨的"我们心灵中有许多天赋的东西"的说法。

差别点主要表现在：

第一，古代印度的心识理论中有对心识种类和作用的较细致的分类，其中较突出的是佛教，其瑜伽行派对心识有"八识"及"四分"等区分。相对来说，中国哲学和西方哲学对心识本身的分类没有印度哲学那样细致。

第二，古代中国哲学对心识与天理的关系分析较为重视，探讨这一问题的人较多、较细致。相对来说，欧洲哲学和印度哲学对方面没有特别的关注或论述不多。

第三，古代印度的哲学中有心性本净的思想。古代中国很早就有人性本善的思想，而且，中国佛教也受印度佛教的影响，认同心性本净的观念。但在欧洲哲学中，则很少提及心或意识本性等方面的思想，很少有哲人将人的意识与宇宙或自然现象的规律联系在一起，欧洲哲学中基本没有这方面明确的论述。

"心识"观念是古代中国、欧洲和古代印度哲人讨论的重要问题，这方面的思想具有丰富的内容。对这些内容的探讨有助于我们认识人类思想发展的基本演化线索，有助于丰富我们的哲学史知识，吸收借鉴古代文化中的优秀遗产，促进人类社会的持续进步和发展。

第十九章 中西印哲学的"欲望"观念

人如何对待欲望的问题是东西方哲学都涉及或探讨的内容。古代中国、古代印度和欧洲哲人有关欲望的观念是三地哲学中的重要组成部分。三地思想派别或哲人对待欲望的态度与其哲学的基本理论倾向关系密切,与其所处的思想文化背景也有重要关联。本章对这方面加以探讨,进行比较分析。

一、古代印度的"欲望"观念

古代印度人很早就有关于欲望的观念,这在一些远古圣典中就可看到相关内容。在吠陀文献中,已有这方面的论述。如《梨俱吠陀》第10节136.2—4说:"圣者(苦行者)立于风中,穿着黄色的脏衣。他们随着风快速移动,去那以前神去过的地方……圣者与诸神的神圣业力相联系。"[1]这里描述的是古印度苦行者的形象——苦行者立于风中,穿脏衣。为什么要这样进行苦行呢?显然是认为苦行能给人带来好处。按这里所述,苦行

---

[1] Radhakrishnan and Moore, *A Source Book in Indian Philosophy*, p.30.

者能去以前神去过的地方。神去过的地方应当是一个神圣的地方或至善的境界,自然也是当时人们向往的地方。古印度人认为苦行可获得超凡的力量,有助于使自己去那神圣的处所。文中虽然没有明确说欲望不好,但苦行的行为本身实际上就是对人身体的一般欲求的抑制。这里就显示出当时一些人对待欲望的态度,实际是认为欲望应当被抑制,抑制欲望能带来好处。

印度很早就盛行苦行,苦行也明显与人的欲望有关。"苦行"一词的原文是"tapas",这一词也有"热力"的含义,在"吠陀"的一些赞歌中,它与人的性行为有关。如《梨俱吠陀》第10节129.3—5说:"太一通过炽热之力(苦行)而产生……最初,爱欲出现于其上,它是心的最初种子……那里,有持种子者,也有力量。自力在下,冲动在上。"[1] 从"吠陀"中的此类描述中可看出,一些古印度人将苦行这类行为与欲望问题联系在一起思考。

但如果说吠陀时期的印度人都崇尚苦行,谋求抑制欲望也不是事实,因为也有吠陀赞歌展示出人们对幸福生活的渴望。如《梨俱吠陀》第1节1.3说:"通过火神阿耆尼,人们获得财富,日日幸运。"[2] 这里就描述了人们希望通过神来获得财富,得到幸福,表现出了吠陀时期的人们希求自己的欲望得到满足,过上快乐或幸福的生活。吠陀诗人也设想了达到最高的理想境界,在这种境界中,人们的欲求得到满足。如《梨俱吠陀》第9节113.7—11说:"将我带到不死、不朽的世界中去。在这个世界中,亮着天堂之光,闪烁着永恒的光辉……使我进入永生的境界,那里将传播幸福。快乐和幸运交织在一起,长久的希望得到满足。"[3] 从这些论述中可以看出,在吠陀时期,至少不是所有人都追求苦行,苦行只是手段,而获得欲望的满足、过上幸福生活才是人追求的根本目标。

"奥义书"中也有关于欲望的表述。《迦塔奥义书》第2节1.2说:

---

[1] *A Source Book in Indian Philosophy*, p.23.
[2] Ibid., p.7.
[3] Ibid., p.34.

"幼稚之人追求外部世界的快乐，他们步入宽阔的死亡之网。"[1] 这里说的"死亡之网"实际上就是一种最大的痛苦。《迦塔奥义书》第 1 节 2.20 说："没有欲情并认识最高我（梵）的人，就将摆脱苦恼。"[2] 从这里可以看出，欲情对于获得最高智慧，达到至善境界是一种阻碍，应限制或抑制欲情，如果不这样的话，人就会陷入长久的痛苦。《迦塔奥义书》第 1 节 2.1—2 说："善为一事，乐为另一事……择乐者不达目的……智者择善不择乐，愚人患得患失而择乐。"[3] 这里说的"择乐者"就是不抑制欲情的人，这样的人被认为不能真正达到最高层次的乐或真正摆脱痛苦。

那么，怎么来控制欲望并使人摆脱痛苦呢？奥义书哲人认为，只有破除人的无知或无明才能脱苦。什么是无知和无明呢？那就是不能认识"梵"与"我"的本质。奥义书哲人认为，万有的最高本体是"梵"，梵也称为"大我"，"我"（灵魂或小我）是生命现象中的主体，无数小我及相关事物也称为现象界。"奥义书"的主流思想认为，真正实在的只有梵或大我，小我或灵魂并无实在性，它们只是无知之人对梵或大我的错觉造成的。小我或现象界在本质上实际是大我，它们的差别并不存在。无知之人以为小我与梵或大我不同，认为小我实在，这样就会错误地去追求小我的利益，产生种种欲望，并有相应的行为。行为会产生业力，业力会导致轮回的产生，而轮回在本质上都是痛苦的。因此，若要摆脱轮回和痛苦，就要认识小我的本质，认识到小我在本质上与大我没有区别，达到"梵我同一"的认识。在人认识到小我不实在之后，就不再追求小我的利益，不再有个人的欲望，不再有相应的行为和业力，这样，人就能跳出轮回，达到脱苦的解脱。

古印度以婆罗门教和印度教为主导的观念对印度古代社会长期产生较大影响，在这种影响下，印度社会形成了所谓人生"四行期"的观念。根据古印度《摩奴法论》等的说法，当时印度中上层社会的人一生应该经历

---

[1] *The Principal Upaniṣads*, p.631.
[2] Ibid., p.617.
[3] Ibid., pp.607-608.

四个行期。[1] 这四个行期中的家居期允许人满足对异性的需求和财产的需求，因而，古印度社会对于"欲望"的看法是区分不同时期和不同人的，并不是完全否定。

"奥义书"之后，古印度形成的许多思想派别大致分为正统派和非正统派。

就正统派哲学而言，绝大多数派别都对欲望持否定态度，如瑜伽派就强调要"离欲"。《瑜伽经》第 1 节 12 在谈到瑜伽的灭除心作用时说，心作用"要通过修习和离欲被抑制"[2]。

所谓"修习"主要指"八支行法"，即禁制、劝制、坐法、调息、制感、执持、静虑、等持。[3] 这些修习手法中就包括禁欲和控制人欲望的内容。

所谓"离欲"指对人欲望的摆脱。《瑜伽经》第 1 节 15 说："离欲是摆脱了对可见和超验享乐追求之人的克制意识。"[4] 这里说的可见享乐是指世俗的一般享乐，而所谓超验享乐则指上天堂的享乐。瑜伽派认为，这两种享乐都要抑制。此派追求的最终目标是离苦解脱。

数论派的哲学理论为瑜伽派所使用，在修持上则采用瑜伽派的手法，二者对于欲望的态度是一致的。

胜论派与正理派在理论上是联系紧密的两个派别，两派中也有瑜伽修行的内容。

胜论派的重要著作《摄句义法论》第 6 节 99 说："处于出神状态的瑜伽行者，在他们那里可出现一些事物的真实形态的极正确的认识。"[5] 这里就肯定了瑜伽修行的内容。瑜伽修行中自然有控制或抑制人欲望的内容。

正理派的根本经典《正理经》第 4 节 2.42 说："应教导人们在森林、

---

[1] 关于"四行期"详见本书第十七章"古代印度"部分。
[2] *Patanjali's Yoga-Sutras*, p.155.
[3] Ibid., p.155.
[4] Ibid., pp.5-29.
[5] 姚卫群编译：《古印度六派哲学经典》，第 54 页。

洞穴和沙滩等处修习瑜伽。"[1] 这里说的瑜伽也包括抑制人的欲望或一些身体功能的发挥等方面的内容。

弥曼差派也是一个主张要抑制欲望的派别。此派也追求解脱，认为解脱的途径是对世间烦恼产生厌恶，认识到此世的快乐总与痛苦相关联，对享乐不感兴趣，停止做那些被圣典禁止做的事和被认为可能带来某种快乐的事，通过承受产生于先前获得的法与非法的经历来减少法与非法等。这也就是要遵循婆罗门教圣典中提出的原则来消除法与非法，使"我"不再回到轮回的世界中去，此即为解脱。[2]

吠檀多派继承和发展了"奥义书"中的相关思想，在对待欲望的问题上也沿袭了"奥义书"中的"梵我同一"理论。此派中的不二一元论的代表人物商羯罗，其主要著作《梵经注》第1节1.4说："对于那达到了梵我同一状态的人来说，就不可能证明他的世俗生活能像以前一样继续下去。"[3] 此处所谓世俗生活不能继续下去，就是指跳出轮回，放弃世俗的欲望，停止造业，使自己的小我真正与大我或梵同一。这在本质上也就是一种摆脱欲望的至善状态。

耆那教在古印度是以崇尚苦行著称的教派。苦行的实施也是以限制人的欲望为目的，认为通过禁欲或限制欲望，能使人的灵魂不再受业物质的束缚，而获得解脱。耆那教中影响最大的文献《谛义证得经》第7节6—8中要求信众"居于偏僻和荒凉之处"，"戒绝听会引起追求女人的故事，戒绝看她们美丽的身体，戒绝回忆以前对女人的享受，戒绝使用春药，不装扮自己"。[4]《谛义证得经》第9节4—18中要求信众"对思想、言语和身体的行为要加以适当的控制"，"绝对不伤害别人，甚至细微的欲情也要摆脱"。[5]

耆那教倡导这类苦行或禁欲的行为与其宗教的根本目标是直接相关

---

[1] S. C. Vidyābhusana, *The Nyāya Sūtra of Gotama*, Oriental Books Reprint Corporation, 1975, p.137.
[2] Ganganatha Jha, *Pūrva-Mīmāmsā in Its Sources*, Banaras Hindu University, 1964, pp.31-32.
[3] 《古印度六派哲学经典》，第249页。
[4] *A Source Book in Indian Philosophy*, p.258.
[5] Ibid., p.259.

的。此派追求命我或灵魂摆脱业物质的束缚,而业物质的形成以及对命我的附着,与人的行为有关。行为直接受人的欲望驱使,人有欲望才会有相应的行为,而行为产生的业力直接推动轮回的产生。人要真正摆脱痛苦,首先是要认识事物的本质,获得最高的智慧,在耆那教中,这种智慧就体现在此教经典对人生现象和其他自然现象的分析中。

佛教在产生时就关注限制人欲望的问题。佛教认为,生命现象中充满痛苦,产生痛苦的根本原因是人的无明。由于无明人不能认识生命的本质,以为人有一个主宰自己生命的主体"我"(阿特曼),以为"我"实有,因而产生种种为获得"我"满足的欲望。有了欲望就会有为满足欲望的行为,因而产生业力,业力推动轮回的延续,而轮回中是充满痛苦的。佛教认为要摆脱痛苦,就要消除无明,抑制欲望,而要达到此目的就要学习佛教的种种教义,获得最高的智慧,这样才能达到无苦的涅槃。佛教的《杂阿含经》卷第十八说:"贪欲永尽,瞋恚永尽,愚痴永尽,一切诸烦恼永尽,是名涅槃。"[1] 由此可知,在佛教那里,涅槃的获得是与灭除贪欲密不可分的。

佛教反对贪欲,但也反对极端化的苦行。《中阿含经》说:"有二边行,诸为道者所不当学:一曰著欲乐下贱业,凡人所行;二曰自烦自苦,非贤圣求法,无义相应。五比丘,舍此二边,有取中道。"[2] 这段话是佛陀对其最早的五个弟子讲述的。文中提到了"二边行",就是两个极端。一个极端是放纵自己的欲望,不加节制地享乐,这属于"著欲乐贱业",不能抑制自己的欲望,不是贤圣所为,必将陷入轮回中,不但不能长久享乐,最终还会延长痛苦的时间。另一个极端是过度的苦行,即不适当地自找苦吃,属于自烦自苦,对于最终解脱也是没有意义的。释迦牟尼在创立佛教时对这种苦行和贪欲有深切的体悟,因而,他主张"舍此二边,有取中道",也就是既不主张放纵人的欲望,也不主张不加区分地对人的正常生命需求或欲望加以绝对限制。

---

[1]《大正藏》第 2 册,第 126 页。
[2]《大正藏》第 1 册,第 777 页。

顺世论在古印度是特立独行的一个派别。此派反对印度宗教中普遍倡导的苦行，认为人应该追求自己的幸福生活。人生在世，就应努力享受生活中的快乐，不能因为顾忌享受快乐会引发痛苦就不敢享受。一部记述顺世论思想的文献《摄一切见论》中提及顺世论认为："人的唯一目的就是通过感官的快乐来进行享受。不能因为享受总与某种痛苦混杂在一起就说它们不能成为人的目的。因为我们的智慧就是尽可能地享受纯粹的快乐，并避开必然伴随着它的痛苦。这正如想得到鱼的人得到的是带鳞和刺的鱼，他把可取的鱼的部分尽量取走后才作罢；或如一个想得到稻米的人得到的是带壳的稻米，他把可取的米的部分尽量取走后才作罢。因此，对我们来说，不应因为害怕痛苦而拒绝快乐……当生命还存在时，让人快乐地生活！即使欠债，也要吃酥油。"[1] 顺世论认为，许多宗教派别说的天堂中的享乐等实际是世间的享乐。如另一部记述顺世论思想的文献《摄一切悉檀》第9节说："天堂中的享乐就在于：吃好吃的东西，与年轻的女人在一起，享用精美的衣服、香料、花环、檀香糊等等。"[2]

顺世论的这种思想被古印度许多派别所反对，如上引佛典就说其为"著欲乐贱业"。此派本身系统的文献没有流传下来，这与其在古代受到各派较大的打压有重要关系。

二、古代中国的"欲望"观念

古代中国哲人很早就有涉及人欲望的观念。《论语·颜渊》说："克己复礼为仁。一日克己复礼，天下归仁焉……非礼勿视，非礼勿听，非礼勿言，非礼勿动。"[3]

孔子在这里所说的"克己"，就是克制自己的欲望，这些欲望包括人在视、听、言、动等方面想有所为的欲望。他认为人如果在这些方面能够

---

[1] 姚卫群：《印度哲学》，第238—239页。
[2] 同上书，第237页。
[3] 《中国哲学史教学资料选辑》上册，第25页。

克制自己的欲望,那么天下就都能归于"仁"了。孔子说的"仁"包含了他所认为的当时人们应当遵循的理想的政治制度和道德伦理。

孔子还提出了对自己的"欲"和对别人的"欲"应有的态度。他在《论语·颜渊》中说:"己所不欲,勿施于人。"[1]这就是说,对自己不欲的事情,也不要有想让别人做的欲望。这种处事态度长久以来受到人们的高度推崇。

老子也有这方面的言论。《道德经》第三章中说:"不见可欲,使民心不乱……常使民无知无欲,使夫知者不敢为也。"[2] 老子在这里明显将"欲"视为负面的东西,认为民心之乱与"欲"是有关系的,追求"民无知无欲",以使民"不敢为也"。

《道德经》第十九章说:"见素抱朴,少私寡欲。"[3]这也是对欲望持一种抑制的态度。

《道德经》第五十七章说:"圣人云:我无为而民自化,我好静而民自正,我无事而民自富,我无欲而民自朴。"[4] 这里老子将"无欲"视为使民风淳朴的重要因素。

佛教传入中国后,在中国形成的宗派大多沿用了古印度佛教对欲望的基本看法,认为人的欲望与无明有关,欲望会驱使人采取为满足欲望而实施的行为。这些行为会产生业力,推动轮回现象的持续,而轮回中是充满痛苦的。因而,佛教对于欲望基本持否定态度。

宋代时,程朱理学是中国文化中影响极大的学说,论及了人的欲望问题。

如程颐所说:"视听言动,非理不为,即是礼。礼即是理也。不是天理便是私欲。人虽有意于为善,亦是非礼。无人欲即皆天理。"[5] 在这里,程颐把天理和人欲对立起来,二者是不能相容的。

在《遗书》卷二十四中,程颐说:"人心私欲故危殆,道心天理故精

---

[1]《中国哲学史教学资料选辑》上册,第25页。
[2] 同上书,第67页。
[3] 同上书,第72页。
[4] 同上书,第82页。
[5]《中国哲学史教学资料选辑》下册,第79页。

微。灭私欲则天理明矣。"[1] 程颐在此处把人的私欲看成极危险的东西，认为只有灭除了私欲，天理才能显明。

程颐说的这种私欲，实际上有些是人的自然需求或合理的欲求。他在《遗书》二十二下中写道："问孀妇于理似不可取，如何？曰：然。凡取以配身也。若取失节者以配身，是己失节也。又问：或有孤孀贫穷无托者，可再嫁否？曰：只是后世怕寒饿死，故有是说，然饿死事极小，失节事极大。"[2] 程颐的这一句"饿死事极小，失节事极大"成了后世的一句名言。在他看来这是在强调天理，反对私欲，但实际后世都将其作为理学中克灭人性的典型说法。

朱熹继承和发展了二程的学说，提出了所谓"天理人欲之辨"。他在《朱子语类》卷十二中说："圣贤千言万语，只是教人明天理，灭人欲。天理明，自不消讲学。人性本明，如宝珠沉溷水中，明不可见。去了溷水，则宝珠依旧自明。自家若得知是人欲蔽了，便是明处，只是这上便紧紧着力主定，一面格物，今日格一物，明日格一物，正如游兵攻围拔守，人欲自消铄去。"[3]

朱熹在这里也是将天理与人欲对立起来，并主张天理要明，而人欲应灭，并认为这是古来圣贤教人的根本。他还认为，天理是自明的，而人性则本来是明，但被遮蔽，就如同宝珠掉入浊水中，若去掉浊水，宝珠依旧是自明的。人如果认识到这一点，就能使人性清明，但须每日格物，就如军队围攻敌人据点最终会将其拔除一样，人欲也将通过格物，最终会自然消去。

朱熹说："人之一心，天理存，则人欲亡；人欲胜，则天理灭，未有天理人欲夹杂者。"[4] 这里他强调了天理与人欲的不可调和的关系，二者中一个存，另一个则亡，不能混杂在一起。

朱熹也意识到人的需求中有些是要满足的基本生存需求，有些则是过

---

[1]《中国哲学史教学资料选辑》下册，第85页。
[2] 同上。
[3] 同上书，第111页。
[4] 同上。

分的,属于人欲,不能将人的基本需求也统统斥为"人欲"。他在《朱子语类》卷十三中说:"问:'饮食之间,孰为天理?孰为人欲?'曰:'饮食者,天理也;要求美味,人欲也。'"[1]

这就是说,在朱熹看来,一般的满足人生存基本需要的饮食,是符合天理的;而要求额外的美味食品,则属于人欲。由此看来,尽管朱熹对抑制人的欲望极为重视,但也还是留有一些区分欲望的余地。只是他和二程将一般饮食之外的一些合理的人的需求大多纳入了要抑制的范围,这就使其"理欲之辨"的许多成分在社会发展中起了负面的作用。

陆九渊是宋代"心学"的代表人物。他也对人的"欲"有见解,但与朱熹等不同的是,陆九渊是在其心学的基础上论述"欲",而朱熹则是基于"理"来谈"欲"。陆九渊在《语录》中说:"天理人欲之言,亦自不是至论。若天是理,人是欲,则是天人不同矣。此其原盖出于老氏……解者多指人心为人欲,道心为天理。此说非是。"[2]

陆九渊在这里不满程朱将人心解释为人欲,将道心解释为天理。认为这样天人就不同了。陆九渊对"心"有自己的解释:他认为,心就是理。在《与曾宅之》中,他说:"盖心,一心也;理,一理也;至当归一,精义无二,此心此理,实不容有二。"[3]

关于心与理的关系,陆九渊在《杂说》中说:"宇宙便是吾心,吾心便是宇宙。千万世之前,有圣人出焉,同此心同此理也。千万世之后,有圣人出焉,同此心同此理也。""人心至灵,此理至明。人皆有是心,心皆具是理。"[4]

陆九渊将"心"等同于"理",实际上是强调"心"的重要性。他对"心"有种种论述,其中特别论及了"心"与"欲"的关系。他认为,"欲"能妨害"心"。他在《养心莫善于寡欲》中说:"吾心之良,吾所固有也。吾所固有而不能以自保者,以其有以害之也。……夫所以害吾心者

---

[1]《中国哲学史教学资料选辑》下册,第111—112页。
[2] 同上书,第130页。
[3] 同上书,第120页。
[4] 同上书,第129页。

何也？欲也。欲之多，则心之存者必寡；欲之寡，则心之存者必多。……欲去，则心自存矣。"[1] 按陆九渊这里的说法，这"欲"的危害极大，能够危害本来为良的心。

"心学"的代表人物王守仁对于"心"和"欲"的关系的看法与陆九渊接近。王守仁在《传习录》上篇中说："心即理也，此心无私欲之蔽，即是天理，不须外面添一分。以此纯乎天理之心，发之事父便是孝，发之事君便是忠，发之交友治民便是信与仁，只在此心去人欲存天理上用功便是。"[2]

在王守仁看来，去人欲存天理就是心的至善状态，而忠孝仁义等都是发了存天理去人欲的心之后才能做到的。

三、欧洲的"欲望"观念

关于人的"欲望"问题，欧洲哲人也有论及。

较早涉及这一问题的是古希腊哲人赫拉克利特，他在留下的著作残篇里说："如果幸福在于肉体快乐，那就应当说，牛找到草吃时是幸福的了……如果一个人的愿望都得到了满足，这对他是不好的。"[3]

赫拉克利特在这里虽然没有细致地解释他的话的含义，但可以看出他认为人的幸福不能仅仅限于肉体的快乐，而应有更高的追求，且人的欲望都得到了满足对人不一定是好事。

德谟克利特也有关于人的"欲望"方面的论述。德谟克利特在其著作残篇中说："追求对灵魂好的东西，是追求神圣的东西；追求对肉体好的东西，是追求凡俗的东西……人们在祈祷中恳求神赐给他们健康，不知道自己正是健康的主宰。他们的无节制戕害着健康；他们放纵情欲，自己背

---

[1]《中国哲学史》下册，第96页。
[2]《中国哲学史教学资料选辑》下册，第189页。
[3]《西方哲学原著选读》上卷，第28页。

叛了自己的健康。人们通过享乐的节制和生活的协调,才得到灵魂的安宁。"[1] 德谟克利特在这里表明了纵欲的危害,强调了应当节制人的欲望,并认为节制欲望有利于健康和灵魂的安宁。

大哲学家柏拉图也论及了"欲望"问题,他在《国家篇》中说:"我们要在这个国家里找出:一样是节制;另一样是公道……节制似乎比前两种品德(智慧、勇敢)更带谐和性,协调性……我想节制就是一种恰当的安排……就是控制某些快乐和欲望。常言道'当自己的主人'……不过,这段话的意思似乎是说,人的灵魂里有一个比较好的成分和一个比较坏的成分;好的控制坏的时,就说他'当自己的主人。'这当然是褒辞。如果他由于教养不良、交友不善,因而好的成分小,被居多数的坏成分所控制,那就说他'当自己的奴仆',没有决断了,这是贬辞……我还要指出,多种多样的、五花八门的欲望、快乐和痛苦,大都见于儿童、妇女、奴仆以及号称自由人的大量平民当中。至于那些遵循理性约束、听从心灵和正确意见指导的朴实克制的欲望,则只见于少数人中;这些人是出身良好并且教养良好的。"[2]

柏拉图在这里也是主张对人的欲望加以控制,认为节制欲望做得好的是"当自己的主人";而节制不好的则是"当自己的奴仆"。欲望多的主要是平民等人;而控制好欲望的是出身良好并且教养良好的人。他还认为对欲望的节制带有谐和性、协调性。柏拉图对欲望基本持负面评价。

亚里士多德是古希腊最博学的哲人,他也有论及欲望的言论。他在《尼各马可伦理学》中说:"美德必定就有以居间者为目的这个性质。我是指道德上的美德;因为正是它才与主动和被动有关,而正是在这些里面,有着过多、不足和中间。例如,恐惧、信心、欲望、愤怒和怜悯,以及一般说来愉快和痛苦等感觉,都可以太过或太少,而这两种情形都是不好的;但是,在适当的时候、对适当的事物、对适当的人、由适当的动机和以适当的方式来感受这些感觉,就既是中间的,又是最好的,这乃是美

---

[1]《西方哲学原著选读》上卷,第52—53页。
[2] 同上书,第112—113页。

德所特具的。关于行动，同样地也有过多、不足和中间。可是，美德就是涉及激情和行动的，在其中过多乃是一种失败的形式，不足也是这样，而中间则受称赞，是一种成功的形式；受称赞和成功，都是美德的特性。"[1]

亚里士多德对"欲望"的看法受其主张的"适中"原则影响，认为"欲望"等要不过分，要适中。他没有完全否定欲望，只是要求不要过度，这与柏拉图的观念有一定差别。

斯多葛派的一些哲人对"欲望"问题也有论述。如塞内卡在《论幸福的生活》中说："幸福的生活，就是符合自己的本性的生活……要知道，肉体上的快乐是不足道的，短暂的，而且是非常有害的，不要这些东西，就得到一种有力的、愉快的提高，不可动摇，始终如一，安宁和睦，伟大与宽容相结合。要知道，一切漫无约束的东西都是软弱的标志。"[2]

塞内卡的这种观点不仅否定了纵欲行为或无约束地追求肉体的快乐，而且认为幸福的生活是符合自己本性的生活。这就将人为了满足自己本性需要的行为与漫无约束的满足自己欲望的行为区分开来。

托马斯·阿奎那是欧洲历史上影响极大的经院哲学家，他从神学家的角度出发，表达了对欲望问题的看法。阿奎那在《反异教大全》中说："说人类幸福在于身体的快乐，这显然是不可能的。身体的快乐，主要指食色两方面的快乐。我们曾说过：根据自然秩序，快乐是为了工作，而不是相反。因此，假如一种工作不能算作是最后目的，那末随之而来的快乐也决不能是最后的目的，也不和最后目的并列在一起。显然，上述伴有快乐的工作也决不是最后目的。因为它们向着一定的明显目的，例如，吃是为身体的保存，婚姻是为了生孩子。这些快乐都不是最后目的，也不和最后目联在一起。所以，幸福决不在这些快乐上。""万事万物的最后目的就是上帝。我们已在前面证明。因此，我们必须把那些特别使人接近上帝的东西作为人的最后目的。上述快乐阻碍了人接近上帝；接近上帝是要通

---

[1]《西方哲学原著选读》上卷，第155—156页。
[2] 同上书，第190页。

过深思熟虑，上述快乐对于这种接近是很大的阻碍。在把人拖到物质享受中去这一点上，它比其他什么东西都厉害。所以，它使人脱离理性的事物。所以，人类的幸福不在于身体的快乐上。"[1]

阿奎那在总体上主张抑制人的欲望，但他抑制人的欲望的最终目的是接近上帝。这种观念在神学家或经院哲学家中具有一定的代表性，也可以称其为一种宗教上的禁欲主义。

荷兰人伊拉斯谟是反对宗教禁欲主义的一位代表。他在《愚人颂》中说："在心灵的感情和冲动中，有的同肉体有更多关系，如色欲、贪馋和贪睡、忿怒、骄傲、嫉妒。虔诚教徒们同这些感情进行着不调和的斗争，然而另一方面，多数人却认为没有这些感情生命就不存在。还有一些中间类型的感情，可以说只是自然的感情，如孝父母、爱子女、爱亲友，对这些感情多数人还是给予相当的尊重的，但虔诚的教徒们仍要把它们从心灵中剔出去，除非由于它们上升到了最高的精神水平，他们不把父母当父母来爱——因为父母给的不过是肉体，即使肉体也要归于天父上帝——而是当作好人来爱。在这个好人身上我们清楚地看到了至高无上的心灵的印记；这至高无上的心灵他们称为至善，除此以外，他们断言我们不应该爱什么别的，追求什么别的……其实在一个虔诚的人的全部生活中，他都要诚恳地摒弃一切与肉体有关的东西，向往着永恒的、不可见的精神性的对象。"[2]

伊拉斯谟在这里深入刻画了神学家及虔诚教徒的禁欲主义特征。他在《愚人颂》中还说："由于教士和俗人之间存在着如此巨大的差异，任何一方在另一方看来都是疯狂的——虽然根据我的意见，这个字眼用于教士比用于别人确实要正确些。"[3]这也就是说，伊拉斯谟认为教士的禁欲主义是疯狂的。

荷兰哲学家斯宾诺莎也有这方面的论述。他在《知性改进论》中说："资财、荣誉、感官快乐。这三件东西萦扰人们的心思，使人们不能想到

---

[1]《西方哲学原著选读》上卷，第276、278页。
[2] 同上书，第318—319页。
[3] 同上书，第319页。

别的幸福。当人心为感官快乐所奴役,直到安之若素,好像获得了真正的最高幸福时,人心就会陷溺在里面,因而不能想到别的东西。但是当这种快乐一经得到满足时,极端的苦恼立即随着产生了。这样,人的心灵即使不完全失掉它的灵明,也必定会感到纷乱,因而麻木。对于荣誉与资财的追求,特别是把它们自身当作目的,当作至善的所在,是足以最令人陷溺的。""如果我彻底下决心,放弃迷乱人心的资财、荣誉、肉体快乐这三种东西,则我所放弃的必定是真正的恶,而我所获得的必定是真正的善。"[1]

斯宾诺莎在这里分析了欲望对象的主要种类,并且认定贪欲是真正的恶,而放弃贪欲能得到真正的善。

法国哲学家爱尔维修也关注人的欲望问题。他在其著作《论人》中说:"人是能够感觉肉体的快乐和痛苦的……在一切情感中,这是属于这一类的唯一感情;我们是凭它获得我们的一切欲望、一切情感的。这些感情在我们身上只能是把自爱应用在这种或那种对象上的结果……使我们整个儿成为我们的,是对我们自己的爱。人们为什么这样贪图名誉地位呢?这是因为人们爱自己,因为人们要求自己幸福,因而要求享受幸福的权力。对于获得幸福的力量和手段的爱,在人身上必然与自爱相联系。人人都愿意发号施令,是因为人人都愿意扩大自己的幸福,愿意他的同胞们都为此工作。然而,在一切强迫他们这样做的手段中间,最可靠的是实力和暴力的手段。因此,以爱幸福为基础的对于权力的爱好,乃是我们一切欲望的共同对象。所以,财富、爵位、荣誉、妒忌、尊敬、正义、美德、偏狭以及一切人为的感情,在我们身上只不过是用这些不同的名目化装起来的权力之爱。"[2]

爱尔维修在这里对人的欲望进行了深入分析,指出了欲望与人生活的密切关系,以及欲望在人们行为中所起的作用。他对欲望的评价是正面与负面交织在一起的,他强调的是欲望与人们生活的不可分离性。

霍尔巴赫对人的欲望问题也提出了自己的见解。在《社会的体系》

---

[1]《西方哲学原著选读》上卷,第403—404页。
[2]《西方哲学原著选读》下卷,第181页。

中，他说："人从本性上说既不善也不恶。他一生之中时时刻刻都在寻求幸福，他的一切能力都用在取得快乐和规避痛苦上面。那些为我们人类所固有的、为我们的本性所特具的、作为有感觉的生物的特色的感情，归结起来，全都是对于安乐的向往，对于痛苦的畏惧。因此这些感情乃是必要的；它们本身既不善，也不恶，既不可褒，也不可贬：它们之所以成为如此，只是由于人们对它们的使用；当它给我们带来我们自己的幸福以及我们同类的幸福时，它们就是可嘉的；那时候人们就把受它们鼓舞的人称为好人、道德的人、为善的人，而把那些采用适当的办法达到自己所提出的目的的人称为有理性的人。当这些同样的感情并不给我们带来幸福，而使我们自己或者我们的同伴痛苦时，它们就是有害的、值得蔑视和憎恨的；那时候受它们鼓舞的人们就被称为坏人、恶人、违背理性的人。饥饿是人的一种自然需要，满足这种需要的欲望是一种自然而且必要的感情，对食物进行选择，取用食物时有所节制，则是理性的结果；暴饮暴食是违背理性的行为；夺去另一个人所需要的、并且属于他的食物，乃是一种不义；把属于自己的食物分给另一个人，则是一件行善的行为，称为美德。一个人之为好人、有理性的人、道德的人，并不是当他没有感情的时候，而是当他的感情有益于他自己以及与他共处的侪辈的时候。"[1]

霍尔巴赫的这种分析较有说服力，即如果不问场合对单纯的欲望进行评判的话，确实无所谓善恶，关键在于这欲望出现在什么场合。对自己的欲望毫不节制，并为满足自己的欲望而剥夺本来属于他人的东西，这种满足欲望的行为是恶的。为了自己的基本生活需要，并不损害他人的利益而满足自己的欲望是合理的。为了挽救他人生命，满足其欲望的行为则是善的。

---

[1]《西方哲学原著选读》下卷，第227—228页。

四、比较分析

"欲望"问题是东西方哲学中人们普遍关注的问题,这方面的思想与人的生活直接相关,涉及人的生存价值和行为准则。中西印三地的哲人对这一问题提出了多种看法。这之中有相同处,也有差别点。

相同处主要表现在:

第一,三地古代哲人中都有对欲望持否定态度的人,而且比例还都不小。如古印度的佛教、耆那教、婆罗门教中的绝大多数人都对欲望持否定态度。中国的程朱理学对欲望也持很强的否定态度。欧洲哲学中的德谟克利特、柏拉图、托马斯·阿奎那等都是主张抑制欲望的。因而可以说,在古代东西方哲学中,主张抑制人欲望的思想是主流观念。

第二,三地古代哲人中也都有对欲望进行具体区分的情况。如古印度的"四行期"中就根据人所处的不同时期,对于欲望有不同的处理,在处于家居期时,人可以追求"欲"和"财"。在古代中国,反对欲望的朱熹也曾说"饮食者,天理也",实际是把一些维持人生命的欲望单独摘出来,不加以反对。

第三,三地古代哲人中宗教背景较强的人或流派一般都对欲望采取否定的态度。如古印度的婆罗门教、佛教、耆那教都是主张抑制欲望的。中国古代的道家和道教中有"寡欲"的思想,中国佛教的各宗基本上也都要求抑制欲望。欧洲哲学中的基督教或经院哲学家一般也是强调抑制欲望。可以说,在东西方思想史上,宗教思想家多数都对欲望采取否定态度。

差别点主要表现在:

第一,从总体上说,欧洲哲学在后来的发展中对于欲望的态度趋于具体分析,肯定人的欲望在一定条件下是合理的主张逐渐多起来。而印度哲学与中国哲学中虽然也有这方面的一些思想,但明确提出的少,影响较小。主张抑制欲望是印中古代哲学中的主流。

第二,中国哲学(特别是宋明时期的哲学)常将人欲与天理对立起来，在欧洲哲学和印度哲学中一般没有这种情况。中国古代哲学将人的行为准则经常视为上天规定的，而将人欲视为违背上天意志，违背天理。古代印度哲学和欧洲哲学则很少将人的行为准则与上天意志联系起来，因而一般也不认为人欲与上天的意志对立。

第三，印度哲学中的顺世论强调应无条件地满足人的享乐需求，不加区分地肯定人的欲望，这在中国哲学和欧洲哲学中是看不到的。中国哲学和欧洲哲学一般是设定一定条件后才论证满足人的欲望的合理性，但通常并非无条件地肯定享乐的主张。如朱熹认为只有满足生存基本需要的饮食，才是被允许的合理欲求。霍尔巴赫认为缓解饥饿是人的一种自然需要，满足这种需要的欲望是一种自然且必要的。在古印度的哲学中，这种分析则很少能看到。

中西印三大古代文明发达区域自古以来对于人的欲望问题就有大量看法，这方面的内容是三地哲学思想的重要内容。古代哲人的相关见解展示了历史上哲人们对待人的生存价值和行为准则的基本看法。对这些内容的梳理和探讨有助于我们认识古人对自身分析的发展过程和思想演变，对于我们丰富世界文明史的知识，借鉴古人思想文化遗产中的积极成分是有益的。

第二十章　中西印哲学的"直觉"思维方式

直觉思维方式是一种刻意在认识中不借助观念、概念等中介直接体悟事物本来面目的认识方式，在某种程度上也可称其为无分别思维方式，否定形态的思维方式，或遮诠的思维方式。这种方式在古代印度、中国和西方都有不同程度的使用。本章对这三地的相关思想进行梳理，并加以比较分析。

一、古代印度的"直觉"思维方式

古代印度哲人很早就开始关注事物的真实面目或事物的本质的问题，探讨认识事物实相的有效方式。这种方式最初萌发于"吠陀"中，在"奥义书"中被明确提出，在后来形成的宗教哲学派别中则得到普遍应用。就其主要表现形态而言，我们可以称此种方式为直觉思维方式。

在"吠陀"中，一些赞歌表露了某些印度先人在思维方式上展示的一些特色。如其中一首被称为"无有歌"的赞歌中同时举出了几组对立的概念——有与无、死与不死、是与不是、知与不知。这表明，在"吠陀"的一些哲理诗的作者那里，已注意到了事物的矛盾与对立，他们考察问题时已开始将这种矛盾或对立的东西联系起来，而且力图使人们在一系列对立的概念中去体悟事物的实际状态。这种体悟就是印度后来极为流行的直觉思维方式的雏形。

在"奥义书"中，直觉的思维方式被明确地展现出来，这主要体现在一些"奥义书"的有关"梵"这一概念的陈述中。"奥义书"中的主流哲学思想认为，宇宙万有和人的本体是"梵"，梵这一实体是存在的一切事物的根本。世间万有展现的各种形态都不是实有的，世界的多样性也是虚假的，因为所有事物在本质上都是梵不真实的显现，多是表面现象，只有唯一的梵为实有，因而对梵的多样性的描述是不成立的。

在奥义书思想家看来，梵既是最高的和唯一实在的世界本体，那么对涉及它所使用的多种概念的描述就应持否定态度。许多"奥义书"都有这方面的论述。如《广林奥义书》第3节8.8在描述梵时说它是"不粗，不细……非影，非暗……无内，无外"[1]。这些哲人认为，若要表明梵是什么，只能在不断否定中来实现。因而，上述引文中就大量使用了"不""非""无"等否定语，用以表明梵究竟是什么。

奥义书哲人甚至总结出了这种否定形态的认识的基本模式。如《广林奥义书》第4节5.15说："那阿特曼（应被描述）为'不是这个，不是这个'。"[2]《由谁奥义书》所说的"那些（说他们）理解了（梵或阿特曼）的（人）并没有理解（它）"。[3] 这种通过否定的方式认识事物本来面目的手法实际就是直觉的思维方式。因为这种思维方式不认为可以通过使用一般的名相概念来表明事物，在倡导这种思维方式的"奥义书"看来，认识者只有在不断的否定中才能"悟出"事物的实相，而任何具体概念的正面描述都会走样，不可能准确地表明事物的真实面目。

"奥义书"中的直觉思维方式还表现在其有关静虑等的论述上。在较早的"奥义书"中，就已提到了作为瑜伽重要内容的"静虑"（dhyāna，定）。如《歌者奥义书》第7节6.1—2曾用"静虑"来比喻天

---

[1] Radhakrishnan, *The Principal Upanisads*, p.232.
[2] Ibid., p.286.
[3] Ibid., p.585.

地山水等的静止不动状态，还提到静虑大于心，小于识。[1]

《慈氏奥义书》第 6 节 25 则称瑜伽为：统一呼吸与心及感觉器官，漠视一切存在现象。[2]《慈氏奥义书》第 6 节 18 还对瑜伽做了具体分类，认为瑜伽有六种，即调息、制感、静虑、执持、观慧、三昧。[3] 这些瑜伽修行的目的就是要求修行者摆脱名相概念等的分别，采用直接体悟事物本身的方式来获得真理。这也是一种直觉的思维方式。

"奥义书"中确立的直觉思维方式后来被印度许多思想流派所采用，成为印度一种流行的思想方式。这里面较突出的是佛教、耆那教、瑜伽派、吠檀多派。

佛教在印度宗教哲学中属于非正统派，因为它不承认"吠陀"的权威性，不接受印度占主导地位的婆罗门教的哲学理论。但实际上，佛教在创立本教教义体系时，也还是吸收借鉴了不少"奥义书"中的思想，在直觉思维方式上就是如此。佛教教导信众时一般有所谓"三学"，即戒、定、慧，这之中的"定"实际上就是要求采用直觉的思维方式来体悟事物的本来面目。

佛教中还有很多方面采用了直觉思维方式。如较多记述早期佛教思想的《杂阿含经》卷第三十四等中记载佛陀有所谓"十四无记"（巴利文佛经中记述有"十无记"），对世间常、世间无常、世间有边、世间无边、命身一、命身异等问题均不作回答，[4] 认为任何回答都要使用名相概念，对其适当的回答就是"无记"或"不为记说"，也就是不断地否定，在这种否定中去体悟，这就是要采用直觉的思维方式。后来的佛教流派或主要佛教文献中都有这方面的表述。

《般若波罗蜜多心经》说："是诸法空相，不生，不灭，不垢，不净，不增，不减。是故空中无色，无受、想、行、识，无眼、耳、鼻、舌、身、意，无色、声、香、味、触、法，无眼界，乃至无意识界，无无明，

---

[1] *The Principal Upanisads*, pp.474–475.
[2] Ibid., p.835.
[3] Ibid., p.830.
[4] 参见《大正藏》第 2 册，第 244 页。

亦无无明尽，乃至无老死，亦无老死尽，无苦、集、灭、道，无智，亦无得。"[1] 这里使用的大量"不""无"等词也是要表明，领悟佛教说的"诸法空相"要在否定中来体悟才可以。

般若类大乘经中的《金刚经》也在这方面有明确强调。该经使用了大量结构类似的句子，如说："佛说般若波罗蜜，即非般若波罗蜜。""如来说三十二相，即是非相，是名三十二相。""是实相者，即是非相，是故如来说名实相。""如来说第一波罗蜜，即非第一波罗蜜，是名第一波罗蜜。"[2] 这里说的"说……，即非……，是名……"就是著名的通过否定达到肯定的直觉思维方式。因为"说……"必定是采用名相概念，而这些概念必定不可能与事物的本来面目相符，因而要说"即非……"。通过不断地采用这种否定，就能真正体悟出"是名……"。因而，直觉的思维方式在佛教中得到了普遍运用。大乘佛教的中观派和瑜伽行派的论典中也能找到大量相关实例，不胜枚举。

耆那教也是较为注重直觉思维方式的一个教派。耆那教提出了五种"智"的理论，即感官智（通过感官等获得的认识）、圣典智（借助符号和言语获得的认识）、极限智（直接获得的在时空上极为遥远的事物的认识）、他心智（对别人精神活动的直接认识）、完全智（对一切事物及其变化的最完满的认识）。耆那教的主要经典《谛义证得经》在分析这五种智时说："前两种智是间接的"，"后三种智是直接的"，"感官智、圣典智和极限智有可能是错误的认识"。[3] 这意思就是说，借助于感官、言语等的认识要通过中间环节，因而可能会走样，产生错误。而不借助感官、言语等中介的认识由于是直接把握事物，因而不会产生错误。之所以说极限智也可能是错误的认识，大概是由于其直觉程度还不高。

耆那教的思维方式还表现在其有关判断形式的理论上。此教认为，对事物的判断可有七种形式（七支），即存在（有）、不存在（无）、存在又不存在（亦有亦无）、不可描述（不可言）、存在并不可描述（有亦不可言）、不存在

---

[1]《大正藏》第8册，第848页。
[2] 同上书，第750页。
[3] *A Source Book in Indian Philosophy*, pp.252-254.

并不可描述（无亦不可言）、存在又不存在并不可描述（亦有亦无亦不可言）。它也认为，由于事物是变化的，由于事物在地点、时间、特性等存在形式上具有多样性，因而在上述每一判断形式前都应加上"或许"一词，以表明每个判断仅从某一角度（或事物的某一特定形态）看是正确的。[1] 耆那教的这种理论实际也是要强调直觉的思维方式，因为在它看来，任何确定的判断都有可能与事物的本来面目不相符，因而这些判断形式之前都要加"或许"这样的字，这实际上也就否定了各种判断的真实有效性，实际也是一种否定，在此教看来，事物的实相就要在这种否定中去直觉。也就是说，要依靠上述《谛义证得经》中推崇的他心智和完全智这样的认识方式来直接体悟。或者说，在此教看来，只有直觉的思维方式才能把握真理。

瑜伽派也是较为注重直觉思维方式的派别。此教的根本经典《瑜伽经》总结了印度河文明以来的古印度的瑜伽实践，提出了较为系统的瑜伽修行理论。

此派的根本经典《瑜伽经》第1节2给"瑜伽"下定义说："瑜伽是对心作用（心的变化）的抑制。"[2] 这里所说的心作用就是指人的一般的思想或精神活动。心作用被分为五种：正知（世俗一般的正确认识）、不正知（错误的认识）、分别知（对事物进行区分）、睡眠、记忆。[3] 瑜伽派认为这些心作用都应加以抑制，抑制了这些心作用之后才能真正体悟出事物的本来面目。

关于具体的抑制手法，《瑜伽经》提出了"八支行法"，具体而言为禁制（戒律，指禁止杀、偷、盗、淫、贪等）、劝制（要求清净、满足、苦行、学习与诵读、敬神）、坐法（修行时的特定姿势）、调息（控制呼吸）、制感（控制感官起作用）、执持（心注一处）、静虑（持续心注一处）、等持（与禅定对象融合为一，不再有主客观的区别）。[4] 达到了这里面的等持也就是达到了最高的三昧状态，如果再进一步灭除任何分

---

[1] 参见摩利舍那：《或然论束》。英译本载 A Source Book in Indian Philosophy, pp.263-265。
[2] Patāñāl's Yoga-Sūtras, p.5.
[3] Ibid., pp.12-26.
[4] 关于这瑜伽派的这"八支"，参见 Patāñjal's Yoga-Sūtras, pp.155-177,179-181。

别，将达到事物的实相，获得解脱。

瑜伽派的这种理论或修行方法就是要引入对事物实相的直接体悟，消除各种意识或观念，这就是其直觉的方法。

吠檀多派直接继承了"奥义书"的思想，在直觉思维方法上也是如此。此派强调认识最高实在梵应使用直觉的思维方式。如商羯罗在谈到这方面的问题时说："它（梵）是超越言语和思想的，不属于'物体'的范畴……'不是这样，不是这样'这句短语并不绝对否定一切事物，而仅仅否定除了梵之外的一切事物。"[1] 商羯罗的这种否定展示的实际就是一种直觉的思维方式。商羯罗在谈到轮回业报时说："当身体死时，可以产生新时期的果报的只有新的一套业。业依赖于虚假的知识。而这种虚假的知识可被完美的直觉所摧毁。"[2] 吠檀多派的这种直觉的思维方式源于"奥义书"的思想，成为古印度占主导地位的一种认识方法。

二、古代中国的"直觉"思维方式

古代中国是世界文明的重要发源地，中国哲人在探讨人与世界的本质时也很关注思维方法的问题。在中国哲人论述的思维方式中，直觉的思维方式也有一定表现。

在中国古籍中，较早有这方面明确表述的是老子的《道德经》。

《道德经》第一章说："道可道，非常道；名可名，非常名。"[3]

这段话的意思是说：能够用言语述说的道，就不是恒常不变的道；能够称呼的名，就不是恒常不变的名。

这里提出的基本思想是，把握事物的根本准则"道"的方法是不能依靠言说的，言说表述的道就不是恒常的道；名相概念能够称呼的名就不是长久的名，长久的名是不能称呼的。这里提出的"道"及"名"就是超

---

[1] 参见商羯罗《梵经注》。Gambhirananda, *Brahma-Sūtra Bhāṣya of Śaṅkarācārya*, pp.623-628.
[2] 参见商羯罗《梵经注》。Ibid., pp.845-846.
[3] 《中国哲学史教学资料选辑》上册，第65页。

言绝相的。

《道德经》第十二章说："五色令人目盲，五音令人耳聋，五味令人口爽，驰骋畋猎令人心发狂，难得之货令人行妨。是以圣人之治也，为腹不为目，故去彼取此。"[1]

这段话的意思是说：青、黄、赤、白、黑这五色使人炫目；宫、商、角、徵、羽这五音使人失聪；辛、酸、苦、咸、甘这五味使人口味变坏；驰马打猎使人心发狂；难得的好东西使人行为败坏。所以圣人只求温饱而不求赏心悦目的享受。

这里，作者虽然主要论述的是不追求极度享受的问题，但也论及了一般感觉带给人的负面影响，对眼、耳等感官的正面认识作用有一种否定的意识。

《道德经》第十四章说："视之不见名曰夷，听之不闻名曰希，抟之不得名曰微。此三者不可致诘，故混而为一。其上不皦，其下不昧，绳绳不可名，复归于无物。是谓无状之状，无物之象，是谓惚恍。迎之不见其首，随之不见其后。执古之道，以御今之有，能知古始，是谓道纪。"[2]

这段话的意思是说：看却看不见称为无形无相，听却听不见称为无声，摸却摸不到称为无体。这三种特性均无法深究，它们混为一体。其上显不出明亮，其下显不出黑暗，无边无际，不可言说。可以把它称作没有形态的形态、没有物体的形象，这就是令人恍惚的状态。面对它却不见其前，跟随它却不见其后。掌握古来就有之道，就可以驾驭今日之有。能知远古，即为明了道的法则。

这里论及了人的视而不见，听而不闻，摸而无触，实际上就是否定了人用一般的感官能把握这令人恍惚的状态。那么靠什么来把握呢？只能靠古来就有之道。这道也是无形无状，不可言说的，实际是要靠人去体悟。既然不能听，不能见，不能用感官，那么也就只能去直觉了。

《道德经》第五十六章中所谓的"玄同"实际上就是一种无分别的直

---

[1]《中国哲学史教学资料选辑》上册，第70—71页。
[2] 同上书，第71页。

觉认识状态。这种认识要排除言说等身体器官的一般作用,因为那种认识只能产生"言者不知"等效果,不能把握"道"这样的真理。

《道德经》等学说影响了后代的一些哲人,在魏晋时期,王弼就是受其影响较显著的一个。王弼也有直觉方面的思想,这在他的《周易略例·明象》中就有表现。在这一著作中,王弼说:"夫象者,出意者也。言者,明象者也。尽意莫若象,尽象莫若言。言生于象,故可寻言以观象。象生于意,故可寻象以观意。意以象尽,象以言著。故言者所以明象,得象而忘言;象者所以存意,得意而忘象。犹蹄者所以在兔,得兔而忘蹄;筌者所以在鱼,得鱼而忘筌也。然则言者象之蹄也;象者意之筌也。是故存言者,非得象者也;存象者,非得意者也。象生于意而存象焉,则所存者乃非其象也;言生于象而存言焉,则所存者乃非其言也。然则忘象者乃得意者也;忘言者乃得象者也。得意在忘象,得象在忘言。"[1]

这段话的意思是说:"象"(卦象,即物象)是展现"意"(一卦所示,即义理)的,"言"(卦辞,即言语)是明示"象"的。充分展示"意"的,没有比"象"更好;充分展示"象"的,没有比"言"更合适。"言"由"象"所产生,因此可以随着"言"来观察"象";"象"由"意"所生,因此就可以循着"象"来体悟"意"。"意"因"象"而充分展示,"象"借"言"而更为显著。因此,"言"就在于能表明"象",得了"象"就不要再执着于"言";"象"是展示"意"的,得了"意"就不要再执着于"象"。这就如同"蹄"是用来猎兔的工具,猎到兔了就不要再执着于"蹄";"筌"是用来捕鱼的,捕到鱼了就不要再执着于"筌"。这里所说的"言"就是"象"的"蹄";所说的"象"就是"意"的"筌"。因此,执着于"言",就不能完全得到"象";执着于"象"就不能完全得到"意"。"象"是由"意"所生的,并由"意"而存,但所存之"象"并非"象"本身;"言"是由"象"所生,并因"象"而存,但所存之"言"并非"言"之本身。然而,不执着于"象"就能准确达"意",不执着于"言"就能准确得"象"。准确达"意"就在于不

---

[1]《中国哲学史教学资料选辑》上册,第382页。

执着于"象",准确得"象"就在于不执着于"言"。

这里说的"得意在忘象,得象在忘言"就表达了作者的一种思维方式上的观念,即认为事物不能完全与相关义理相符,言语也不能完全与相关事物相符。名相概念或言说只能在一定程度上接近事物,但不能完全把握它,要完全把握它只能在"忘"中体悟。这也就是要靠直觉的思维方式来达到。

佛教在汉代传入中国,并逐步与中国原有文化相交汇,成为中国思想界有影响的思想体系。直觉的思维方式在汉地佛教徒中也有影响,这方面的思想往往受到印度佛教和中国原有传统文化的双重影响。这里面较突出的是鸠摩罗什的大弟子僧肇。

僧肇在《肇论》的"般若无知论"中说:"夫有所知,则有所不知。以圣心无知,故无所不知。不知之知,乃曰一切知……圣人虚其心而实其照,终日知而未尝知也。故能默耀韬光,虚心玄鉴,闭智塞聪,而独觉冥冥者矣。"[1] 这里讲的"有所知,则有所不知"就是指的一般要借助感觉器官的认识,这种认识在僧肇看来是很有限的,不能把握本质性的东西或事物的实相。而"圣心无知,故无所不知"说的是直觉的思维方式,这种方式能认识事物的实相,所以是无所不知的。这里说的"虚心玄鉴,闭智塞聪,而独觉冥冥"可以看出是受到了老子《道德经》中的"塞其兑,闭其门""玄同"等说法的影响,这些都是直觉思维方式的应用。

中国佛教在隋唐之后形成了许多有中国特色的佛教宗派。在这些宗派中,禅宗是一个较为推崇直觉思维方式的派别。禅宗虽是佛教宗派,但却并不特别强调传统佛教的读经和正面陈述义理,而是强调要直接"悟"。这"悟"就是要求尽量不借助言语文字的正面陈述,而是要在许多否定中去参透禅理。禅宗的许多"公案"要表达的也是这种意思,即对于许多禅师或禅宗祖师提出的佛教问题,不能加以思维分别,不能作正面回答,而是要对各种正面的回答加以否定,在这种不断的否定中悟出佛教的根本道理。这也就是要采用直觉的思维方式来参悟禅理,它是禅宗的重要特色。

---

[1]《大正藏》第45册,第153页。

禅宗这种追求无分别的直觉思维方式发展到后来走入极端,出现了所谓"呵佛骂祖""非经毁行"的现象。这在一些禅师中表现较为突出,如唐代禅宗僧人义玄(?—867)就是其中一个代表人物。《镇州临济慧照禅师语录》中记述说:"设有修得者,皆是生死业。尔言六度万行齐修,我见皆是造业。求佛求法,即是造地狱业,求菩萨亦是造业,看经看教亦是造业。佛与祖师是无事人……夫大善知识,始敢毁佛毁祖,是非天下,排斥三藏教,骂辱诸小儿……世出世诸法,皆无自性,亦无生性,但有空名,名字亦空……乃至三乘十二分教,皆是拭不净故纸。佛是幻化身,祖是老比丘。尔还是娘生已否?尔若求佛,即被佛魔摄。尔若求祖,即被祖魔缚。尔若有求皆苦,不如无事……莫受人惑,向里向外,逢着便杀。逢佛杀佛,逢祖杀祖,逢罗汉杀罗汉。"[1] 禅宗在这里实际是将无分别的直觉思维方式推向了极致。因为在这些禅师看来,既然要不立文字,不借助感觉器官来体悟最高真理,那么佛的经教也不能例外,佛教的修行也不能例外。经教也是文字,修行也要借助人的身体器官,而这些都会妨碍人们参禅悟理,佛祖是佛经的创立者,祖师是修行的推动者,所以他们要"呵佛骂祖""非经毁行"。禅宗中这种行为的出现,说到底就是要表明,悟出最高的真理就不能依靠言语分别和一般的感知,而要依靠直觉的思维方式。

三、欧洲的"直觉"思维方式

直觉的思维方式在欧洲哲学中也有表现,这较早出现于西方哲学的发源地古希腊。

巴门尼德在其著作《论自然》中说:"必须通过彻底的全面钻研,才能对假相作出判断。——要使你的思想远离这种研究途径,别让习惯用经验的力量把你逼上这条路,只是以茫然的眼睛、轰鸣的耳朵或舌头为准

---

[1]《大正藏》第47册,第499—500页。

绳，而要用你的理智来解决纷争的辩论……要用你的心灵牢牢地注视那遥远的东西，一如近在目前。"[1] 这里表现出一种对眼、耳、舌等器官的不信任感，认为要靠心灵或理智来对假象进行判断或把握遥远的东西。这里虽然没有明确提出直觉的思维方式，但已有了一些这方面的早期形态。

原子论者德谟克利特也有这方面的理论。[2] 德谟克利特认为真实的认识是排除通过人的五官感知的认识，是不能听闻等的认识，虽然他没有把这种认识称为直觉的认识，但没有五官人如何能把握事物呢？那就只能靠人身体内部的直觉了。

古希腊哲学中的怀疑派也有一些这方面的思想。这里面值得一提的是皮罗。他认为："安宁由悬而不决、不作判断而来……可以说这是置事物于对立之中的结果。我们或者把现象与现象对立起来，或者把思想的对象与思想的对象对立起来，或者把现象与思想的对象对立起来。"[3] 皮罗还认为："我既不能从我们的感觉也不能从我们的意见来说事物是真的或假的。所以我们不应当相信它们，而应当毫不动摇地坚持不发表任何意见，不作任何判断，对任何一件事物都说，它既不不存在，也不存在，或者说，它既不存在而也存在，或者说，它既不存在，也不不存在。""最高的善就是不作任何判断，随着这种态度而来的就是灵魂的安宁。"[4] 皮罗追求不对事物作任何判断，将事物、思想或现象置于对立之中，并否定感觉的作用，这种追求灵魂安宁或至善的方式实际也是一种接近直觉的状态。

新柏拉图派也有直觉方面的思想。其代表人物普罗提诺在《九章集》中说："我们正是拿'太一'作为我们的哲学沉思的对象的，我们一定要像下面这样做。既然我们在追求的是'太一'，我们在观看的是万物的来源，是'好'和原始的东西，我们就不应当从那些最先的东西的附近出发，也不应当沉入那些最后才来的东西，而要抛开这些东西，抛开这些东

---

[1]《西方哲学原著选读》上卷，第31页。
[2] 详参本书第十五章，第227页。
[3]《西方哲学原著选读》上卷，第176页。
[4] 同上书，第177页。

西的感性外观，委身于原始的事物。如果我们致力追求'好'的话，我们还必须摆脱一切罪恶，必须上升到藏在我们内部的原则，抛开我们的多而变成一，进而成为这个原则，成为'太一'的一个观看者。我们必须变成心智，必须把我们的灵魂信托给我们的心智，在心智中建立起我们的灵魂，这样我们才能意识到心智所观看的东西，并且通过心智享受对'太一'的观照。我们不可以加进任何感性经验，也不可以在思想中接受任何来自感觉的东西，只能用纯粹的心智，用心智的原始部分去观看那最纯粹的东西。"[1]普罗提诺在这里说的对"太一"的这种"观照"就是一种直觉的认识，它排除任何的感觉经验，是人内部的灵魂通过所谓"心智"去观看那最纯粹的东西。这"太一"是一般感觉不能把握的，它只能是沉思的对象，也就是直觉的对象。

普罗提诺在《九章集》中还说："我们对于'太一'的理解与我们对于其他认识对象的知识不同，并没有理智的性质，也没有抽象思想的性质，而具有着高于理智的呈现的性质。因为理智借概念而进行，概念则是一种属于多的东西，灵魂陷入数目和多的时候，就失去'太一'了。灵魂必须超出理智，而不在任何地方从它的统一中涌出……所以柏拉图说，'太一'是语言文字所不能名状的。"[2]普罗提诺这里明确强调灵魂对太一的把握是超越理智概念的，是不可名状的。这种把握就是一种摆脱人的一般感官的直觉认识。

在欧洲中世纪，神学思想占据了主导地位。神学家认为神学高于哲学，哲学是神学的奴仆。神学家对于一般的知识加以贬低，而强调神的"启示"。这种启示实际也是一种直觉的认识，它也不依赖于人的感觉认识和理智判断。著名神学家托马斯·阿奎那在其著作《神学大全》中说："除了哲学理论以外，为了拯救人类，必须有一种上帝启示的学问。第一，因为人都应该皈依上帝，皈依一个理智所不能理解的目的。""神学的原理不是从其他科学来的，而是凭启示直接从上帝

---

[1]《西方哲学原著选读》上卷，第213页。
[2] 同上书，第214—215页。

来的。所以，它不是把其他科学作为它的上级长官而依赖，而是把它们看成它的下级和奴仆来使用：有如主要科学使用附属科学、政治学使用军事学一样。神学这样使用其他科学，这决不是因为其他科学有自己的缺点或不足之处，而只是因为我们的理智本身有缺点，我们很容易把我们通过自然的理性所得到的知识（这是其他科学的出发点）引向超乎理性之上的东西，引向神学的范围内去。"[1] 阿奎那在这里说神的启示不依赖于人的一般感觉认识和科学知识，这种认识只能是一种神性的直觉。

16—18世纪的欧洲哲学有很大的发展，出现了不少重要的哲学家，洛克就是其中有影响的一位。洛克对认识论问题很有研究。他在论述认识或知识的种类时提到了"直觉的知识"。他在其所著的《人类理智论》第四卷中说："像这一类的真理，心灵只要对那些在一起的观念一看，单凭直觉，不必插入任何其他的观念，就觉察到了。这一类知识是人类脆弱的能力所能得到的最清楚最可靠的知识。这一部分的知识是不可抗拒的，就像耀眼的阳光一样，只要心灵向它一看，它就立刻迫使心灵知觉到它；它丝毫不为犹豫、怀疑或检视留余地，立刻以自己明亮的光辉充满了心灵。我们全部知识的可靠性和明确性都依靠这种直觉……在下面一个等级的知识——我称为证明的知识——里面，必须有这种直觉来觉察一切中间观念的联系。没有它，我们就不能得到知识和可靠性。"[2] 洛克在这里给予直觉非常重要的地位，认为它是最可靠的东西，可以直接觉知到真理，我们的全部知识的可靠性和明确性都依靠它。这在欧洲哲学史上恐怕是对直觉思维方式的最高评价。

---

[1]《西方哲学原著选读》上卷，第259、261页。
[2] 同上书，第462页。

四、比较分析

直觉思维方式在中西印哲学中有不同形态的表现方式，有不同程度的影响，这种思维方式展现了人类思维在发展中所提出的在认识世界和人自身方面的重要体悟。三地这方面思想的具体内容与各自所处时代的人的认识水平和社会历史传统有密切关联。在这个问题上三地哲人的观点有共同处，也有差别点。

共同处主要表现在：

第一，三地的直觉思维方式基本都认为人的感觉器官及相应的认识有局限性，不能认识或不能完全认识事物的本质或本来面目，都认为人应不借助感官而直接体悟事物的实相或最高真理，认为直觉的思维方式要胜于一般借助于感官了知对象的认识。

第二，三地的直觉思维方式都受到了宗教派别或有关宗教思想家的重视。如印度的婆罗门教和佛教是直觉思维方式的大力倡导者。中国的僧肇和后来影响较大的禅宗僧人也普遍采用直觉的思维方式。欧洲的托马斯·阿奎那也在其理论中展示直觉的思维方式。三地的重要宗教思想家大多有关于直觉认识的论述，将此种方式置于极重要的地位上。

第三，三地的直觉思维方式在历史上都由不止一派或一个哲学家所倡导，在长期的历史发展中始终保持不同程度的影响。如印度哲学中除了顺世论之外，其余所有的思想流派都倡导直觉的思维方式。中国的老庄哲学、魏晋玄学以及后来的禅宗都应用直觉的思维方式。欧洲哲学中的普罗提诺和洛克等都倡导此种思维方式。

差别点主要表现在：

第一，古印度的直觉思维方式是三地中持续时间最长的，没有长时间的中断。如婆罗门教中的直觉思维方式在奥义书时期就产生，一直延续到近现代。佛教中这方面的成分也是长期存在，两千多年来经久不衰。中国流行的这方面的思维方式虽然在《道德经》和魏晋玄学等思想中就已提出，但后来流行的直觉思维方式主要源于古印度，佛教外的传统文化中这方面的思想在中国流行时间不是很长。欧洲哲学中的这种思维方式相对于印度和中国在本地流行的时间就更短了，并没有持续地长久发展。

第二，古印度的直觉思维方式基本上渗透到了各主要哲学派别，除顺世论外，各哲学派别中都不同程度地吸收或采用了这种思维方式。如正统六派哲学中普遍使用这种思维方式，佛教和耆那教中也大力倡导此种思维方式。但在古代中国和欧洲，直觉的思维方式在一般的哲学派别或多数哲学家中影响不大。

第三，古印度的直觉思维方式强调在不断否定名相概念或对正面陈述的否定过程中把握事物的本质或真实面目，这种遮诠的方式十分突出。而古代中国和欧洲并不特别强调这方面。中国古代的这种遮诠方式主要源于印度，本土的传统文化中有遮诠的表述，但不突出。欧洲使用这种遮诠方式进行认识的主要是古希腊的怀疑派（皮罗）等。其他的相关哲人对这方面没有明确的强调。

中西印思想史上直觉思维方式的出现表明当时的人们已经意识到人对事物本来面目或真理的一般性认识具有局限性，试图采用一种不借助感官的认识方式来直接把握或体悟事物的根本或最高真理。这反映了人们在认识自然和自身的过程中思维能力的提升。尽管这种思维方式并不能真的实现提出者或采用者的最初愿望，但它强调的人要正视自身认识能力方面的缺陷并努力完善思维方式的精神是值得肯定的。这对于促使人们认识或解决问题时克服片面性有积极作用。

主要参考书目

中文参考文献：

北京大学《欧洲哲学史》编写组编：《欧洲哲学史》，商务印书馆，1977年。

北京大学哲学系外国哲学史教研室编译：《西方哲学原著选读》上卷，商务印书馆，1981年。

北京大学哲学系外国哲学史教研室编译：《西方哲学原著选读》下卷，商务印书馆，1982年。

北京大学哲学系中国哲学史教研室编写：《中国哲学史》上册，中华书局，1980年。

北京大学哲学系中国哲学史教研室编写：《中国哲学史》下册，中华书局，1980年。

北京大学哲学系中国哲学史教研室选注：《中国哲学史教学资料选辑》上册，中华书局，1981年。

北京大学哲学系中国哲学史教研室选注：《中国哲学史教学资料选辑》下册，中华书局，1982年。

曹彦：《〈阿毗达磨顺正理论〉实有观念研究》，武汉大学出版社，2014年。

成建华：《佛学义理研究》，宗教文化出版社，2012年。

慈怡主编：《佛光大辞典》，佛光文化事业有限公司，1988年。

多罗那它：《印度佛教史》，张建木译，四川民族出版社，1988年。

方广锠：《佛教大藏经史（八—十世纪）》，中国社会科学出版社，1991年。

方广锠：《印度禅》，浙江人民出版社，1998年。

何欢欢：《〈中观心论〉及其古注〈思择焰〉研究》，中国社会科学出版社，2013年。

黄心川：《印度近现代哲学》，商务印书馆，1989年。

黄心川：《印度哲学史》，商务印书馆，1989年。

黄心川主编：《世界十大宗教》，东方出版社，1988年。

金克木：《梵语文学史》，人民文学出版社，1980年。

金克木：《印度文化论集》，中国社会科学出版社，1983年。

净海：《南传佛教史》，宗教文化出版社，2002年。

宽忍编：《佛教手册》，中国文史出版社，1991年。

蓝吉富主编：《中华佛教百科全书》，中华佛教百科文献基金会，1994年。

劳政武：《佛教戒律学》，宗教文化出版社，1999年。

林国良撰：《成唯识论直解》，复旦大学出版社，2000年。

刘保金：《中国佛典通论》，河北教育出版社，1997年。

刘建、朱明忠、葛维均：《印度文明》，中国社会科学出版社，2004年。

楼宇烈主编：《东方哲学概论》，北京大学出版社，1997年。

吕澂：《印度佛学源流略讲》，上海人民出版社，1979年。

吕澂：《中国佛学源流略讲》，中华书局，1979年。

欧阳竟无编：《藏要》，上海书店，1991年。

秦萌：《民国时期真言宗回传中的显密之争》，宗教文化出版社，2015年。

任继愈主编：《中国佛教史》第一卷，中国社会科学出版社，1981年。

任继愈主编：《中国佛教史》第二卷，中国社会科学出版社，1985年。

任继愈主编：《中国佛教史》第三卷，中国社会科学出版社，1988年。

任继愈主编：《宗教词典》，上海辞书出版社，1981 年。

任继愈总主编，杜继文主编：《佛教史》，中国社会科学出版社，1991 年。

世界宗教研究所《各国宗教概况》编写组编：《各国宗教概况》，中国社会科学出版社，1984 年。

汤用彤：《印度哲学史略》，中华书局，1988 年。

汤用彤编选：《汉文佛经中的印度哲学史料》，商务印书馆，1994 年。

王慕龄：《印度瑜伽经与佛教》，宗教文化出版社，2012 年。

魏道儒主编：《世界佛教通史》，中国社会科学出版社，2015 年。

巫白慧：《印度哲学——吠陀经探义和奥义书解析》，东方出版社，2000 年。

巫白慧主编：《东方著名哲学家评传·印度卷》，山东人民出版社，2000 年。

谢庆棉：《西方哲学范畴史》，江西人民出版社，1987 年。

杨曾文：《日本佛教史》，浙江人民出版社，1995 年。

杨曾文主编：《当代佛教》，东方出版社，1993 年。

杨东：《〈辩中边论〉思想研究》，宗教文化出版社，2011 年。

姚卫群：《佛教般若思想发展源流》，北京大学出版社，1996 年。

姚卫群：《佛教基础三十讲》，商务印书馆，2019 年。

姚卫群：《佛教入门——历史与教义》，台湾五南图书出版股份有限公司，2005 年。

姚卫群：《佛教思想与文化》，北京大学出版社，2009 年。

姚卫群：《佛教思想与印度文化》，北京大学出版社，2018 年。

姚卫群：《佛教与印度哲学研究》，中国大百科全书出版社，2016 年。

姚卫群：《佛学概论》，宗教文化出版社，2002 年。

姚卫群：《古印度哲学经典文献思想研究》，宗教文化出版社，2019 年。

姚卫群：《婆罗门教》，中国社会科学出版社，2011 年。

姚卫群：《印度婆罗门教哲学与佛教哲学比较研究》，中国大百科全书出版社，2015 年。

姚卫群：《印度哲学与中印佛教》，宗教文化出版社，2021 年。

姚卫群：《印度宗教哲学百问》，佛光出版社，1996年。
姚卫群：《印度宗教哲学概论》，北京大学出版社，2006年。
姚卫群编著：《印度哲学》，北京大学出版社，1992年。
中国大百科全书总编辑委员会《哲学》编辑委员会编：《中国大百科全书》哲学卷，中国大百科全书出版社，1987年。
中国大百科全书总编辑委员会《宗教》编辑委员会编：《中国大百科全书》宗教卷，中国大百科全书出版社，1988年。
中国佛教协会编：《中国佛教》第一辑，知识出版社，1980年。
中国佛教协会编：《中国佛教》第二辑，知识出版社，1982年。
中国佛教协会编：《中国佛教》第三辑，知识出版社，1989年。
中国佛教协会编：《中国佛教》第四辑，知识出版社，1989年。
中国佛教协会编：《中国佛教》五，中国社会科学出版社，2004年。

译著：

巴萨特·库马尔·拉尔：《印度现代哲学》，朱明忠、姜敏译，商务印书馆，1991年。
高楠顺次郎、木村泰贤：《印度哲学宗教史》，高观庐译，台湾商务印书馆，1971年。
黄宝生译：《奥义书》，商务印书馆，2010年。
蒋忠新译：《摩奴法论》，中国社会科学出版社，1986年。
克雷维列夫：《宗教史》，乐峰等译，中国社会科学出版社，1984年。
罗素：《西方哲学史》上卷，何兆武、李约瑟译，商务印书馆，1963年。
罗素：《西方哲学史》下卷，马元德译，商务印书馆，1976年。
恰托巴底亚耶：《印度哲学》，黄宝生、郭良鋆译，商务印书馆，1980年。
乔荼波陀：《圣教论》，巫白慧译释，商务印书馆，1999年。
商羯罗：《示教千则》，孙晶译释，商务印书馆，2012年。
渥德尔：《印度佛教史》，王世安译，商务印书馆，1987年。
姚卫群编译：《古印度六派哲学经典》，商务印书馆，2003年。
姚卫群编译：《印度古代宗教哲学文献选编》，商务印书馆，2020年。

佐佐木教悟等：《印度佛教史概说》，杨曾文、姚长寿译，复旦大学出版社，1989年。

日文参考文献：

高楠顺次郎编纂：《大正新修大藏经》，大正一切经刊行会，1930年。
宫本正尊：《中道思想及其发达》，法藏馆，1943年。
金仓圆照：《印度哲学史》，平乐寺书店，1963年。
木村泰贤：《印度六派哲学》，丙午出版社，1919年。
平川彰：《印度佛教史》上卷，春秋社，1995年。
平川彰：《印度佛教史》下卷，春秋社，1997年。
前田惠云、中野达慧等编：《续藏经》，京都藏经书院，1912年。
山口益：《中观佛教论考》，弘文堂书店，1944年。
宇井伯寿：《大乘佛典的研究》，岩波书店，1963年。
宇井伯寿：《印度哲学史》，岩波书店，1965年。
宇井伯寿：《印度哲学研究》第二卷，岩波书店，1932年。
玉城康四郎：《近代印度思想的形成》，东京大学出版会，1965年。
中村元：《初期吠檀多派哲学》，岩波书店，1951年。

英文参考文献：

A. A. Macdonell, *A History of Sanskrit Literature,* William Heinemann LTD, 1928.

A. A. Macdonell, *A Vedic Reader,* Oxford University Press, 1981.

A. E. Gough, *The Vaisesika Aphorisms of Kanāda,* Oriental Books Reprint Corporation, 1975.

Edward Conze, *The Prajñāpāramitā Literature,* Seikosha Printing Company, 1978.

Gambhirananda, *Brahma-Sūtra Bhásya of Śankarācārya,* Sun Lithographing, 1977.

Ganganatha Jha, *Pūrva-Mīmāsā in Its Sources*, Banaras Hindu University Press 1964.

Īśvarakrsna, and Gaudapāda Ācārya, *Sāmkhya-kārikā*, H. D. Sharma (eds.), The Oriental Book Agency, 1933.

Lewis Lancaster, *Prajñāpāramitā and Related Systems*, University of California Press, 1977.

M. L. Sandal, *Mimqāmsq-Sūtra of Jaimini*, Oriental Books Reprint Corporation, 1980.

R. Prasāda, *Patanjāil's Yoga-Sūtras*, Oriental Books Reprint Corporation, 1982.

S. C. Vidyābhusana, *The Nyāya Sūtra of Gotama*, Oriental Books Reprint Corporation, 1975.

S. Dasgupta, *A History of Indian Philosophy*, Volume I, Cambridge University Press, 1932.

Sarvepalli Radhakrishnan and Charles A. Moore (eds.), *A Source Book in Indian Philosophy*, Princeton University Press, 1957.

Sarvepalli Radhakrishnan, *Indian Philosophy*, Volume II, George Allen & Unwin LTD, 1931.

Sarvepalli Radhakrishnan, *The Principal Upanisads*, George Allen & Unwin LTD, 1953.